익스트림 리더십

생사의 기로에서, 만약 당신이 리더라면

익스트림 리더십

생사의 기로에서, 만약 당신이 리더라면

2015년 5월 20일 초판 인쇄
2015년 5월 25일 초판 발행

지은이 | 토머스 콜디츠
옮긴이 | 최병순 · 노명화 · 이민수 · 손승연 · 정원호
교정교열 | 정난진
펴낸이 | 이찬규
펴낸곳 | 북코리아
등록번호 | 제03-01240호
주소 | 462-807 경기도 성남시 중원구 사기막골로 45번길 14
우림2차 A동 1007호
전화 | 02-704-7840
팩스 | 02-704-7848
이메일 | sunhaksa@korea.com
홈페이지 | www.북코리아.kr
ISBN | 978-89-6324-401-3 03320

값 17,000원

생사의 기로에서, 만약 당신이 리더라면

익스트림 리더십

IN EXTREMIS LEADERSHIP

토머스 콜디츠 지음
최병순 노명화 이민수 손승연 정원호 옮김

북코리아

일러두기

1. 원서의 주는 미주로, 역자 주는 각주로 표시하였다.
2. 단행본은『 』로, 저널 · 논문 · 단체 이름은「 」로 표기하였다.

차례

역자 서문

극한의 상황에 처하면 사람들은 종종 평시와는 다른 모습을 보이곤 한다. 육체적 한계뿐 아니라 정신적으로도 나약함을 보인다. 어쩌면 이러한 모습은 인간이 갖는 당연한 속성일는지도 모른다. 물론 불굴의 의지로 극한 상황을 헤쳐나가는 사람들 또한 있기는 하다.

리더라면 어떻게 해야 하는가? 극한 상황에서 부하들을 어떻게 이끌어야 하며 그들에게 어떤 모습을 보여야 할 것인가? 모름지기 리더십의 근간은 군에서부터 출발하였다고들 하지만, 최근 리더십 연구는 비즈니스 환경에 초점을 맞추고 있다. 오늘날 사회 조직의 근간이 기업 조직에 기초하고 있다 해도 과언이 아니고, 글로벌화가 심화되는 상황에서 기업의 경쟁력은 국가와 사회의 경쟁력을 대변하고 있기 때문에 기업부문에서의 리더십 연구가 당연히 강조될 수밖에 없을 것이다.

그렇다고 군 리더십 연구를 기업의 리더십 연구의 연장선으로 해석하는 일은 적절한가? 나아가 소방관 등을 비롯한 생사의 기로에서 발휘되는 리더십이 비즈니스 현장의 리더십으로 이해하는 일이 과연 적절한가?

생산성과 성과 향상을 위해 노력하는 리더의 모습과 포연과 총탄이 빗발치는 아비규환의 전쟁터에서 부하들을 이끌어야 하는 리더는 다르지 않을까? 책상에서의 생각과 현장에서의 생각도 다르거늘 과연 비즈니스리더십을 전쟁터의 리더십으로 대체할 수 있는가? 역자들은 군 지휘관을 교육시키는 사람들로서 이러한 궁극적 물음에 답하기 위해 적지 않은 고민을 해왔다. 그리고 그 자그마한 성과를 콜디츠에게서 찾았다. 저자 역시 군 지휘관으로서 그리고 웨스트포인트 교수로서 역자들이 갖는 고민을 했던 것으로 보인다. 그리고 그에 대한 답을 이 책에 담고 있다.

『익스트림 리더십』은 극한 상황과 그에 따른 리더와 구성원들의 심리적 충격과 그에 대비하는 행동, 심리적 강인함, 극한 상황에서 적절한 판단과 리더십을 발휘하가 위한 평시 생활 및 건강관리, 위험한 상황에 처한 부하들을 돌보는 것, 동료들의 죽음을 경험한 조직의 심리 관리와 회복 등 다양한 측면에서 구체적 처방을 제시하고 있다.

사실 이 책의 번역은 3년 전부터 시작되었다. 학생들과 함께 읽으면서 책의 가치를 익히 알고 있었고 번역 작업을 위해 북코리아 출판사에서 많은 지원을 해주었음에도 불구하고 바쁘다는 핑계로 차일피일 미루고 있었다. 출판까지 오랜 기간을 인내해주신 북코리아 이찬규 사장에게 감사함으로 표한다. 또한 함께 이 책을 읽고 번역과 교정 등에 참여했던 국방대학교 석 · 박사 과정 학생들에게도 감사를 표한다.

이런 과정을 통해 이제야 소개된 『익스트림 리더십』은 군인, 소방관, 경찰 등 공공부문에서부터 전문산악팀, 암벽등반대, 패러글라이딩팀, 심해잠수부 등의 팀들과 기업 현장에서도 위험한 임무를 수행하는 모든 조직의 리더들에게 좋은 길잡이가 될 것으로 확신한다.

역자 일동

추천의 글

공공 분야든 사적 분야든 대부분의 리더십은 크고 작은 위험에 노출되어 있다. 일반적으로 전통적인 리더십은 권력, 돈, 지위에 의해 묘사된다. 그러나 자신이 죽을 수도 있는 극한 위험이 내재된 상황에서 리더십은 어떻게 발휘될 수 있을까? 『익스트림 리더십(*In Extremis Leadership*)』*은 이와 같은 고위험 상황들을 연구함으로써 생사가 달린 상황뿐만 아니라 일상적인 상황에서 어떻게 리더십을 발휘할 것인가에 대한 새로운 이해를 제공한다.

콜디츠(Thomas Kolditz)는 극한 상황에서의 리더, 즉 익스트림 리더를 "긴박한 육체적 위험 상황에서 다른 사람들을 이끌도록 선발된 사람"으로 정의한다. 극한 상황에서는 리더십이 다른 사람의 목숨과 직결된다. 콜디츠는 익스트림 리더십을 연구하면서 목숨을 위협하는 상황에서 리더십을 발휘하기 위해서는 거의 불가능한 일을 수행하고 있지만 성공할 수 있다는 믿음, 생존에 대한 희망, 그리고 어떠한 역경도 극복할 수 있는 회복력을 가져야 한다는 것을 알게 되었다. 이러한 원

* '극한 리더십' 또는 '극한 상황에서의 리더십'으로 번역할 수 있지만, 여기서는 '익스트림 스포츠'처럼 원서대로 '익스트림 리더십'으로 번역한다.

칙들은 기업, 정부, 스포츠 또는 그 밖의 많은 조직들이 어려운 상황에서 과업을 수행할 때도 적용된다.

우리는 지금까지 소방관, 경찰관 그리고 군인과 같은 공무원들에게서 익스트림 리더십을 찾아볼 수 있었다. 2001년 9.11테러가 발생했을 때 많은 사람들은 소방관들이 불타고 있는 세계무역센터로 들어가는 것을 보았다. 소방대는 지상 90층 건물을 집어삼키고 있는 거대한 불길을 잡고, 2만 5,000여 명으로 추정되는 사람들을 구해야 하는 매우 어려운 임무에 직면했다. 소방 간부들은 절체절명의 위기에 처해 있는 이 사람들을 구할 수 있다는 희망을 가지고 소방대원들에게 110층 빌딩의 좁은 계단위로 올라가라고 지시했다. 모든 지휘 계층에 있는 소방관들은 용감하게 생명구출 작전을 수행하는 동안 극한의 위험에 노출되어 있었다.

테러리스트의 공격이 시작된 지 1시간이 막 지났을 때 세계무역센터의 남쪽 건물이 붕괴되었고, 소방관들에게 북쪽 타워에서 철수하라는 명령이 내려졌다. 철수하는 과정에서 소방 간부 한 명은 다른 소방대가 안전하게 철수할 수 있도록 소방차 운용조(engine company)를 정지시켰다. 이와 동시에 소방대장은 소방대원들의 철수를 지연시킨 후, 계단을 내려오지 못하고 있는 한 여성을 도와줄 것을 지시했다.

그날 이후에 나온 수많은 유사 사례에 관한 기사와 리더십 발휘 스토리는 우리를 감탄하게 하는 한편, 극한 상황의 리더에게 요구되는 특성이 무엇인지에 대해 의문을 갖게 만든다. 9.11테러 때 우리가 목격한 것은 비일상적인 역사적 사건현장에서 일상적인 일을 하는 사람들이었다. 이 책의 목적은 극한 상황의 리더에게 요구되는 특성들을 일상적인 업무현장에서 어떻게 적용할 것인지를 가르쳐주려는 것이다.

콜디츠는 익스트림 리더십의 변혁적 특징을 설명하기 위해 전투부대 장교와 익스트림 스포츠인 스카이다이빙의 위험한 상황을 면밀하게 관찰했다. 이러한 위험한 상황은 기본적인 과업의 수행, 나아가 극복할 수 없는 일을 수행함에 있어 리더의 역할을 확대시키고, 진성 리더십(authentic leadership)의 의미에 대해 새로운 관점을 갖게 해준다.

콜디츠의 연구는 심각한 위험 상황에서 리더십의 필수요건이 무엇인지를 직접적으로 알 수 있게 해준다. 이러한 연구는 연구자가 위험에 노출되기 때문에 거의 이뤄지지 못했지만, 적대적인 환경에서 리더십의 역학관계를 이해하는 데 매우 필요하다.

소방, 경찰 그리고 군대 조직은 날마다 개인적으로 위험한 작전을 지시하는 리더들과 함께 위험한 상황에 대처하고 있다. 공적 조직에서 근무하는 사람들은 이와 같이 전문적인 업무를 수행하기 위한 리더십에 대한 이해가 필요하다. 콜디츠의 연구 결과 고숙련자들은 종종 미숙련자들의 안전을 위해 자신이 더 위험한 상황에 처함으로써 리더십을 발휘하는 것으로 나타났다. 이러한 리더십 발휘는 다른 수많은 자기희생적 리더십에서 보여주는 바와 같이 우리 공동체의 공적 가치를 높이는 데 크게 기여한다. 이 책은 익스트림 리더십이 무엇인지 정의하고, 극한적인 위험 상황과 일상적인 사건들에 대한 리더십을 발휘할 때 나타나는 행동 유형을 연구한다.

콜디츠는 극한 상황에서 요구되는 익스트림 리더십의 4가지 필수요건을 발견했다. 첫째, 이러한 독특한 행동들은 극한 상황에서 발견되었고, 그러한 상황 속에서 리더들은 자신의 직무에 대한 기본지식을 숙달했을 뿐만 아니라 신속하게 상황을 파악하고, 새로운 정보를 이해하도록 자기 동기화(self-motivated)되어 있었다. 효과적인 리더십을 발휘하기 위해서는 계속 변화하는 위험 상황을 학습하여 신속한 의사결정을 해야 한다. 둘째, 위험 또는 모험은 리더와 팔로어 사이에 동등하게 공유된다. 이렇게 공유된 책임이 리더에 대해 깊은 신뢰를 갖게 만든다. 셋째, 리더와 팔로어 간의 생활양식의 차이가 작다는 것이다. 보수의 차이가 아주 작고, 대부분 다른 가치들보다 우선순위를 낮게 둔다. 마지막으로 콜디츠는 팔로어들이 리더의 직위에 있는 사람들에게 일정 수준의 역량을 요구한다고 주장한다. 위험 상황에서 발휘된 리더십의 결과는 모두 리더의 역량 수준과 관계가 있다. 이와 같은 필수요건들은 모든 분야의 리더들이 성공적으로 리더십을 발휘하기 위해 공통적으로 요구되는 것들이다.

콜디츠는 대부분의 리더십 관련 책들이 거의 다루지 않은, 리더의 진실한 인격이 요구되는 리더십 발휘 순간들을 조사했다. 위험 상황에서 리더십은 보통 긴장된 순간에 발휘된다. 상황에 대해 불평하거나 자기연민을 느끼려고 내면을 들여다볼 시간 따위는 없다. 그렇지만 이러한 어려운 상황에서의 경험은 쉽게 가질 수 없는 매우 소중한 것이다. 그 대신에 콜디츠는 리더가 침착성을 가져야 하고, 변화되는 환경을 감지하기 위해 바깥으로 눈을 돌려야 하며, 회복을 위한 해결책을 찾아야 한다고 주장한다. 이러한 순간들에서 리더십은 다른 사람들에게 목적, 동기부여, 방향을 제시하는 것으로 설명된다. 핵심적으로 콜디츠는 리더십이 실제로 팔로어의 성공을 위한 것이라고 설명한다.

많은 리더십 전문가들이 있다. 그러나 독자들에게 리더십에 대한 개인적 통찰력을 제공하기 위해 학문적 업적 또는 군대나 익스트림 스포츠(extreme sports)의 경험을 연계시킬 수 있는 사람은 거의 없다. 당신이 긴급조치대원, 군 장교 또는 비즈니스 전문가 등 어떤 위치에 있건 간에 어느 시점에서는 고위험 상황에서의 리더십 발휘를 요구받게 될 것이다. 콜디츠의 비일상적인 이야기들은 당신에게 소중한 영감을 주고, 도전적인 상황에서 효과적으로 리더십을 발휘하기 위해 필요한 특성들이 무엇인지를 가르쳐줄 것이다. 또한 극한 상황에서 살아남기 위해 요구되는 중요한 감정적 · 육체적 역량들을 설명해준다. 익스트림 리더십은 우리 삶의 가장 중요한 순간에 어떻게 리더십을 발휘할 것인가에 대한 실용적인 지침을 제공해준다.

뉴욕 시 소방서 부서장

조지프 페퍼(Joseph W. Pfeifer)

서론

이 책에 인용된 많은 사람들은 실제로 위험한 상황에 처해 있던 사람들이다. 일부는 매우 흥미진진한 삶을 살고 있는 사람들이고, 일부는 연구 목적으로 인용된 사람들이다. 삶과 죽음의 기로에 놓였던 이들이 실제 경험으로 얻은 교훈은 독자들의 리더십을 변화시킬 것이다.

이 책은 위험한 상황에서의 직접적인 경험을 토대로 한 '새로운 리더십'을 제시한다. 이 책에 기술된 원칙들은 다른 리더십 관련 책에서는 다루지 않은 것들이기 때문에 '새로운'이라는 표현을 사용했다. 독자들은 목숨을 잃을 수도 있는 극한 상황에 처해 있는 리더들을 살펴봄으로써 극도의 긴장 상태에서 필요한 리더십을 이해할 수 있을 것이다.

팔로어들이 자신의 목숨이 위태롭다고 생각하는 상황에서 경험하는 리더십은 글자 그대로 미래의 삶에 대한 약속이라고 할 수 있다. 그리고 절망적인 위험 상황에 처한 팔로어들은 유능한 리더를 찾는다. 그러한 고위험 상황은 훌륭한 리더들을 찾아내서 그들이 다른 리더들과 어떻게 다른지 평가하고, 일상적인 삶 속에서 훌륭한 리더십이 무엇인지에 대해 매우 귀중한 통찰력을 얻는 데 이상적인 무대이다. 이 책에 제시된 사례를 따라가다 보면, 실제로 위험에 처하는 상황을 겪지 않고도 새로운 통찰력을 얻을 수 있게 된다.

지난 3년 동안 필자는 팔로어들이 부상을 당하거나 죽을 수도 있는 위험한 상황에서 진정한 리더십이 무엇인지를 알기 위해 노력해 왔다. 익스트림 스포츠(extreme sports)* 코치로서의 경험, 전투 상황에서

---

* 위험 스포츠, 극한 레저, 익스트림 게임, X게임이라고도 하며, 인라인 스케이팅,

리더십을 발휘했던 경험, 그리고 죽음에 대처하는 방법들을 수집했다. 처음에는 군, 경찰, 소방서 등과 같이 위험한 상황에 직면하는 조직에만 적용할 리더십을 찾으려고 생각했기 때문에 위험한 상황에 직면하는 리더들에 대해 연구하기 시작했다. 그런데 연구 과정에서 필자가 의도했던 것 이상을 발견했다. 즉, 죽느냐 사느냐 하는 절박한 상황에서 나타나는 특별한 리더십 원칙들이 모든 상황에서의 리더십에 심오한 교훈을 준다는 것이다.

필자와 동료 연구자들은 사람들이 거의 가지 않고, 살아 돌아오는 사람들이 훨씬 더 적은 곳에서 직접적으로 위험에 처하는 상황을 가정했다. 우리는 그러한 상황을 '극한 상황'이라고 하고, 거기서 찾아낸 리더십을 '익스트림 리더십(in extremis leadership)'이라고 부른다. 우리가 찾아낸 리더십에 대한 통찰은 의심의 여지없이 새롭고 기발한 것이다. 그러나 아직 우리는 비즈니스나 일상생활에서 직면하는 위험한 상황에서는 뚜렷한 리더십 교훈이나 원칙을 발견하지 못했다.

사실 비즈니스와 정치 그리고 일상에서도 쉽게 '리더십'으로 간주되는 원칙들이 많이 있다. 그러나 이는 진짜 리더십이 아니다. 이러한 리더십 원칙들은 위험한 상황에 적용될 때 바로 실패로 연결된다. 또한 모순적이게도 때로는 일상생활 속에서도 잘 적용되지 못하기도 한다. 이 책은 단순히 유행을 좇아 불쑥 등장한 이러한 허황된 리더십에서 벗어날 수 있게 해주며, 나아가 독자들이 리더십과 팔로어십을 더 잘 발휘할 수 있도록 해줄 것이다.

웨이크보딩, 스트리트 루지, 스케이트 보딩, 프리스타일 자전거 등으로 고난도 묘기를 즐기는 스포츠.

1
독자는 지금 흥미로운 여행을 시작하려고 한다

『익스트림 리더십』을 읽고, 경험하고, 숙고해야 할 많은 이유가 있다. 첫째, 『익스트림 리더십』은 매우 흥미롭다. 이 여행을 즐겨보자. 이 책에 등장하는 리더들이 높은 산을 정복하건, 적군의 대대를 정복하건, 1만 5,000피트 상공에서 시간당 120마일 속도로 자유강하를 하고 있건, 도심의 부서진 집의 문으로 뛰어 들어갈 준비를 하고 있건 간에 익스트림 리더십은 고위험-고성과를 장담한다. 이 책은 평범하지 않은 삶을 살거나 평범하지 않은 일을 하는 사람들의 정맥을 통해 아드레날린*이 세차게 흐르는 세계로 독자를 인도할 것이다. '보통 사람'(심지어 평균 이상의 사람)은 단지 관찰자로서 극한 상황의 세계로 들어서게 된다.

위험한 상황에서 리더십을 발휘하는 리더들을 더 많이 살펴볼수록 리더로서 역할을 수행하는 조직의 리더부터 정치인들까지 직면하는 수많은 일상적인 도전 상황에 대해 대처할 수 있는 방법을 많이 배울 수 있음이 더욱더 분명해졌다. 예컨대 2004년 대통령 선거기간 중 「뉴욕타임스(New York Times)」의 사설에서 "국민은 대통령이 삶과 죽음을 결정하는 순간에도 당황하지 않을 것이라고 느낄 필요가 있다. 그리고 그것을 증명할 수 있는 유일한 방법은 그동안 자신이 한 일을 보여주는 것이다"라고 목숨이 위태로운 위험 상황에서 요구되는 리더십의 특성을 개발할 가치가 있음을 주장했다.[1]

『익스트림 리더십』을 통한 여행은 우리 모두가 많은 빚을 지고

* 신경이 흥분했을 때 말단에서 분비되는 염기성 물질.

있는 공무원에 대해 새로운 시각을 갖게 해준다. 극한 상황에서의 리더들 대부분은 시민을 보호하기 위한 삶을 산다. 그리고 우리는 자신의 안전을 희생하는 그들의 용감성과 의지의 본질이 무엇인지에 대해 더 많이 알 필요가 있다. 위험이 마을과 도시를 위협할 때, 우리는 그 모든 문제를 해결할 수 있는 시간과 자원을 갖고 있지 않다. 그 대신에 소방대원들이 화재를 진압하기 위해 출동하거나 경찰특공대가 인질이 가득한 은행 밖에 배치된다. 전 세계적으로 무정부상태 또는 더 심한 소요가 일어난 도시의 이름 없는 거리에서 군 지휘관은 소리 높여 생존과 승리를 약속하는 명령을 내리면서 소대원 또는 중대원들과 공격에 임하고 있다. 일반적으로 공적 임무 수행을 위해 생명을 위협받는 리더들뿐만 아니라 팔로어들도 평균 이상의 급여를 받지 않는다. 모든 시민은 이러한 예외적인 현상을 이해해야 한다.

그리고 만일 독자가 공공기관에 근무한다면 이 책이 업무수행 중에 위험한 상황이 흔히 발생하거나 직장 폭력의 경우처럼 드물게 발생하더라도 위험한 상황에서 훈련하고 행동하는 방법에 대한 교과서와 같다는 것을 알 수 있을 것이다.

그러나 대부분의 독자에게 이 책이 줄 수 있는 진정한 가치는 일상생활에서 우리를 보호해주는 팀과 집단에서의 역할을 수행하는 조직 시민으로서의 역할에 있을 것이다. 우리 대부분은 산에서는 영웅이 아닐지 모른다. 그러나 아마도 가정, 직장 그리고 지역사회에서는 보통의 영웅이 될 수 있거나 리더십을 더 잘 발휘할 수 있다. 여기서 제시한 모든 정보는 어떠한 조직 상황에서나 적용할 수 있고, 그러한 교훈들에 훨씬 더 쉽게 관심을 갖도록 하는 정보들을 제공해준다. 필자는 '리더십 시사점'에서 해당 교훈에 대한 지침을 추가로 제시했다.

그리고 각 장마다 그 장에서 제시하는 극한 상황에서의 핵심적인 리더십 교훈을 요약 정리했다. 또한 이러한 두 가지 내용이 독자들에게 방향을 제시하는 데 도움이 되도록 했다.

2
익스트림 리더들에게서 배운다: 죽음의 그늘에서 길 찾기

독자가 이 책에서 보게 될 것은 실제적인 경험들이다. 연구 목적으로 전투지역에 파견된 8명을 포함해서 여러 사람이 익스트림 리더십을 이해하려는 노력에 도움을 주었다. 그러나 그 일의 대부분을 필자 스스로 해야만 했다. 그것은 극한 상황이 본질적으로 위험하기도 했고, 필자에게는 군 복무 시 체득한 상황을 이용하는 능력이나 스카이다이버 강사를 하면서 개발된 능력이 있었기 때문이다. 필자는 극한 상황을 지켜보거나, 때로는 직접 경험하면서 익스트림 리더십에 대해 많은 것을 배웠다.

필자는 익스트림 리더십을 "사람들이 일촉즉발의 신체적 위험에 처해 있을 때, 그리고 팔로어들이 리더의 행동이 자신의 신체적 안녕과 생존에 영향을 미친다고 믿는 곳에서 사람들에게 목적, 동기부여 그리고 방향을 제시해주는 것"으로 정의한다. 익스트림 리더십은 이론이 아니다. 이것은 특별한 상황, 즉 결과가 단순히 '성공' 또는 '실패', '자부심' 또는 '낭패' 이상의 의미가 있는 상황에서 리더와 팔로어의 행동을 관찰하는 접근방법이다. 극한 상황에서의 결과는 다치거나 멀쩡하거나, 죽거나 살거나로 귀착된다.

이런 식으로 정의된 익스트림 리더십은 널리 알려진 위기관리 리더십(crisis leadership)의 개념과는 분명히 다르다. 위기관리 리더십은 리더들이 기대하지 않았던 극한 도전, 재난 또는 위기 상황을 돌파할 때 어떻게 반응하는가에 초점을 맞추고 있다. 위기관리 리더십은 주로 리더들이 의사소통을 더 잘하고, 더 많은 배려를 하고, 재난 속에서도 평정심을 유지하기 위해 노력할 것을 제안하는 전사나 기업의 사례연구들에 기반을 두고 있다.

반면에 극한 상황의 리더는 일상적으로 그리고 기꺼이 극한의 위험 또는 위협적인 상황에 스스로 자신을 위치시키고, 그러한 상황에서도 다른 사람들을 이끈다. 극한 상황의 리더는 전문성을 갖고 있고 자기선택적이지만, 위기관리 리더는 그렇지 않다. 특별히 이해득실이 크다면, 전문가들에게 배우는 것이 좋지 않겠는가?

이 책은 현실을 반영한 책이다. 여기에는 전문성을 가지고 자기선택적인 극한 상황의 리더들이 살아온 실제 상황에서 필자가 배운 방법과 독자가 배울 수 있는 방법이 있다.

→ 생도 2명, 부사관 1명 그리고 필자는 매우 위험한 군사훈련에 참여하고 있는 극한 상황의 리더들을 관찰하기 위해 애리조나 주 유마(Yuma)에 있는 특수작전사령부 군사 스카이다이빙학교(Special Operations Command Military Freefall School)에 참여관찰자로 갔다. 우리는 산소통과 100파운드 이상의 장비를 착용하고 실시하는 야간 집단 자유강하를 포함한 모든 과정을 성공적으로 마쳤다.

→ 필자는 동료 연구자 한 명과 함께 리더와 팔로어를 모두 합쳐 120명 이상을 대상으로 심층적인 인터뷰를 실시했다. 우리는 리더들 중에서(그들 중 많은 사람들의 이름이 결론 부분에 적혀 있다) 뉴욕과 샌프란시스코 FBI 지부에서 온 특수

기동대(SWAT) 팀장과 인터뷰를 했다.

- 우리는 와이오밍(Wyoming) 주 잭슨홀에 있는 미국에서 가장 오랜 역사를 자랑하는 산악등반가이드협회인 엑섬(Exum Mountain Guides) 출신의 정예 가이드들을 포함하여 3개 주 출신의 등산 가이드들을 인터뷰했다. 1926년에 설립된 이 학교는 가장 경험이 많은 세계 최고의 등반 가이드 몇 명이 소속되어 있다고 「아웃사이드 매거진(Outside magazine)」에 소개되었다.
- 우리는 특수 분야에서 위험한 일을 하는 팀의 리더들을 인터뷰했다. 예컨대 사진을 촬영하기 위해 비무장 상태로 호랑이를 찾아다니는 인도 정글사진 탐험대의 리더, 시속 120마일 속도로 수백 명의 사람들이 함께 연결되어 자유강하하는 집단 스카이다이빙 팀의 리더들이다.
- 필자는 미국 육군사관학교(웨스트포인트)의 국가 챔피언 낙하산 팀을 연구했다. 30명으로 구성된 남녀혼성 팀으로, 고위험 리더개발연구실에서 3년 동안 관리한다. 지난 6년 동안 이 팀은 사관학교에서 고급 지휘생도들을 배출해왔는데, 그중에는 특히 네 명의 중대장 생도와 그에 못지않게 우수한 두 명의 로즈 장학생(Rhodes Scholar)이 포함되어 있다. 비교할 수 있도록 남자 대학과 여자 대학에서 전통적으로 운영되는 미식축구, 소프트볼, 레슬링, 수영, 럭비 같은 스포츠 팀의 리더들과도 인터뷰를 했다.
- 우리는 특수부대 군인들과 직접 만나거나 온라인을 통한 대화 또는 인공위성 전화로 대화를 나누었다.
- 그리고 우리는 2003년 4월, 미국이 바그다드를 공격한 날 불타고 있는 거리로 탱크를 진입시킨 제1기갑부대 지휘관과 인터뷰를 했다.

이러한 인터뷰 내용과 대표적인 몇 사람들에 대한 상세한 사례 연구들이 각 장에 기술되어 있다. 여기에 많은 리더들의 사례를 다양하게 포함했는데, 모두 극한 상황의 사례들이다. 그러나 리더십을 이해하기 위해서는 리더와 상황을 넘어서는 분석을 해야만 했다. 그동안에는 팔로어들에 대한 고려가 자주 간과되었지만, 이들도 중요한 위치를 차지하고 있다. 그래서 필자는 팔로어들과 대화하기 위해 세 명의 동료와 함께 전쟁터로 갔다. 우리는 2003년 4월에 첫 전투가 있었던 이라크의 움 카사(Um Qasr) 야영지에서 통역관을 통해 36명의 이라크 전쟁포로들과 인터뷰를 했다. 그리고 힐라(Hillah)와 바그다드(Baghdad) 교외에서 휴식 중인 50여 명의 미군 및 해병대원들과도 인터뷰를 했다. 2003년 3월 1일, 부시 대통령의 주요 전투작전의 종료 선언에 앞서 행해진 1시간 정도의 심층 인터뷰에서 군인들은 자신의 리더가 갖고 있는 강점과 실패담을 솔직하게 말해주었다.

이러한 리더들을 알게 되는 데는 많은 어려움이 있었지만, 이들을 알게 됨으로써 익스트림 리더십에 대한 정의가 사실로 드러나게 되었다. 한편으로 한번쯤은 흥미로운 삶을 이끌었지만 더 이상 일상적인 위험 상황에 처해 있지 않은 관리자들은 제외했다. 또한 이라크에 근무했을지라도 실제 전투작전에 참여하지 않은 후방부대의 군 지휘관이나 부대원들과는 인터뷰를 진행하지 않았다. 우리가 인터뷰한 모든 군인과 해병대원들은 지난 한 달 사이에 부대의 동료들이 전사한 경험을 갖고 있었다. 또한 우리는 등산 가이드가 매우 어렵고 힘든 등반에 고객을 데리고 가거나 단순히 미숙련된 초급자와 함께 일하는 등산학교 스태프들이 아니라는 것을 확인했다. 이 책은 정말로 독특한 사람들의 사례만을 다룰 것이다.

3
리더십 시사점에 대한 개관

일상생활에서 익스트림 리더십이 갖고 있는 독특한 특성이 유지되도록 하기 위해서는 그것이 무엇인지 인식할 수 있어야 한다.

따라서 1장에서는 극한 상황에서 리더에게 요구되는 중요한 특성을 기술했다. 이러한 특성은 다채롭게, 때로는 흥미진진한 개인적인 모습으로 그려질 것이다. 비록 과거 몇 년 동안 연구 전체가 이러한 특성들을 찾는 데 집중되었지만, 대부분의 설득력 있는 증거 중 일부는 전투나 다른 극한 상황에서 리더들과 함께했던 팔로어들의 말과 행동에서 나온 것이다. 이 장에서는 특별히 익스트림 리더십을 묘사하기 위해 리더들의 의견과 함께 팔로어들의 의견도 기술하고 있다.

확인된 극한 상황 리더들의 기본적인 특성과 함께 2장에서는 익스트림 리더십이 일상생활에서 업무를 하거나 리더십을 발휘할 때 직접적으로 적용되는 방법에 초점을 맞췄다. 솔직히 필자는 이 연구 결과가 널리 적용되기를 바라고 연구한 것은 결코 아니었다. 단지 웨스트포인트의 리더십, 심리학 그리고 관리학 과정의 주임교수로서 업무를 더 잘 수행하기 위해 위험 상황에서 살고 있거나 근무하고 있는 리더들을 이해하길 원했다. 주임교수로서 필자는 일상적으로 관리자나 방문자들과 대화하게 되는데, 이때 방문자들에게 극한 상황에서의 연구 결과를 상세하게 설명하기 위한 시간을 할애했다. 그들의 반응이 필자를 강하게 일깨워주었다. 그리고 이런 다양한 리더들이 경험한 극한 상황 연구에서 도출한 교훈들은 개인적으로, 그리고 전문적으로도 가치 있는 것이라고 주장했다.

따라서 2장은 GE, Goldman Sachs, Citygroup, Anheuse-Busch 같은 회사의 경영진과 리더 개발자, 그리고 웨스트포인트를 방문하여 필자와 함께 익스트림 리더십에 대해 토론하고, 대화를 통해 가르침을 준 사람들이 제시한 의견과 비판에 대한 필자의 해명을 담았다.

극한 상황에서의 리더들이 유용한 사람들이라는 것이 확실하다면 그들을 어떻게 양성할 것인가에 대해 논의할 필요가 있다. 3장은 다른 사람들에게 그러한 특성을 어떻게 개발시킬 것인지 논의한다. 이 장은 응급처치요원 훈련, 그리고 경찰관, 소방관, 군인들의 훈련 프로그램과 같이 공공서비스 업무를 위해 설립된 교육과정에 유용할 것이다. 쿠키를 자르는 훈련 방법과는 달리, 이 장은 훈련하는 사람들이 극한 상황에서 개발한 기법을 자신의 업무분야에 어떻게 적용할 것인가에 대해 생각하게 한다. 이러한 접근방법은 이전에 리더십 문헌에서 제시되지 않았던 관점에서 자신들이 갖고 있는 리더 개발 프로그램을 평가하기를 원하는 학문 또는 비즈니스 분야 리더들에게 유용할 것이다.

위험한 상황에서의 문제는 단순히 신체적인 것만이 아니라 심리적 · 정서적인 것이기도 하다. 4장에서는 신체적 위협이 높은 상황에서 감정이 어떻게 작용하는가를 기술한다. 그리고 위험 상황에서 리더십을 발휘하기 위해서는 감정통제가 필요하다는 사회적 통념의 실체를 밝혀줄 것이다. 이 장에서 공포는 두드러지게 표현된 감정이다. 그것은 또한 삶이 위험에 처해 있을 때 경험된 다양한 감정들의 대리물로서의 역할을 한다.

슬프게도 때때로 최악의 공포가 우리에게 현실로 나타난다. 극한 상황에서는 항상 심각한 신체적 부상이나 죽음의 위험이 함께하고 있다. 언젠가 우리 모두는 조직에서 존경하거나 사랑하는 사람의 죽음에 직면하게 된다. 5장에서는 극한 상황의 리더들이 조직(예컨대 공공기관), 특히 육군이나 해병대에서 지나치게 자주 발생하는 이러한 비극에 어떻게 대처하는가를 기술한다. 극한 상황의 리더들로부터 도출된 교훈은 불가피한 죽음의 비극에 대처하는 데 도움을 줄 수 있다.

실제적인 몇 가지 원칙들을 보여주는 복잡한 사례나 사례연구를 개발하는 것이 종종 리더십을 가르치는 데 가치가 있다. 6장은 위험한 상황을 이용하여 팀을 발전하는 사례를 기술하고 있다. 이는 대학의 스카이다이빙 팀의 젊은이들이 팀워크를 개발하기 위해 사용된 방법이다. 리더 개발 수준은 일상적인 상황에서 개발하는 것보다 팀들이 위험한 상황에서 연습하고, 배우고, 유대관계를 맺을 때 훨씬 더 높아진다.

이 장의 목적은 단순히 어떻게 위험한 상황으로부터 놀라운 리더가 출현하는가를 보여주는 것이 아니다. 이 장의 진정한 목적은 다른 팀 구축자들이 위험 상황에 직면하든 그렇지 않든 간에 이와 똑같은 기법을 사용할 수 있도록 고위험 팀을 어떻게 구축할 것인가에 대해 자세하게 설명하는 데 있다.

개발과정에서 필자는 많은 사람들의 영향을 받았으며, 이 책은 그 중간지점(a way point)*이라고 할 수 있다. 익스트림 리더십에 관한 필자의 생각 대부분은 멘토, 동료, 지인, 그리고 당연하게도 책을 쓴 계기가 된 인터뷰 주제와 활동들에 크게 영향을 받았다. 따라서 필자가 단순히 그들을 아는 것 이상으로 이러한 사람들에 관해 조금 더 이해하는 것이 중요하다. 맺음말에서는 단순히 일화적 관찰(anecdotal

* 길을 잃지 않고 바른 길을 가고 있는지 확인하기 위해 비행기들이 따르는 특별한 표시.

observation)*을 뛰어넘어 개념 개발에 영향을 미친 익스트림 리더들과 팔로어들에 관한 간략한 약력을 기술했다. 독자들도 필자처럼 이러한 사람들로부터 배우기를 바란다. 많은 사람들이 위험 상황에서 리더십을 발휘함으로써 자신의 삶 또는 생계를 희생했다. 그들의 유산은 우리가 그들의 경험으로부터 배울 때 진정 도움이 될 것이다. 독자 주변의 사람들에게 봉사하고, 마치 자신의 삶이 달려 있는 것처럼 리더십을 발휘함으로써 그들의 헌신과 희생에 경의를 표하기 바란다.

마지막으로, 이 책의 끝 부분에 실려 있는 부록은 위험한 상황에서 요구되는 독특한 신체적 조건들을 설명해주고 있다. 또한 특정 능력을 잃게 될 수 있는 부상의 위험에 대해 기술했고, 극한 상황의 리더들이 위험에 직면했을 때 무능력해질 가능성을 감소시킬 수 있도록 훈련하는 방법에 대해 탐구했다. 기업 또는 비교적 덜 위험한 상황에서 일하는 리더들의 유사점은 능력 발휘를 하지 못하게 만드는 부상으로 쓰러졌을 때 커다란 재정적 · 대인관계적 · 관리적 비용들이 발생한다는 것이다. 이러한 유용한 자료는 우리 모두를 신체적으로 적합하게 만들어줄 뿐만 아니라 부상을 방지해주는 활동들이 얼마나 큰 이득을 가져다줄 수 있는지를 설명해준다. 특히 사고 발생 시 노동자에게 보상금을 지급해야 하는 고용주들에게 가치가 있을 것이다.

---

* 참여관찰의 한 방법으로, 관찰자가 현장에 들어가 모든 것을 관찰하지 않고 연구자가 관심을 갖고 있는 특정한 주제, 즉 특정 이야기, 사건, 연구주제 등을 선별하여 관찰하는 방법.

4
이 책이 많은 리더들에게 얼마나 도움을 줄 수 있는가?

필자는 현재 리더십 컨설턴트로 활동하는 전직 군 지휘관들로부터 상황은 변할 수 있지만 리더십은 리더십이라는 말을 들었다. 대부분 냉전 경험으로부터 나온 이러한 관점에서 보면 죽음의 위협이 도사리고 있는 일촉즉발의 상황일지라도 리더십을 발휘하는 것은 평시와 특별히 다를 것이 없음을 의미한다. 즉 훌륭한 평시 리더들이 훌륭한 전시 리더가 된다는 것이다. 이러한 생각은 이해할 만하다. 왜냐하면 군의 사명은 전쟁에서 싸워 이기기 위해 평시에 보통 사람들을 훈련시키고 준비시키는 것이기 때문이다. 그러나 필자는 리더십은 리더십이라는 가정에 대해 체계적으로 연구하거나 목숨을 위협하는 상황에서의 리더십이 어떠한 특징이 있는지를 알기 위해 노력한 사람을 보지 못했다.

참전용사들의 보편적인 의견은 전투를 경험하지 못한 사람들에게 전투의 영향을 설명한다는 것이 매우 어려울 뿐만 아니라 심지어 불가능하다는 것이다. 전쟁은 매우 위험한 일이고, 정치적 · 사회적 · 도덕적으로 정당한 이유에서 살인을 할지라도 사람을 죽이는 소름끼치는 일에 관여해온 사람들은 보통 자진해서 밝히거나 설명하기를 주저한다. 살인은 잊지 못할 정신적 충격이고, 치명적인 공격의 대상이 되는 것도 확실히 정신적 충격이다. 퇴역군인들은 "전투가 어떤 것인지를 알기 위해서는 전투에 참여해봐야만 한다"고 진지하게 충고한다. 그러고 나서 아무 말도 하지 않고 침묵에 빠진다.

그러나 난생처음으로 낙하산을 착용하고 단독으로 자유강하를 즐기는 20세 대학생 또는 에베레스트나 K2 정상에서 당당하게 귀환

한 등산가 등에 의해 진실이 밝혀진다. 독특하고 흥미진진하며, 위험한 경험을 한 사람들도 종종 "그것이 어떠했는지를 알기 위해서는 그곳에 직접 갔다 와봐야 한다"고 말한다. 이러한 생존자들은 말을 아끼는 예비역 참전용사들과는 달리 자신들이 극복한 흥미진진한 일과 도전에 관해 몇 시간 동안 이야기했다.

그들의 솔직함은 리더십을 배우는 사람들에게 기회의 창이 된다. 모든 리더들은 목숨을 위협하는 일련의 상황에서 리더십을 발휘하거나 일하는 사람들로부터 배울 수 있다.

뉴욕 웨스트포인트에서

토머스 콜디츠(Thomas A. Kolditz)

1장

익스트림 리더십의 주요 특징

다른 조직에서는 어떻게 적용할 수 있는가?

익스트림 리더들이 보여주는 주요 특성들은 많은 유형의 훌륭한 리더들이 갖고 있는 특성과 일맥상통한다. 예컨대 역량, 신뢰 그리고 충성심은 다양한 상황에서 요구되는 리더십의 필수요소이다. 그럼에도 불구하고 삶과 죽음에 관한 문제가 관련 될 때의 리더십에는 평상시와는 다른 유형, 즉 극한 상황에서의 유형이 있다는 것을 가정한다.

이 장은 극한 상황을 탐색하고, 강하요원들, 특수기동대(SWAT) 팀원, 군인(미군과 이라크 군인), 소방관 그리고 심지어는 호랑이 사냥꾼과의 인터뷰를 통해 극한 상황에서의 리더들의 특성을 기술한다. 우리는 고위험 상황에서 훌륭한 리더십의 구성요소가 무엇인지를 설명하기 위해 그들이 갖고 있는 여러 가지 특성을 살펴볼 것이다. 그런데 이러한 특성들은 다양한 상황에 직면하는 조직 또는 리더십에 중요한 함의가 있다.

1
시작하기: 익스트림 리더십 핵심역량 순위

위험한 상황에서 리더십의 본질이 무엇인지를 알기 위한 가장 간단한 과학적 방법 중 하나는 적극적으로 위험한 활동에 참여하고 있는 극한 상황의 리더와 위험한 일을 하고 있지 않은 보통의 리더를 직접적으로 비교하는 것이다. 필자는 일주일에 6일을 강하하는 미 육군사관학교 스포츠 강하팀의 정예요원들과 팀의 리더를 만나 인터뷰를 했다. 그러고 나서 이러한 인터뷰를 통해 알게 된 내용과 다른 미 육사 스포츠 팀들을 대상으로 실시한 인터뷰 결과를 비교했다. 인터뷰를 한 운동선수들은 팀 스포츠 선수, 개인 스포츠 선수, 그리고 시합에 나가는 강하 팀원들 세 가지 부류였다. 필자는 고위험 스포츠와 저위험 스포츠 팀을 비교하는 데 많은 관심이 있었다. 리더십 역량의 순위는 각 스포츠마다 특별한 상황에서 요구되는 선수들의 개인적 강점을 나타낼 수 있도록 했다. 이러한 간단한 비교를 통해 극한 상황 리더의 훌륭한 특성들이 잘 드러났다. 인터뷰를 하는 동안 각 팀의 주장과 팀원들에게 미 육군 리더십 교범에 수록된 9가지 리더십 역량에 우선순위를 매기도록 했다. 이 장은 이러한 조사 결과를 바탕으로 기술되었는데, 그 결과는 다른 고위험 상황에서 일하는 사람들과의 인터뷰 결과와 동일하게 나타났다.

리더십 역량 순위(미 육사에서 실시한 조사 결과)

- → ***의사소통*** 개인과 집단에 대해 훌륭한 언어 표현, 쓰기, 경청 능력을 보여준다.
- → ***의사결정*** 건전한 판단과 논리적 추론을 하고, 자원을 현명하게 사용한다.
- → ***동기부여*** 목적과 목표를 향해 다른 사람들을 고무시키고, 동기부여를 하고, 방향을 제시한다.
- → ***계획수립*** 실행 가능성과 수용성이 높고, 적합한 구체적인 실행계획을 개발한다.
- → ***실행*** 능숙함을 보여주고, 기준을 만족시키며, 다른 사람과 자원을 살핀다.
- → ***평가*** 지속적인 향상을 촉진하기 위해 평가 및 진단 도구를 사용한다.
- → ***개발*** 팔로어들을 리더로 육성하기 위해 적절한 시간과 노력을 투자한다.
- → ***팀 구축*** 팀, 집단 그리고 부대를 발전시키기 위해 시간과 자원을 사용하고, 윤리적 풍토를 조성한다.
- → ***학습*** 자기 발전과 조직의 성장을 추구하고, 비전을 수립하며, 변화에 적응하고, 변화를 주도한다.

2
익스트림 리더는 내재적으로 동기부여되어 있다

예상한 것처럼 팀 스포츠와 개인 스포츠 모두에서 리더들에게 요구되는 첫 번째 역량은 '동기부여'였다. 결국 승리는 누가 좀 더 멀리 가는가, 더 열심히 하는가, 더 빠른가에 관한 것이다. 목숨이 걸린 위험한 스포츠에서는 동기부여(motivating)가 훨씬 더 효과적이고 중요한 역량으로 여겨졌다. 그러나 놀랍게도 국가 챔피언 강하팀원들 사이에서는 매우 현격한 차이로 '동기부여'가 밑에서 두 번째 순위였다. 강하팀에서는 '학습

(learning)' 역량이 첫 번째 순위를 차지했다.

이와 같이 일반적인 생각에 반하는 연구 결과를 분석하기 위해 인터뷰 데이터를 분석한 결과, 극한 상황의 특성을 두 가지로 추정할 수 있었다.

→ 극한 상황은 내재적으로 동기부여가 되어 있다. 상황이 가져다주는 위험이 그 상황에 있는 사람들에게 활력을 불어넣고, 응원하여 용기를 주는 방법이 상대적으로 덜 필요하다.

→ 극한 상황에 내재된 잠재적 위험성은 그곳에서 일하는 사람들에게 환경을 주의 깊게 살펴보고, 신속하게 학습하는 것을 중요시하게 한다.

극한 상황의 내재적 동기부여(inherent motivation) 개념은 좀 더 일반적으로 사용되는 내적 동기부여(intrinsic motivation)와는 구분된다. 내적으로 동기부여가 된 사람들은 자발적으로 열심히 하는 사람이다. 교육자의 몰입에 관해 기술한 유명한 저서에 인용된 내적 동기부여에 대한 정의는 다음과 같다.

> "내적 동기부여는 과업 자체에 의미를 두고 활동에 참여하게 하는 동기부여를 말한다. 내적으로 동기부여가 된 사람은 거기서 즐거움을 발견하기 때문에 과업을 수행한다."[1]

> "내적 동기부여는 관심을 갖게 만들고, 자신의 능력을 발휘하게 한다. 그리고 그러한 과정에서 도전할 만한 최적의 일을 찾아내고, 그것을 성취하려는 타고난 성향이다."[2]

> "내적 동기부여는 활동 자체가 가져다주는 만족 이상의 특별한 이유 없이 활동을 하기로 선택하는 것이다. 즉, 그 활동을 할 필요가 없더라도 하도록 동기부여를 하는 것이다."[3]

하지만 극한 상황에서의 내재적 동기부여는 내적 동기부여와는 다르다. 내재적 동기부여는 특별한 이유 없이 유발되는 것이 아니라 가장 설득력 있는 이유, 즉 죽음을 초래할 수 있기 때문에 유발된다. 내재적 동기부여는 극한 상황이라는 외부의 위협에 의해 유발된 것이며, 내적으로 유발된 내적 동기부여가 아니다. 이는 위험한 상황에서 리더와 팔로어 간의 역학관계를 알 수 있는 새로운 방법임과 동시에 팔로어의 동기를 유발하는 동안 극한 상황의 리더는 자신이 처한 환경에 대해 총체적인 관심을 가져야 한다는 것을 개념적으로 설명해주고 있다.

강력한 동기부여는 위험 상황에서 저절로 생기는 것이다. 이것은 극한 상황의 리더들이 동기부여를 위해 많은 노력을 할 필요가 없다는 것을 의미한다. 그들은 동기부여를 잘하는 연설가나 무조건 밀어붙이는 세일즈맨 타입이 아니다. 사람들에게 정신적 고통이나 육체적 도전을 극복하도록 하기 위해 동기부여를 할 필요가 있지만, 죽음 또는 부상의 위협이 매우 높은 극한 상황에서는 그렇지 않다. 훈련 부사관은 때때로 훈련병들이 임무를 철저히 수행하도록 악을 쓰기도 하고 혼을 내기도 한다. 그러나 실전에 투입된 전투 지휘자들에게서는 이러한 행동을 찾아보기 힘들다. 왜냐하면 팔로어들이 전투의 위협적인 상황에 의해 저절로 동기부여가 되기 때문이다.

3

익스트림 리더는 끊임없이 학습한다

극한 상황은 외부 환경에 대해 학습할 것을 요구하는데, 이러한 경향은 외부적 위협이 높기 때문이다. 이것은 새로운 개념이긴 하지만, 경영학 분야에서 이미 제시된 개념과 매우 유사하다. 「*Journal of Management Studies*」에서 널리 인용되는 칼 와익(Karl Weick)은 그의 논문에서 '규정된 상황이해(enacted sense-making)'로, 위기 상황에서 외부 환경에 대한 관심을 언급했다. 와익은 위기 상황에서 사람들이 느끼는 자극과 리더들이 위기 상황에서 더 자극을 줄 필요성 사이에서의 역동성을 인식했다. 즉 "위기 상황에서는 위기를 파악하는 데 도움이 되는 행위도 위기를 강화시키기 때문에 어떤 행위를 하기가 더 어려워진다." 따라서 극한 상황에 있는 사람들에게는 동기부여를 통해 상황에 대한 자극을 주기보다는 외부에 초점을 맞추고 학습을 하도록 하는 것이 더욱 중요하다. 와익은 계속해서 "사람들은 자신을 제약하는 환경을 스스로 규정한다. (…) 몰입, 능력 그리고 기대가 위기 동안의 상황 이해와 위기 그 자체의 심각성에 영향을 미친다"고 기술했다.[4]

따라서 극한 상황의 리더는 상황을 이해하기 위해 외부 환경에 관심을 가질 필요가 있다. 실제로 사람들에게 동기부여를 하려고 노력함으로써 그들의 두려움을 강화하여 문제를 더욱 악화시킬 수 있다. 와익은 위기 상황에서 이러한 현상을 검증했다. 익스트림 리더들은 신참들이 위기라고 인식하는 상황에서도 평상시와 마찬가지로 자발적으로 일했다. 그리고 필자의 연구 결과는 와익의 초기 연구가 조직의 위기뿐만 아니라 위험한 상황에서의 리더십에 대한 교훈을 줄 수 있다는 것을 시사한다. 이러한 유사점은 제2장에서 위험한 상황에서의 리더십과 전통적인 비즈니스 상황에서의 리더십을 직접적으로 비교할 때 더욱 두드러진다.

4
익스트림 리더는 팔로어들과 위험을 공유한다

익스트림 리더와 다른 일반적인 리더를 구별 짓는 또 다른 특징은 팔로어들과 위험을 똑같이 또는 더 많이 공유하려 한다는 점이다. 물론 팔로어들을 도전적이고 위험한 상황에 참여시켜야 하기 때문에 당연하다고 생각할 수도 있다. 그러나 우리는 익스트림 리더들이 진정으로 위험을 지속적으로 공유하기 때문에 위험 공유가 그들의 특징이라는 것을 발견했다. 다음의 특수기동대(SWAT) 리더와 호랑이 사냥꾼이 말한 것처럼 리더들은 위험 공유의 필요성을 강하게 표현했다.

> 만일 함께 계획을 수립하여 그 일을 시작했는데, 함께하는 것이 마음이 편하지 않다면 어떻게 하겠는가?
>
> – SWAT 리더 제임스 갈리아노(James Gagliano), FBI 뉴욕 지부

> 나는 우리 팀의 위험이 다른 팀의 20배는 된다고 생각한다. (…) 다른 팀도 거의 비슷한 위험이 있기는 하겠지만, (…) 우리 중 누구든 코끼리 등에서 떨어질 수 있고, 우리 중 누구든 지프차에서 튕겨져 나갈 수 있고, (…) 우리 모두 부상을 당한 적이 있으며, 매일 다친다. 하지만

피투성이가 되거나, 심하게 타박상을 입거나, 다쳐서 돌아오지 못한 사람은 아무도 없다. 우리는 코끼리 등에 70파운드의 삼각대를 걸어놓고 있는데, 종종 나무에 걸려 삼각대가 떨어지기도 한다. (…) 매일 우리는 다친다. 그래서 고통을 견디도록 팀원들에게 나눠준 10통의 애드빌(진통제)을 다 써버렸다.

– 전문 영상촬영가, 탐험대 리더 캐럴 아모레(Carole Amore)
『*Twenty Ways to Track a Tiger*』**의 저자**

이러한 인터뷰들은 위험 공유가 단순히 리더의 과도한 자만심, 과시 또는 단순히 인상관리 때문이 아니라는 것을 확실하게 알려준다. 오히려 위험 공유는 극한 상황에서 리더의 스타일 또는 기법의 하나이고, 팔로어들에게 매우 큰 영향을 미친다. 즉 팔로어들은 그것을 인식하고, 그것이 자신의 리더가 갖고 있는 마음과 품성을 나타내는 것이라고 생각하여 리더를 깊이 존경하게 된다. 이러한 현상은 이라크에 참전했던 미군들이 자신들이 직면한 위험을 리더들과 공유하는 것이 얼마나 중요한지를 기술한 다음의 글에서 잘 드러나고 있다.

리더의 자신감을 배우고, 그들이 내린 결정을 신뢰해야 한다. 여러분의 리더는 그 자신이 있지 않는 곳에 당신을 내버려두지는 않으려 할 것이다.

– 이라크 바그다드, 보병3사단 미군 병사

나는 리더가 부하와 다른 한 가지 차이점은 그가 우리보다 조금 더 빨리 더 많은 정보를 확보하는 것이라 생각한다. 그 외에는 실제로 다른 사람과 별다른 차이가 없었다. (…) 옷깃에 무엇이 있는지, 즉 계급이 무엇인지를 보는 것 말고는 누가 누구인지 판별하기 어렵다. (…) 이곳에서 장교들은 리더십을 보여주었다. 그리고 그곳을 벗어나서는 우리가 하고 있는 것과 같은 일들을 하고 있었다.

– 이라크 바그다드, 보병3사단 미군 병사

반대로 포로로 잡힌 이라크 병사의 사례에서 볼 수 있는 것처럼 리더가 위험을 공유하려 하지 않는다는 사실을 발견한 군인들은 싸우려는 의지도 거의 없고, 동기부여도 되지 않는다.

그 리더는 (…) 45~48세 정도의 나이 먹은 중령이었다. 그는 단순한 사람이었다. 바그다드에 있는 사령부로부터 지령이 내려왔을 때, 우리에게 일방적으로 지시만 내리고 정작 자신은 수행하지 않았다. 그리고 도망쳤다. (…) 그는 우리에게 만일 미군이나 영국군을 본다면 저항하지 말라고 말했다.

– 이라크 움 카사(Um Qasr), 이라크군 포로

비즈니스 리더들의 경우 인수계획, 관대한 부채상환 연장 계약, 낙하산 인사 등의 일반적인 관행은 팔로어들에게 자신감을 불러일으키지 못한다. 비즈니스의 위험을 목숨이 걸린 위험과 비교해보는 것은 시야를 넓혀준다. 성과가 삶 또는 죽음을 의미할 때, 최상의 리더는 팔로어들이 낙하산을 매지 않는 한 자신도 낙하산을 매지 않는다.

5

익스트림 리더는 팔로어와 공통의 생활방식을 가지며, 엘리트 의식을 갖지 않는다

익스트림 리더십의 네 번째 독특한 특성은 보수와 생활방식에 대한 인터뷰를 통해 발견할 수 있었다. 임원의 보수에 대해서만 논의하는 콘퍼런스가 개최되는 이 시대에 물질주의가 아니라 가치에 중점을 두는 진성 리더(authentic leader)들에게 새롭게 초점을 맞추고 있었다.

필자가 공무원인 경찰관이나 군인에게 그들의 보수체계에 대해 물어봤을 때 리더와 팔로어의 보수가 같지는 않았지만 한결같이 그다지 높지 않았다. 필자는 극한 상황의 리더들 대부분이 기껏해야 평균 수준의 보수를 받고 있었지만, 일관성 있게 필요한 만큼 충분히 보수를 받고 있다고 생각하고 있음을 발견했다. 이것은 나뿐만 아니라 이들을 인터뷰한 동료들도 똑같이 공감했다. 일상적으로 리더와 팔로어의 삶을 위협하는 상황에서 목숨에 붙여진 가치는 도덕적으로 물질적 부에 붙여진 가치보다 우선한다. 보수는 다른 관심사보다 뒷자리에 두어야 한다. 경제학자들은 공공서비스 업무의 유용성과 기술이 임금을 낮춘다고 주장하면서 공공서비스 직무에 관련된 이러한 현상을 재해석할지 모른다. 그러나 종종 간과되는 부분은 위험에 직면했을 때 상징적 가치는 그다지 상관이 없다는 점이다. 돈은 의미가 없다. 심지어 미래의 보상이나 벌도 미래에 대한 약속이 불확실할 때는 거의 의미가 없다.

현재 리더십 이론에서 상징적 가치는 단지 제한된 상황에서만 적용된다고 본다. 번스(James MacGregor Burns)는 주로 나아갈 길을 제시하고 비전을 설정하는 카리스마 리더를 기반으로 하여 처음으로 '변혁적 리더십(transformational leadership)'의 개념을 개발했다.[5] 이 이론은 보상(보수 지급 등)을 하고, 형평성과 공정성을 확립하는 것과 같은 리더와 팔로어 간의 거래를 기반으로 리더십이 발휘되기 때문에 모두 거래적인 것으로 특징지어지는 다른 리더십 이론들과는 대비된다. 변혁적 리더십 이론은 조직이 변혁적 리더에 의해 변화될 수 있다는 생각에 바탕을 두고 있으며, 바스(Bernard Bass) 등에 의해 발전된 오늘날 가장 권위 있는 리더십 이론의 하나이다.[6] 그러나 그 이전의 학자들은 변혁적 접근방법이 카리스마 같은 리더의 특성이나 비전 설정 같은 리더십 발휘 방법 중 어느 하나 때문이라고 추정했다. 위험한 상황에서 어떤 일이 일어나는지를 아는 사람들은 즉각적인 위협이 인간의 삶에 가치를 두고, 거래적 리더십에 내재된 가치를 포기하게 만든다는 것을 잘 안다. 사람들은 삶에 대한 두려움 때문에 생존을 위협하는 상황에서 유발되는 것 이외에는 공정성, 형평성, 미래 보상 또는 그 외의 어떤 것에도 신경을 쓰지 않는다. 극한 상황은 변혁적 리더십의 완벽한 인큐베이터이다. 극한 상황에서의 거래적 리더십은 상징적 가치와 관련성이 없기 때문에 효과가 거의 없다. 시간이 지남에 따라 가치기반의 변혁적 리더십이 출현하고, 그것이 익스트림 리더의 리더십 스타일의 일부가 된다. 어느 FBI 요원이 자신은 가치기반 리더십이 원활하게 적용되는 상황에서 근무하고 있다고 말한 내용을 살펴보자.

> 나는 함께 일하고 있는 동료들을 존경한다. 그것이 무엇보다 중요하다. 나는 이 일을 필요로 하는 것은 아니다. 나는 내가 하는 일을 사랑하고, 나라를 사랑하고, 우리 조직을 사랑한다. 그러나 그러한 것들보다 더 중요한 것은 육군 보병이 싸우는 이유에 대해 아마도 이전에

수없이 들었던 철학과 같은 것이라고 생각한다. 그들은 지휘관에 대해 전혀 개의치 않고, 붉고 희고 파란 것에 대해서도 신경 쓰지 않는다. 그들은 자신의 동료 이외에는 아무것에도 신경 쓰지 않는다. 함께 일한 사람들은 똑같이 느낀다. 그리고 나도 그렇다. 밤에 집으로 무사히 돌아가는 것이 그들의 관심사이다. 그리고 이 계획을 함께 수립한 동료와 이 임무를 수행하도록 한 동료에게만 관심을 갖는다. 그것이 나에게는 그 어떤 것보다 중요하다.

– 뉴욕시청, FBI SWAT 팀 리더, 특수요원 제임스 갈리아노(James Galiano)

군대, 경찰 그리고 소방서 이외의 조직에서는 일상적인 삶의 패턴이 지속된다. 하지만 위험한 환경에서 일하는 사람들은 삶을 사랑하는 것을 배운다. 그들은 어느 산악등반 가이드가 "금전적 · 물질적 행복이 무엇이라고 생각하는가?"라는 질문을 받았을 때 확인해준 것처럼 물질적 부에 가치를 적게 두는 세계에 사는 것 같다.

"사회적 스펙트럼의 어느 한쪽 끝에 유한계급(leisure class)*이 있다"고 말한 노년의 요세미티 등반가가 있는데, 여러 가지 면에서 자신이 하고 싶은 일들을 마음대로 할 수 있는 유한계급의 일부인 것 같다. 우리 대부분은 나의 대부분의 고객처럼 금전적으로 부유하지는 않다. 나도 금전적으로 풍족하지는 않다. 그런데 나의 고객은 대부분 기업에서 일하면서 돈을 많이 벌지만, 그들은 내가 살고 싶어 하지 않는 시내에서 살고 있고, 9시에 출근해서 5시에 퇴근한다. 그렇기 때문에 내가 더 건강하고, 아마도 스트레스를 덜 받고 있다고 생각한다. 이러한 관점

* 생산적 노동에는 참여하지 않고 소유한 자산으로 비생산적 소비 활동만 하는 집단.

에서 그들보다 내가 더 잘살고 있다고 생각한다. 금전적으로는 노(no)이지만, 삶의 스타일은 예스(yes)다. 그리고 대부분의 사람보다 더 잘살고 있다.

– 와이오밍 주 잭슨홀, 엑섬 등반학교 전문 등반 가이드

우리는 극한 상황의 리더가 내세우는 가치의 표현으로서 팔로어와 공통적인 생활방식을 수용하고, 심지어는 포용하며, 그러한 가치들이 리더로서 비춰지는 모습과 진정성의 일부가 된다는 것을 믿는다. 솔직한 생활방식의 가치를 강조하는 퀘이커교도의 영적인 격언 중에 "자신의 삶을 말합시다!"라는 것이 있다. 이 격언은 팔로어들이 리더의 삶을 지켜봄으로써 가치를 이해하게 된다는 것이다.

6
익스트림 리더는 고역량, 신뢰 그리고 충성심을 구비하고 고취한다

익스트림 리더들은 특수한 상황적 특성 때문에 다른 조직의 리더들과 구별되지만, 그들 또한 다양한 상황에서 성공한 다른 리더들과 몇 가지 특성을 공유한다. 여타 리더들처럼 익스트림 리더들은 매우 유능하며 팔로어의 충성심과 신뢰를 고취한다. 바그다드가 함락되던 72시간 동안 있었던 다음 사례는 위험한 시기에 충성심을 확립하는 데 성공하는 경우와 실패하는 경우 사이에 현격한 차이가 있음을 보여준다.

우리는 부상을 당한 한 병사를 이곳 야전병원으로 데려왔다. 그런

데 그의 팔뚝에서 살점이 떨어져 나가 있었다. 그는 매우 고통스러워하며 눈물까지 머금고 있었지만, 잘 견뎌냈다. 그런 와중에도 그는 우리 부츠에 피를 묻힌 것을 미안해하고 있었다. 그는 사과했다. "부츠에 피를 흘려서 미안하군요." 나는 감탄하며 "지금 부상당한 와중에 제 부츠에 피 흘린 것을 사과하는 겁니까?"라고 되물을 수밖에 없었다. 나는 그를 매우 존경하게 되었다.

- 이라크 바그다드, 미 제3보병 사단 참전용사

그런데 대조적으로 이런 일도 있었다.

하지만 장교들에게는 아니었다. 우리는 그들에게 말할 수 없었다. 그들은 우리를 감옥에 집어넣고, 동료들이 보는 데서 다른 병사를 무참히 죽였다. 우리는 그들에게 아무 말도 할 수 없었다.

- 이라크 움 카사, 이라크군 포로

7
고위험 상황에서는 역량이 중요하다

팔로어들은 리더가 역량을 갖추기를 요구한다. 리더의 역량은 위험한 상황에서 매우 중요하다. 전장이든 산비탈이든 간에 삶이 위태로운 상황에서는 합법적 권한만으로 존경심이나 복종을 이끌어내지 못한다. 이것은 아이러니하게도 군 리더들에 대해 갖고 있는 일반적인 고정관념인 '로봇처럼 복종해야 하는 부하를 지휘하는 권위적이고 규율이 엄격한 군인상'과는 모순된다. 그러한 군 리더십은 적어도 우리 연구진들이 방문했던 육군과 해병대에서 발휘되는 리더십은 아니었다. 그리고 확실히 전투상황에서 발휘되는 리더십이 아니었다. 보통의 부대는 전장에서 무능한 리더의 명령을 따르도록 하는 것보다 군법회의가 더 매력적인 방법이라고 생각할 것 같다. 역량만이 존경심을 갖게 하고, 존경심은 극한 상황에서 통용될 수 있는 법정화폐이다. 예컨대 이라크 참전용사가 자신의 지휘관에게 가졌던 존경심을 살펴보자.

> 그는 혼자서 모든 임무를 수행했다. 그가 수많은 일을 하고 있는 반면, 나는 한 가지 일만 하고 있었다. 때때로 그는 일이 너무 벅차서 힘들어했다. 그래서 나도 모르게 흥분하여 "저도 지휘할 수 있습니다. 저도 전투 훈련을 받았고, 이런 일을 많이 해봤습니다. 당신에게는 휴식이 필요합니다"라고 말했다. 그는 힘들어했지만, 그것을 잘 처리했다. 그는 자신이 해야 할 모든 일들을 했다. 그는 자신 이외에 주변에 그것을 할 사람이 없을 때 부대나 부대 일부를 기동시켰다.
>
> **– 이라크 바그다드, 제7기갑여단 3대대 미군 참전용사**

역량에서 우러난 존경심은 극한 상황에서의 리더십이 단순히 기술적이거나 어쩌면 감정이 없거나 부드럽다는 것을 내포하는 것은 아니다. 반대로 위험한 상황은 종종 명확하고, 날카롭고, 팔로어들이 불쾌해할 정도로 공격적인 리더십 스타일을 요구한다. 예컨대 어느 미군 해병이 그 부대 지휘관에 대해 어떻게 말하고 있는지 살펴보자.

> 나는 그 사람을 좋아하지 않는다. 나는 일과 후에 그를 어떻게 상대해야 할지 모른다. 그러나 그에게는 전문성이 있고, 우리를 최전선에서 살아나올 수 있게 한다는 점에서는 훌륭한 분대장이다. 때로는

매우 인기 없는 일일지라도 올바른 일을 할 것이다. 그는 분대장이기 때문이다. 나는 그를 존경한다. 그는 분명히 해병대 무공훈장을 받을 자격이 있다. 우리는 그것 때문에 그를 추천한다.

- 이라크 알 힐라, 해병 제1사단 미 해병

위험한 상황에서는 리더들에게 놀랄 만한 리더십을 요구하는데, 리더들은 실제로 모든 성과를 자신의 개인적 역량과 연관시킨다. 이러한 리더들은 상황을 인식하고 통제하기 위해 열심히 일한다. 그러나 실제로 극한 상황에서는 놀랄 만한 일들이 종종 경고 없이, 그리고 리더가 역량을 발휘할 사이도 없이 발생한다는 것이다. 그럼에도 불구하고 통제와 개인적 효능감에 대한 인식은 익스트림 리더가 리더십을 발휘하는 데 매우 중요하다.

비난받을 일을 하고, 책임지려 하지 않는 것을 허용할 만큼 호의적인 상황에서 리더십을 발휘하는 리더들과는 대조적으로 극한 상황의 리더들은 객관적인 관찰자들이 명백하게 통제 범위 밖의 상황이기 때문에 봐주려고 할 때에도 결과에 대한 책임을 지는 경향이 있다. 한 리더가 자신이 책임지고 있던 상황의 형편없는 결과를 다음과 같이 설명하고 있다.

내 생애 최악의 날은 1980년경의 어느 날이었다. 언제인지 정확히 기억나지 않는다. 아주 오래된 일이고, 그 일에 대해 떠올리고 싶지 않기 때문이다. (…) 나는 교습생 몇 명을 가르치고 있었는데, 그들에게 점프, 그리고 더 높은 스카이다이빙을 하도록 요구했다. (…) 고속의 공중 충돌이 있었고, 내 친구 하나가 하늘에서 빠르게 추락하고 있었다.

나는 하강하면서 그를 놓쳐버렸고, 결국 급강하하여 지상에 충돌해 죽었다. (…) 그것이 실패한 성과였다.

– 대형 스카이다이빙대회 세계기록 리더
전문 스카이다이버 가이 라이트(Guy Wright)

역량은 극한 상황에서 리더와 팔로어 사이의 신뢰를 견고히 쌓기 위한 벽돌이다. 그런데 극한 상황의 리더들이 보여주는 역량은 그들의 리더십 스타일과 같아서 믿을 만해야 한다. 적당한 역량 없이 임명된 리더들에 의해 운영되는 조직은 일상적인 사건들은 그럭저럭 처리해나갈 수 있다. 그러나 정말로 위협이 되는 위기가 닥쳤을 때는 예상한 대로 무너지게 될 것이다. 삶의 공포 속에 있는 사람들이 리더의 역량을 의심한다면 그를 신뢰하거나 따르지 않을 것이다. 관료적으로 임명된 리더들의 무능력은 장교 임명에 대한 이라크군 포로의 언급에 잘 나타나 있다.

일반 군인들도 바그다드 육군사관학교에서 6개월 과정을 마치면 장교가 될 수 있기 때문에 일반 군인들 중에서도 장교가 되려는 사람들이 있다. 그러나 사관학교에 가지 않고 장교가 될 수도 있다. 이런 사람 중 일부가 혁명수비대원이 되고, 그들 중 몇 명은 바트당의 당원이 된다. 그래서 당원이면서 장교가 된다. 그들은 특별훈련 같은 것을 받지 않고 장교가 된다. 그들이 가진 모든 것은 정부의 결정이고, 장교로 승진된다. 제한적인 학교교육을 받고, 너무 폭넓은 경험(즉 역할에 필요한 경험이 없음)을 하기 때문에 전문성이 매우 약한 정보 부사관인 무카딤(Muqaddim)과 고급 장교인 아미드(Amid) 같은 사람을 배출한다. 제1차 걸프전 이전에는 사관학교를 1등으로 졸업한 장교는 영국 육군사관학교인 샌허스트(Sandhust) 같은 곳이나 인도로 가곤 했다. 그러한 장교는 800명 졸업생 중에서 한 명 또는 기껏해야 두세 명뿐이다. 사관학교에서의 공부는 전장의 실상과는 상당한 거리가 있거나 부합하지 않는다. 모든 공부가 이론적이다. 실용적인 교육이나 실습과목은 중요하게 받아들여지지 않는다.

– 이라크 움 카사, 이라크군 포로

8
고위험 상황은 리더와 팔로어의 상호 신뢰를 요구한다

역량이 익스트림 리더십을 구성하는 벽돌이라면 신뢰는 집이다. 우리가 인터뷰한 리더들은 위험한 상황에서 신뢰관계를 형성하는 능력에 대해 종종 말하곤 했다.

범죄 현장을 잡는 데까지 6개월이면 된다고 생각했지만, 실제로는 1년 6개월이 걸렸다. 그리고 이제 드디어 그 현장에 진입할 시점에 와 있다. 만약 우리가 문을 박찬 후 뛰어 들어가 첫 번째로 진입한 동료가 왼쪽을, 두 번째로 투입된 동료가 오른쪽을 담당한다면, 두 번째로 진입한 사람은 자신의 뒤인 현장의 왼쪽에 신경 쓰지 않는다. 왜냐하면 그는 첫 번째 동료가 그쪽을 완벽하게 책임지고 있다고 믿기 때문이다. 그것은 서로에게 참 좋은 위치인 것이다.

– 뉴욕시청, FBI SWAT 팀 리더특수요원 제임스 갈리아노

게다가 그러한 관계는 우연히 형성되는 것이 아니라 아주 심사

숙고해서 형성된다는 것이 거의 확실하다.

나는 실제로 모든 부하 지휘관과 병사들과 신뢰관계를 확립했다. 그들은 단지 전투명단에 있는 이름이나 나에게 무전기로 보고하는 존재가 아니었다. 그리고 나도 그들에게 무전기로 지시만 내리는 존재가 아니었다. 나는 내가 지향하는 방향으로, 서로 완벽하게 신뢰하는 팀을 형성하는 것을 최우선으로 한다. 서로 대화하지 않거나 상호작용을 할 수 없다면 신뢰관계를 형성할 수 없다. 그것은 단지 참모나 한두 명의 소대장만으로 이뤄지는 것이 아니다. 모든 소대장, 모든 소대부사관, 중대 행정보급관 등 부대에서 리더의 역할을 하는 모든 사람이 함께해야 한다. 우리는 매일 함께 점심 식사를 하고, 높은 목표 수준을 갖고 있었다. 그러한 목표 수준을 설정한 이유를 설명해주었기 때문에 내가 왜 높은 기준을 제시하는지를 알았다. 그러나 그것을 잘 모르는 몇몇 독재적인 중대장들에게는 "이것이 우리가 가려고 하는 방향이다"라고 말한다. 나는 그러한 리더십 스타일과 사고방식이 오늘날의 군인들과 부사관들에게도 효과적일 것이라고 생각하지 않는다.

– 미 제7기갑여단 제3기갑중대 중대장클레이 라일(Clay Lyle) 대위

그리고 예상한 대로 신뢰를 기반으로 한 관계가 형성되지 않았을 때, 극한 상황이 발생할 경우 조직은 응집되지 못했다. 아래는 이러한 점에서 자신의 리더가 어떻게 실패했는지에 대해 한 이라크 병사가 증언한 내용이다.

마이르 리와(Mair Liwa) 준장은 전역해서 자신의 가족에게 돌아갔다. 그는 권위적이었고, 모든 사람이 다른 사람을 두려워하도록 만들었다.

사담 후세인의 형제조차 자신의 형제를 믿을 수 없는 상황으로 만들었다. 우리는 아무도 신뢰하지 않는다.

- 이라크 움 카사, 이라크군 포로

흥미롭게도 이라크에서 인터뷰를 하고 웨스트포인트에 돌아와 있을 때, 누군가 또 다른 사람이 극한 상황에서의 신뢰에 대한 정보를 수집하기 위해 이라크에 머물고 있었다. 스위니(Pat Sweeney) 중령은 이전에 지휘관을 했던 101공수사단의 일원으로 전투에 참가하기 위해 안전한 노스캐롤라이나 대학교 대학원을 떠났다. 그는 웨스트포인트 교수로 근무하기 위해 그 대학원에서 사회심리학 박사과정을 밟고 있었다.

그는 끝없는 에너지를 갖고 있었는데, 사단본부라는 좋은 직책에 있는 동안 몇 가지 자료를 수집하기로 결심했다. 그는 전투 시 신뢰를 받을 수 있는 리더의 특성을 식별하고, 과학적으로 극한 상황에서 신뢰와 영향력 사이의 관계 탐색이라는 두 가지 목적을 달성하기 위해 인터뷰를 실시했다. 그는 수십 명의 군인들을 대상으로 인터뷰를 실시하고, 그들 중 72명에게 전투 시 신뢰와 리더십의 관계를 탐색할 수 있도록 설계된 개방형 설문지를 작성하도록 했다. 인터뷰 대상 군인들은 북이라크에서 전투와 민사작전을 수행하고 있었기 때문에 탈아파(Tal Afar)의 모우술(Mousul) 기지와 케이야라 공군기지로 그들을 직접 찾아갔다.

스위니 중령의 설문내용은 전투 시 신뢰할 수 있는 리더에게서 찾을 수 있는 특성을 기술하는 것이었다. 그러고 나서 설문 응답자들에게 각 특성이 신뢰에 어떻게 영향을 미치는가를 논의하고, 각 특성이 신뢰를 형성하는 데 얼마나 중요한지를 상대적으로 평가하도록 했다. 그리고 신뢰와 리더십이 어떠한 연관성이 있는지에 대해 자신의 생각을 공유하도록 요청했다.

스위니 중령이 인터뷰한 군인들은 리더의 능력이 전투 시 신뢰에 영향을 미치는 가장 중요한 특성이라고 응답했다. 극한 상황에서 팔로어들은 리더의 기술적 전문성, 판단력, 생명의 위협이 가장 작으면서 임무를 성공적으로 완수할 수 있는 작전계획을 수립하고 시행할 수 있는 지적능력에 의존한다. 스위니 중령은 팔로어들의 응답을 특성의 범주로 분류한 후에 계량적으로 분석하여 전투 시에 신뢰할 수 있는 리더들에게서 찾아볼 수 있는 리더의 자질을 다음 표에서 보는 바와 같이 중요한 순서대로 10가지로 선정했다.

전투 시 신뢰받을 수 있는 리더의 특성

1. *역량*
2. *충성심*
3. *정직성/진정성*
4. *솔선수범*
5. *자기통제력(스트레스 관리)*
6. *자신감*
7. *용기(육체적 및 정신적)*
8. *정보 공유*
9. *부하와의 개인적 유대감*
10. *강한 책임감*

필자는 스위니 중령의 연구가 극한 상황에서의 신뢰와 역량에 대한 가장 완전한 설명이라고 생각한다.[7] 그리고 그의 연구 결과는 극한 상황에서의 리더십 유형을 보강하여 강조해준다.

→ 역량은 신뢰나 충성심보다 상대적 중요성이 앞선다.

→ 위험한 상황에서 솔선수범은 위험을 공유하고, 자신감과 용기를 요구한다.

→ 자기통제력은 침착하게 해주고, 외관상 그러한 환경에 관심이 없는 것처럼 보이는 데 필요하다.

→ 진정성, 책임감, 개인적 유대감이 신뢰를 강화시켜주는 공통의 생활방식을 통해 리더와 팔로어 관계를 결속시켜준다.

익스트림 리더십 유형은 위험이 존재할 때 계속 나타난다.

9
위험한 일은 리더와 팀의 상호 충성심을 요구한다

익스트림 리더는 때때로 팔로어들과 단기적인 관계를 맺는다. 등산 가이드, 스카이다이빙 주최자, 탐험대장 그리고 우주비행사들조차 팔로어들 사이에 신속하게 신뢰와 자신감을 불러일으켜야 한다. 경찰서, 군대, 소방서의 리더들은 높은 충성심을 불러일으킬 수 있을 만큼 팔로어와 장기간 함께 생활한다. 이러한 충성심은 본래 개인적인 것이기도 하고, 직업적인 것이기도 하다. 그리고 리더와 팔로어 사이의 충성심의 가치는 다음과 같이 팔로어들이 말할 때 아주 분명하게 드러난다.

> 나는 그(리더)를 더욱 훌륭하게 만드는 것은 병사들이 그를 위해 무엇을 할 수 있는가가 아니라 그가 우리를 위해 할 수 있는 것이 무엇인가 있기 때문에 그 자리에 있는 것이라고 생각한다. 그는 여러 번 모든 소대원들에게 자신을 위해 우리가 무엇을 할 수 있는가가 아니라 그가 우리를 위해 무엇을 할 수 있는가에 대해 입증해왔다. 모든 소대원들은 그를 위해 무엇이든 할 것이다. 그가 요구하는 것은 무엇이든 말이다.
>
> **– 이라크 바그다드, 미 제7기갑여단 제3기갑중대 중대원**

> 리더인 그에게 나는 무엇을 배웠는가? 나는 그가 자신이 하는 일을 좋아한다고 생각한다. 그는 스스로 통제하기를 좋아한다. 그는 잠을 많이 자는 것을 좋아하지 않는데, 그것은 부하들과 함께 외출할 필요가 있었기 때문이다. 그는 항상 부하들을 먼저 생각했다. 그것은 리더로서 매우 훌륭한 특성이다. 그는 무언가 올바른 방향으로 가고 있지 않으면 그것이 어떤 것이라도 자리에서 일어나 필요한 것은 무엇이든지 한다. 그리고 그는 "그것을 해냈다"고 말한다. 그는 항상 모든 사람들을 위해 그 자리에 있다.
>
> **– 이라크 알 힐라, 미 해병 제1사단 해병대원**

이러한 팔로어들의 충성심은 보통 리더들의 역할에 대한 충성심에 의해 불러일으켜진다. 충성심이 쌍방향적이라는 것은 리더 개발 문헌에 잘 확립되어 있다. 우리는 이러한 특징이 익스트림 리더들 사이에 특히 두드러진다는 것을 발견했다.

나는 그들(부하들)에게 가라고(전투에서 달아나라고) 말했다. 왜냐하면 아랍어에 내가 완전히 도덕적으로(특히 그 사람에 대해 도덕적으로) 책임이 있다는 의미인 "누군가 내 목 안에 있다"는 말이 있기 때문이다. 그들은 내 목 안에 있었다. 달리 말해서 나는 그들에 대한 책임이 있었다. 그래서 내가 반드시 할 필요가 없다면 그들을 죽게 내버려두지 않을 것이다. 나는 가치 없는 것을 위해 그들을 죽게 내버려두지 않으려고 한다.

– 이라크 움 카사, 이러한 증언을 하기 겨우 3주 전에 포로로 잡힌 바그다드 육군사관학교를 졸업한 이라크 소위

나의 개인적 영웅은 나와 함께 일하는 많은 사람들이다. 내가 함께 일할 영광을 가진 많은 사람들, 그중에서 나보다 젊은 많은 사람들조차 그들이 진실로 옳다고 느끼는 일을 하기 위해 많은 역경에도 불구하고 정말 열심히 일하는 진실하고, 신뢰할 만하고, 유능하고, 배려심 있는 사람들이다. 그리고 그들은 돈이나 다른 무언가에 의해서가 아니라 누군가를 위해 좋은 일을 한다는 궁극적인 목표에 의해 동기부여된다.

– 샌프란시스코 FBI SWAT 사무실 고위 팀 리더 특수요원 스티브 카터(Steve Carter)

나는 항상 부하들을 위해 일했다. (…) 지휘하는 동안에 나는 그들을 사랑한다고 느꼈다. 지금까지 나와 함께 일했던 다른 어떤 사람들보다 사랑하는 마음이 더 컸다. 1년 정도 함께하면서 확실히 그들은 나의 가족만큼 가까워졌다. 그들이 나를 필요로 한다는 것을 느꼈다.

– 제7기갑여단 제3중대 중대장 클레이 라일 대위

10
맺음말: 자신의 리더십 역량을 생각해보자

이 장에서 살펴본 것처럼 팔로어들은 전투 또는 다른 위험한 상황에서 그들의 리더에 의해 명백하게 많은 영향을 받는다. 필자와 스위니 중령이 극한 상황에서 일하는 사람들과 가진 인터뷰가 그것을 증명해준다. 그리고 위험한 상황에서 리더십을 발휘하는 사람들의 독특한 패턴을 주목해야 한다.

그러나 익스트림 리더십의 긍정적 영향은 반드시 위험한 상황에만 한정된 것은 아니다. 적절한 수준의 동기부여, 학습 경향, 위험 공유, 공통의 생활방식, 역량, 신뢰 그리고 충성심은 많은 직업에서 팔로어들 사이에 리더십 유산을 형성하는 데 도움을 줄 수 있다.

리더들의 가장 오래 지속되는 유산은 그들이 이끄는 사람들 안에 존재한다. 그들은 회사를 만들고, 많은 돈을 벌고, 책을 쓰고, 자신들의 이름을 따서 빌딩 이름을 짓는다. 그러나 결국 리더들에게 지속되는 효과는 그들이 동기부여하고, 방향과 목표를 설정해줌으로써 개발하는 사람들 안에 있다. 일의 성격과 무관하게 이해관계가 조금 더 크다면 극한 상황의 능숙한 리더가 어떻게 행동하는지를 생각해보는 것이 자신의 조직에서 리더십의 유산을 남기려는 사람들에게 통찰력을 제공해줄 수 있다. 일상적인 상황에서의 리더십 원칙이 전투와 같은 극한 상황으로 반드시 잘 전이되는 것은 아니다. 그러나 익스트림 리더십은 일상적인 조직의 리더십에 많은 기여를 할 수 있다.

더욱이 일상적인 상황에서 리더십을 발휘하는 사람들은 자신의 역량에 대한 상대적 중요성을 잘 결정할 수 있다. 앞부분에 등장한 '리더십 역량 순위' 표의 9가지 리더십 역량 순위에 따라 일하라. 그리고 가장 순위가 높은 5~6개의 개인적 강점을 식별하라. 그 유형이 위험한 상황 또는 조직의 위기에서 리더십을 발휘할 준비가 되어 있거나 적응할 필요가 있다고 시사해주는가? 어느 쪽이든 앞으로 당신이 어려운 상황에 처할 경우 변함없는 리더십과 외부에 관심을 갖는 리더십이 둘 다 필요할 수 있다.

극한 상황 프로젝트는 예외적으로 심각한 위험 상황에서의 리더십을 이해하는 데 필수적이다. 다른 상황에서 리더십을 발휘한다면 극한 상황 패턴을 똑같이 적절하게 응용하여 선택할 기회를 갖는 것이다.

종종 팔로어들의 영혼을 자세히 들여다보고, 리더들이 그들에게 무엇을 주었는가를 이해하려면 약간의 관심과 노력이 필요하다. 직업적으로 리더십을 발휘하는 사람들의 익스트림 리더십을 살펴보는 것은 자신이 이미 감지하고 있는 것을 더 명확하고 상세하게 보게 해주는 확대경일 수 있다. 즉, 리더들은 무엇인가를 가능하게 한다는 것, 그리고 리더십이 없다면 기본적인 과업조차 처리할 수 없다는 것이다.

핵심 Key point

1 익스트림 리더는 자신이 일하고 있는 상황의 위험성 때문에 내재적으로 동기부여된다. 따라서 리더들은 관례적인 동기부여 방법이나 응원하여 용기를 주는 방법이 필요 없다. 더욱더 일반적인 상황에서 리더십을 발휘하고 있다면 팀원을 동기부여시키기 위해 필요한 방법을 생각해보라.

2 익스트림 리더는 전형적으로 자신과 자신의 팔로어들이 직면하고 있는 위협과 위험의 수준을 결정하기 위해 자신들이 처한 환경을 신속하게 살펴볼 필요가 있기 때문에 끊임없이 학습을 한다. 다른 상황에서의 리더들은 신체적인 위협에 직면하지 않아 다행이지만, 그럼에도 불구하고 그들은 계속적으로 경쟁적 또는 시장의 위협에 대비하여 환경을 살펴야 한다. 그리고 다른 팀을 앞서기 위해 또는 적어도 문제를 해결하기 위해 학습을 해야 한다.

3 익스트림 리더는 팔로어들과 직면하는 위험을 공유해야 한다. 이것은 단지 다른 사람의 시선을 끌려는 것이 아니다. 리더들은 실제로 극한 상황에서 훨씬 더 큰 위험에 직면한다고 할지라도 위험을 공유해야 한다. 다른 상황에서의 리더들은 이것을 명심해야 한다. 팔로어들에게 자기 자신이 하지 않는 것을 하라고 요구하지 말라.

4 익스트림 리더들은 팔로어들과 공통의 생활방식을 공유한다. 고위험 상황에서 리더와 팔로어가 똑같이 돈을 버는 것은 아니지만 보수는 동일하게 높지 않다. 최근 임원들의 보상에 대해 많은 관심이 집중되고

있다. 따라서 모든 리더들은 나머지 다른 조직원들과 공통적으로 얼마 만큼의 보상을 받는 것이 적절한지에 대해 심사숙고해야 한다.

5 익스트림 리더들은 매우 유능하다. 그리고 팔로어들이 자신의 역량 수준에 필적할 만큼 역량을 개발하도록 자극을 준다. 리더십을 발휘하는 조직이 어떠한 유형이든 리더가 하고 있는 일에 대해 잘 알고 있다는 것을 보여준다면 분명히 더 많은 존경을 받게 될 것이다.

6 위험한 상황은 높은 수준의 상호 신뢰를 요구한다. 익스트림 리더들은 자신의 팀을 신뢰한다. 그래야 그 자신이 신뢰받을 수 있다. 또한 팀원들에게 부여된 과업을 수행하도록 하기 위해 리더가 할 수 있는 모든 일을 한다.

7 고위험 상황은 리더와 팔로어 사이에 상호 충성심을 요구한다. 미국 기업들이 50년 동안 한 회사에서 근무한 후 금시계를 받고 은퇴하던 시대로부터 많은 변화가 있었지만, 리더들은 상호 충성하는 문화를 조성하기 위해 할 수 있는 모든 일을 해야 한다.

2장

비즈니스와 삶을 위한 극한 상황에서의 교훈

솔선수범으로 자신의 리더십 강화하기

필자는 이 책이 경찰, 소방관, 군인, 해병대, 익스트림 스포츠 코치들, 그리고 산악등반 가이드 같은 극한 상황의 리더들이 죽음의 순간에 자신의 리더십을 되돌아보고, 깊이 생각하는 데 이용되길 간절히 바란다. 또한 모든 리더 또는 팔로어들이 죽음의 순간에서 발견한 리더십 원칙들로부터 통찰력을 얻기 바란다. 이 장에서는 후자에 초점을 두고 있다.

25년 동안 필자는 직접 리더십을 발휘하고, 연구하고, 가르쳤다. 나는 항상 발견학습(discovery learning)*이 리더로서 자신의 능력을 개발하는 데 최선의 방법이라고 생각해왔다. 리더십의 개념은 각자의 상황에 맞춰져야 한다. 이 장에서는 상황에 따라 널리 적용될 수 있는 익스트림 리더십에 대한 9가지 관찰들을 기술한다. 그리고 나 자신과 다른 사람들의 경험으로부터 도출된 사례를 제시한다. 이러한 관찰들을 당신이 처한 상황과 사활을 건 리더들이 처한 상황 간의 연결고리를 여는 열쇠로 사용하기 바란다. 유사점과 공통점들은 아마도 당신을 놀라게 할 것이다.

---

* 학생들에게 몇 가지 관련된 사실을 제시해주고, 거기에 담겨진 원리를 학생들 자신이 발견해내도록 하는 교수방법. 따라서 발견학습에서 직접적인 관심의 대상이 되는 교육내용은 특정한 사실이 아니라 발견해낸 원리.

1
거래적 리더십에서 변혁적 리더십으로 전환

익스트림 리더십을 이해하기 위한 연구를 시작했을 때에는 이것이 주로 매우 험난한 익스트림 스포츠, 전투 상황, 그리고 재난 상황에 적합한 리더십의 독특한 유형이라고 생각했다. 극한 상황의 유형으로 정형화된 리더와 팔로어의 행동에 변화를 주는 것은 죽음의 위협에 대한 의식적 인식, 즉 개인의 죽음 현출성(mortality salience)*이다. 이와는 대조적으로 사업의 위험은 돈을 잃는 것에 대한 것이지 목숨을 잃는 것이 아니다. 약간의 신체적인 위험이 따르는 비즈니스처럼 특별한 경우에는 절차 또는 보험을 통해 이를 경감할 수 있다. 따라서 극한 상황 리더십에 대해 비즈니스적 해석을 할 의도도 없었고, 더욱이 그러한 해석을 약간 무시하기도 했다. 그런데 리더십에 대해 연구를 하면 할수록 사활을 건 리더의 사고는 거의 모든 리더들에게 유용한 성찰의 형태가 될 수 있다는 것이 더욱더 분명해진다.

그러나 대부분의 사람들이 연금 계약에 대한 위협을 '생활수입(career earning)에 대한 위협'이 아니라 '평생저축(life saving)에 대한 위협'이라고 부르는 것이 재미있지 않은가? 개인들에게 '평생저축'과 '생명 구하기(saving lives)'는 둘 다 동일하게 중요한 관심사항이다(의도적인 말장난). 극한 상황 리더십과 거대한 자본을 보유한 고위험 기업을 책임지는 엘리트 비즈니스 조직의 리더십 사이에는 강력한 유사성이 있다.

---

* '죽음 현저성'이라고도 하는데, 일반적으로 사람들이 죽음에 대해 생각하면 훨씬 극단적인 도덕적 판단을 내리게 되는 현상을 말함.

이러한 사실은 금융회사인 골드만삭스(Goldman Sachs)*의 임원을 대상으로 극한 상황의 리더십을 설명하는 과정에서 명백해졌다. 그는 예비역 육군 장교였는데, 극한 상황 리더십의 개념에 매력을 느끼는 것 같았다. 필자는 그가 이전에 군 복무를 뛰어나게 했고, 개인적으로 위험한 상황을 몇 차례 경험했기 때문에 극한 상황의 리더십에 관심이 있는 것이라고 생각했다. 그러나 곧 금융계에 자신의 리더십을 알리는 하나의 방법으로 극한 상황의 리더십에 관심을 갖고 있다는 것이 분명해졌다. 이것은 매우 흥미로운 것이었다. 왜냐하면 익스트림 리더십이 익스트림 스포츠와 군사훈련 이외의 분야에서도 가치가 있다는 것을 시사해주는 것이었기 때문이다.

사실 극한 상황의 진정한 리더에 대한 이해는 비즈니스에 적용할 때 많은 가치가 있다. 희망, 회복력, 낙천성 개발을 강조하는 진성 리더십(authentic leadership)은 부하들의 열망이 신체적, 사회적 또는 물질적이든 상관없이 그들에게 중요한 것이 무엇인지를 알게 해준다. 종종 매우 도덕적이고 윤리적인 행동을 보여주는 진성 리더들은 긍정적으로 자신들의 행동 동기를 해석하는 부하들로부터 신뢰를 얻는다.

비즈니스 영역에서의 리더십은 종종 단순히 기술 또는 능력, 개인의 효과성 증대를 통해 조직의 성과를 개선시키는 일련의 기계적인 조치들로 부적절하게 다뤄진다. 이와 같은 접근법은 1차적인 동기부여가 이익을 기반으로 하고 있기 때문에 본질적으로 거래적이며, 그

---

* 모건스탠리딘위터, 메릴린치와 함께 국제 금융시장을 주도하는 대표적인 투자은행 겸 증권회사. 1869년 독일계 유대인 마르쿠스 골드만이 뉴욕에 설립한 약속어음 거래회사를 모체로 시작되었으며, 130여 년의 전통을 자랑한다. 뉴욕에 본사를 두고 있으며, 24개국의 지사를 통해 기업의 인수합병과 채권발행 등의 사업을 하고 있다. 한국에도 1992년에 서울사무소를 개설했고, 1998년 12월 지점으로 승격시켰다.

결과 제대로 효과를 내지 못한다. 반면에 극한 상황의 리더십은 조직에서 사람들이 순수한 거래적 관계를 어떻게 뛰어넘을 수 있는지 좋은 예를 보여준다. 그에 비해 강압적인 리더나 정책지향적 관리자들은 결국 상황의 심각성 때문에 비효과적이 된다. 보너스나 다른 유형적 보상에 대한 약속은 리더의 손에 자신의 목숨이 달려 있을 때에는 효과가 적어진다. 왜 사람들은 위험한 상황이 아닌 문제에서는 리더십이 부족하더라도 관대한가?

극한 상황에서 리더와 팔로어 모두의 첫 번째 관심은 생존과 과업 또는 임무의 성공에 있다. 거래적인 리더십으로부터 좀 더 진정성 있고 변혁적인 리더십으로 변화하는 것이 어렵다는 것을 알게 된 비즈니스 리더들은 극한 상황에서 리더의 역할 모형을 통해 이해와 영감을 얻을 수 있다. 극한 상황의 리더들이 극한 상황에 어떻게 대처해 왔는지에 대한 학습을 통해 오늘날 리더들이 직면하는 스트레스가 많은 도전들(비록 신체적 또는 생존을 위협하지는 않는다 할지라도)에 대처하는 데 활용할 수 있는 몇 가지 중요한 교훈을 줄 수 있다.

2
비즈니스 리더는 익스트림 리더로부터 무엇을 배울 수 있는가?

익스트림 리더와 비즈니스 또는 다른 조직들의 리더들 사이에는 분명히 몇 가지 유사점이 있다. 첫째, 극한 상황이나 비즈니스에서 가장 가치 있는 것은 역량(competence)이다. 예컨대 성공한 지인 중 한 사람은 위험성이 높은 머천트뱅킹(merchant banking)* 으로 수백만 달러를 벌었는데, 그러한 엄청난 소득을 얻을 수 있었던 것은 사실상 그가 갖고 있는 역량과 정해진 보수가 없는 업무를 수행하면서 보여준 능력 때문이었다(그 자신은 '실적주의' 탓으로 돌렸다). 이는 확실히 극한 상황을 은유적으로 표현하고 있는데, 요점은 잘나가는 비즈니스는 신체적으로 위험한 상황과 유사하게 매우 힘들다는 특징을 갖고 있다는 것이다. 역량은 리더로서의 역할을 하려고 하는 사람들에게 입장료나 마찬가지이다.

또 다른 유사점은 신뢰를 수반한다는 것이다. 엘리트 비즈니스맨은 신뢰가 귀중한 상품인 세상에서 산다. 그리고 그것은 비즈니스의 성과를 예측할 때 수백만 달러의 가치를 가질 수 있다. 비즈니스에서 신뢰의 부족은 조직에 있어서 독과 같다. 예컨대, 최근 휴렛팩커드(HP: Hewlett Packard)** 가 언론인에 대한 스파이 활동을 했다는 의혹으로 의회의 조사를 받게 된 것은 HP 이사회에 대한 신뢰의 부족 때문이었다. 2005년 1월 초, 당시 CEO였던 칼리 피오리나(Carly Fiorina)는 이사회 임원 중 누군가가 기자들과 다른 사람들에게 HP의 심의내용과 입장을 누설하고 있다고 단언했다. 노발대발한 그녀는 누가 신뢰를 저버

---

* 머천트뱅크는 영국에서 어음인수 또는 증권발행을 주요 업무로 하는 금융기관을 가리키며, 전통적인 어음인수 및 주식발행업무와 관련하여 보험, 은행, 해운업무 등을 취급하는 한편 리스, 팩토링 및 상거래업무 등도 맡고 있다. 이와 같이 머천트뱅크는 종합적 금융기관의 성격을 띠고 있으며, 일반적으로는 종래의 은행업무 개념에는 포함되지 않는 증권업무 등을 포함한 광범한 부수 업무를 자유롭게 수행하는 금융기관을 가리킨다.

** 윌리엄 휴렛과 데이비드 패커드가 공동 설립한 미국 캘리포니아 주에 본사를 두고 있는 전자통신 기업.

렸는지 알아내기 위해 변호사 팀을 이용해서 비밀리에 조사를 시작했다. 그다음 달에 이사회는 그녀를 퇴출시키고 패트리샤 던(Patricia Dunn)을 CEO로 임명했다. 그다음으로는 마크 허드(Mark Hurd)가 CEO를 맡았다.

2006년 1월, 기술뉴스 조직인 Cnet에서 근무하는 돈 가마모토(Dawn Kawamoto)라는 기자가 HP사의 이사회 회의내용을 자세히 보도했다. 전하는 바에 따르면 이에 대응하여 허드(Hurd)는 이사회 임원인 조지 키워스(Georgy Keyworth)를 감시하고, 트레이싱 소프트웨어(tracing software)* 가 첨부된 가짜 이메일로 가와모토의 이메일 계정을 피싱(phishing)**하는 등 여러 가지 조사방식을 승인했다.

키워스를 누설자로 고발한 이사회 회의 중에 그러한 조치를 알게 된 톰 퍼킨스(Tom Perkins) 이사는 항의의 표시로 사직했다. 그 과정에서 퍼킨스는 자신의 통화 내역이 유출되었다는 것을 발견했다. 퍼킨스의 압력으로 HP는 증권거래위원회에 의심스러운 조사를 한 것을 신고했고, 그 사건으로 인해 미국 연방의회 에너지상무위원회의 조사를 받게 되었다. 조사 결과 그 사건에서의 범법행위에 대해 허드는 무죄를 선고받았다.[1]

삶을 영원히 바꿀 정도의 이익과 손실을 수반할 수 있는 상황에서 익스트림 리더십의 원칙을 적용하는 것은 합당하다. 극한 상황에서의 독특한 내재적 동기부여 방식, 학습 지향성, 공유된 위험, 그리고 1장에서 자세히 기술된 공통적인 생활양식은 대부분의 조직 리더들 사이

---

* 프로그램의 실행에 대한 정보 등을 추적할 수 있도록 만든 프로그램.

** 사용자 ID, 비밀번호, 신용카드정보 등 개인의 민감한 정보를 사용자 몰래 수집하는 행위.

에서의 역량, 신뢰 그리고 충성심만큼 보편적인 것이다. 이러한 독특한 양식은 대부분의 사람들이 별로 달가워하지 않는 극한 상황과 같은 특별한 경우에 많이 나타난다. 그러나 극한 상황에서의 리더들로부터 배울 수 있는 널리 응용될 수 있는 교훈들이 있다. 다음에 기술하는 것들은 극한 상황 리더십을 연구하면서 내가 발견했거나 강조해온 사회 각계각층의 리더들을 위한 9가지 중요한 리더십 교훈들이다.

교훈 1: 동기부여는 학습에 대한 강조와 짝을 이룰 때 가장 강력하다

1장을 회상해보자. 낙하산 팀 리더들은 위기의 상황에서 자신들이 가지고 있는 동기부여보다는 학습에 초점을 맞추고 있다. 리더들은 어떤 이유에서든(예: 끔찍한 협박, 엄청난 기회 또는 중대한 의무) 높게 동기부여 된 부하들 사이에 있는 자신을 발견할 때 부하들의 흥분과 헌신으로 말미암은 평온함에 안주해서는 안 된다. 그 대신에 리더들은 환경 인식, 창조성, 중요한 사고력 그리고 결과 분석 등과 같은 배움의 전조에 더 많은 주의를 기울여야 한다. 리더들은 동기부여된 조직원들(crew)로 하여금 새로운 해결책, 해결이 불가능할 것처럼 보이거나 미해결된 사건처럼 보이는 문제들에 초점을 맞추도록 해야 한다. 보통의 리더들에게 동기부여의 목적은 사람들을 더 열심히 일하게 하는 것이지만, 뛰어난 리더들에게는 사람들이 더 지혜롭게 일하도록 돕는 것이다. 이것이 혁신과 획기적인 경영 기법이 흔히 발생하는 시점이다. 대부분의 사람들은 아침에 일어나서 충분한 돈을 벌 수 있을 만큼 열심히 일하기를 원한다. 그러나 때때로 명확한 외적인 집중 없이는 앞으로 나아갈 방법이 명확하지 않다. 다음 사례를 보자.

노숙자들을 돕는 새로운 접근방법 배우기

전(前) 육군 특수임무 통신 전문가(special operations communications specialist)였던 레베카 캐니스[Rebecca(Becky) Kanis]는 사회 영역의 전문가로 전직하여 자원봉사자들에게 동기를 부여하기 위해 극한 상황을 염두에 두고 개발된 계획 기술을 이용했다. 이는 "더 열심히가 아니라 더 지혜롭게"라는 효과를 내기 위해서 그녀와 동료들이 뉴욕 시의 노숙자들 문제를 재구성해야 함을 의미했다. 그녀는 만성적인 노숙자들에게 보금자리를 제공하기 위한 부동산을 구매함으로써 도시의 노숙자들을 없애려고 시도한 커먼 그라운드(Common Ground)의 혁신 관리자이다.

그녀가 이러한 노력을 시작했을 때, 문제는 자원봉사자들이 노숙자들을 돕기 위해 열심히 일하려는 의지가 없다는 것이 아니라 실현 가능한 전략이 부재했다는 것이고, 노숙자 문제의 본질이 명확하게 규명되지 않았다는 것이었다. 경찰이나 군대 작전에서 이 단계는 공식적인(상황이 지배적이라면 급속한) 임무 분석과 정보 예측과 관련된 단계이다. 익스트림 리더가 아닌 일반 리더들은 적과 아군, 장소, 날씨, 지형 또는 다른 상황 등 환경의 특성에 대한 인식 없이 임무나 위험한 일을 시도하려고 할 것이다. 사람들은 문제의 본질을 충분히 생각하지 않고 노숙자들을 (사실 그들 중 몇몇은 이미 죽어가고 있었다) 도우려고 노력했다.

캐니스는 얼마나 많은 노숙자들이 있는지 알기 위해 커먼 그라운드와 다른 지원자들이 노숙자의 수를 정확하게 세어보아야 한다고 주장했다. 그녀는 자신의 도전에 대해 나에게 설명했다. "문제가 얼마나 크고 무엇이 문제인지 모른다면 어떤 문제도 해결할 수 없을 것이다. 나의 상사가 2000년에 뉴욕에서 만성적인 노숙자들 문제를 해결하기 위해 일하기 시작했을 때, 그녀는 이 문제를 논의하기 위해 서부 미드타운(midtown)*에서 일하는

* 상업지역과 주택지역의 중간 지구.

서비스 제공자들을 모았다. 그녀는 그들에게 1997년 런던에서 했던 것처럼 자정에 거리의 노숙자를 셀 것을 주장했다. 그 당시의 통념으로 뉴욕 시에서는 사람들이 쉼터를 사용할 수 있는 법적 권리를 갖고 있기 때문에 한겨울에 밖에서 자는 사람들은 12명 미만일 것이라고 예상했다. 그녀의 지속적인 노력에 힘입어 그들은 마지못해 한겨울에 밖에서 자는 노숙자들을 세기 위해 인근 지역을 조사하는 것에 동의했다. 그런데 그들은 한 지역에서만 479명이나 되는 노숙자들을 발견하고 무척 놀랐다. 이것이 나중에 커먼 그라운드에서 노숙자 숙소 마련 프로그램(Street-to-Home Initiative)을 시작하게 된 시점이었다."

캐니스는 계속해서 설명했다. "그때부터 우리는 군대 훈련과 기술에서 좀 더 많은 단서를 얻었다. 나는 우리 팀에게 서부 미드타운의 큰 지도를 만들도록 했다. 우리는 야전부대에서 휴대했던 것처럼 그것을 얇은 판으로 만들었다. 그런 다음 우리는 밤마다 밖으로 나가서 노숙자들의 수를 세는 것뿐만 아니라 그들의 이름, 생년월일, 사진까지 입수했다. 또한 우리는 노숙자들의 인명록을 만들고, 지도(설명도)에 사진을 넣어서 군집과 패턴을 정확하게 표시할 수 있었다. 우리는 누가 노숙생활을 하고, 그들이 어디에 있는지를 정확히 파악했기 때문에 그들이 쉼터를 얻을 수 있도록 돕기 위해 우리 팀을 정비했다."

"몇몇 다른 서비스 제공자들과 지역 정부 근로자들은 우리가 그들의 사진을 찍는 것에 대해 우려했다. 그들은 문제를 정확하게 규정짓고 측정하는 것보다 노숙자들이 시민으로서 자유와 권리를 간섭받지 않는 것에 더 많은 관심을 보였다. 우리는 그러한 비판에도 불구하고 계속 추진해나갔고, 점차 사람들은 우리의 방식이 현명하다는 것을 인지하게 되었다. 이제 회의에서 다른 서비스 제공자들도 우리가 해야 할 첫 번째 일은 우리 지역에서 모든 노숙자들의 이름과 사진을 확보하는 것이라고 주장한다."

캐니스의 접근 방식은 경찰 또는 군대의 계획처럼 간단하게 사용될 수 없었다. 나는 그녀가 뉴욕 시 노숙자들의 생사 문제를 입체적으로 나타냈던 것처럼 완벽하게 상황을 분석했던 군인을 많이 알지 못한다. 그녀의 행동은 진정으로 위험한 사건들 가운데 생활하고 일하는 전형적인 리더의 모습이었다. 캐니스는 낙하산부대를 경험했고, 사람들이 탐내는 낙하산 강하 지휘관 휘장을 받았다. 그리고 그녀는 기밀 때문에 공식적인 평가 보고서의 일부분이 지워진 민감한 특수작전을 수행했다. (그리고 삭제되지 않은 부분들도 그녀의 리더십 능력을 보증하고도 남는다.) 그녀가 성공할 수 있었던 근원적인 비밀은 특수임무부대에서 다른 사람들의 생명을 책임지는 많은 위험한 임무를 수행하면서 개발되었다. 고위험 상황에서 개인적인 책임을 진 경험은 모든 인적자원 관리자와 인재 스카우트 담당자들이 기억해야 할 것이다.

교훈 2:
위험 공유는 신뢰를 강화하고, 위험을 수반한 상황에서 리더의 효과성을 향상시킬 수 있다

익스트림 리더들은 그들 자신의 안락함, 개인적인 안전 또는 부(富)를 축적하는 능력보다 자신들의 고객, 부하, 병사 그리고 시민을 돌보는 것에 더 가치를 둔다. 높은 위험 상태에 있을 때 사람들이 찾는 것은 바로 이러한 리더이다.

당신이 할 수 있는 한 최고의 리더가 된다면, 특히 위험한 상황에서는 위험과 보상이 조직에서 공평하게 분배되고, 당신 스스로 대부분의 위험을 감수함으로써 조직으로부터 받을 수 있는 최고의 신뢰와 충성심을 얻을 것이다.

사람들은 종종 다른 이들의 반응과 비교하면서 자신들의 상황을 이해한다. 그것은 다른 이들, 특히 리더들의 표현과 행동을 읽는 것을 포함한다. 극한 상황에서는 더욱 그러하다. 예를 들면 SWAT 팀과 공수부대 팀들은 이런 이유 때문에 선글라스나 고글을 싫어한다. 소음 또는 다른 상황이 구두로 하는 의사소통을 제한할 때 팀 구성원들은 자신들의 동료, 상사, 부하들의 눈에 초점을 맞춰 상황의 위험도를 읽어야 한다.

이와 유사하게 개인적 위험을 감수하고자 하는 것은 리더가 주어진 행동에 확신을 가지고 있으며, 자신이 이끌고 있는 사람들만큼 자신을 위험에 빠뜨릴 준비가 되어 있다는 분명한 비언어적 신호가 된다. 다음 사례는 위험한 상황에서 익스트림 리더가 능숙하게 비언어적인 단서들을 처리하고 개인적 위험을 받아들인 일화이다.

적지에서의 성공적인 지휘: 문화적 인식은 궁지에서 벗어나게 한다

2003년 4월, 우리 인터뷰 팀이 이라크로 출발하기 16일 전에 제2대대 327보병대는 나자프(Najaf) 시를 안전하게 지키기 위한 중요한 육군 작전의 일부를 수행하기 위해 북쪽 방향으로 이동하며 전투 중이었다. 나자프 시는 집권 시아파 사람들이 특별하게 신성한 장소로 여기는 곳으로, 바그다드로 향하는 중요한 통로를 가로지르고 있었다. 나자프에서 종교적으로 중요한 대표성을 띠는 것은 신성한 사원인 알리 모스크(Ali Mosque)인데, 난민들이 예배를 드리는 신성한 사당으로 이라크 시민과 절대적으로 관련 있는 곳이었다. 사담 후세인 지배 하에 오랜 투옥생활을 견뎌온 종교 지도자 아야톨라 알리 시스타니(Ayatollah Ali Sistani)는 개인적으로 알리 모스크에서 예배를 집전했다.

크리스 휴스(Chris Hughes) 중령이 대대를 지휘하고 있었는데, 대대가 이슬람 사원에 접근했을 때 그는 부하들과 함께 있었다. 휴스 대대의 임무 중 일부는 미군들이 저항 없이 바그다드로 진격하는 것을 허용하는 종교적인 결정인 파트와(fatwah)*를 얻기 위해 이슬람 사원의 종교적 지도자와 협조하는 것이었다. 그러나 수백 명의 시아파 군중은 보호 수단으로 이슬람 사원 앞에 모여들었다. 자신들의 신성한 장소로 전진하는 미군들을 보면서 군인들이 아마도 그곳을 파괴할 의도를 갖고 있다고 생각한 군중은 화가 나서 술렁였다. 휴스에게는 통역병이 있었으나, 흥분한 군중 때문에 통역병을 통한 의사소통은 거의 불가능했다. 그들은 큰소리로 기도하면서 이슬람 사원을 보호하려고 했다. 만약 상황이 더 악화되어 총격전으로 번졌다면 결과는 처참했을 것이다. 파트와 없이 바그다드로 진군했다면 완강한 저항에 부딪쳐 수많은 무고한 이라크인들이 죽임을 당했을 것이며, 연합군의 희생도 불가피했을 것이다.

휴스는 이슬람인이나 이슬람 사원을 해칠 의도가 없음을 자신의 병사들과 이라크인들에게 보여주기 위해 즉시 자신의 무기를 내려놓았다. 그런 다음 스스로 무릎을 꿇고, 부하들에게도 무릎을 꿇으라고 명령했다. 이는 전투 중 평화로운 소강상태에서 미군의 일시적인 휴식 자세였다. 놀랍게도 이라크인들은 미군들이 무릎 꿇는 것을 보고 자신들도 무릎을 꿇기 시작했다. 휴스는 또한 호의적인 태도를 보이기 위해 미소를 지을 것을 명령했다. 그러자 군중은 차분해졌고, 몇 분 뒤에 휴스는 무사히 자신의 군대를 이끌고 나올 수 있었다. 아야톨라 알리 시스타니는 파트와를 선포했다. 아무도 총에 맞지 않았고, 임무는 바그다드로 계속됐다.

그날 나자프에서 보인 휴스의 행동은 매우 훌륭했다. 이는 몇 년간 보병 지휘관으로서의 경험과 연합 대테러 임무에서 얻은 다문화 경험, 그리고 이지스 구축함 콜호(USS Cole)의 폭격을 조사했던 조사 팀 일원으로서의 경험에서 나온 행동이었다. 그의 리더십이 바로 익스트림 리더십이었다.

➜ 그는 전술적으로 유능했고, 문화적인 의식이 있었다.

---

* 종교상의 문제에 대해 유자격 법관이 내리는 결정.

- → 그는 부대의 맨 앞에서 자신의 부하들과 위험을 공유했고, 헬기나 험비(미 육군용 고기동성 다목적 사륜 차량) 통신으로 부하들을 지휘한 것이 아니라 지상에서 직접 주력 부대를 이끌었다.
- → 그의 주안점은 부하들에게 내부적인 몇몇 전술을 전개토록 하는 것이 아니라 위협을 가하고 있는 군중과 외부적인 의사소통을 하는 데 있었다.
- → 그는 화, 염려 또는 좌절을 유발할 수 있는 자신의 내적 감정보다는 외부에 집중했다.
- → 그의 능력이 부하들의 신뢰 수준을 높여 성난 이라크의 엄청난 군중 앞에서 무릎을 꿇으라는 그의 명령에 즉시 복종할 수 있도록 만들었다.

나자프에서 휴스의 행동은 훌륭한 익스트림 리더의 모범된 행동 사례이다.

리더십 시사점

이 사례에서 얻을 수 있는 많은 중요한 교훈들 가운데 다양한 문화 사이에서 오간 비언어적 의사소통의 가치가 가장 두드러진다. 위험한 상황은 종종 혼재된 문화에서 일어난다. 경찰과 다른 공공 봉사자들은 일상적으로 자신들의 공동체에서 비영어권 문화와 접한다. 다양한 문화 간의 의사소통은 일반적으로 최고의 익스트림 스포츠에서도 찾아볼 수 있다. 예를 들면 2006년 2월 8일, 대형 스카이다이빙 창시자인 워스(B. J. Worth)와 일련의 국제적인 스카이다이버들은 세계기록을 수립했다. 400명이 넘는 스카이다이버들이 자유강하 대형으로 (1,000피트 정도의 자유강하에서) 4초 이상 서로 연결되었다. 그 대형은 태국 하늘에서 만들어졌는데, 31개국에서 스카이다이빙계의 최고 실력자들이 참가했다. 영어가 주 언어였지만, 비언어적 방법으로 의사소통하는 능력은 점프 연습과 마지막 기록 점프 준비와 실행 과정에서 필수적이었다.

교훈 3:
리더의 생활방식은 팔로어들에게 리더의 가치관을 보여준다

극한 상황의 리더가 보여주는 공통의 생활방식은 팔로어들에게 중요하고도 명백한 메시지를 전한다. "나는 개인적인 이익을 위해 이 임무를 수행하는 것이 아니다." 핵심은 리더가 얼마나 많은 돈을 버는지에 대한 것이 아니다. 리더의 겸손한 표현은 부하들에게 대체로 똑같이 영향을 미친다. 이와 같은 메시지는 강력한 힘이 있다. 왜냐하면 리더가 자신에게 투자하지 않고 부하와 조직에 대해 헌신하겠다는 의지를 반영함으로써 신뢰와 충성을 위한 기초를 확립하기 때문이다.

몇몇 리더에게 있어서 다른 이들을 위한 헌신과 관심은 너무나도 분명하게 내면화되어 다른 사람들에게 마치 부적처럼 그들의 모범을 기억하게 할 수 있다. 필자에게 '헌신'의 기억을 심어준 리더는 퇴역한 육군 장군인 딕 카바조이다.

무엇이 문제인지 입증하기: 부대에 남기 위해 승진을 거절하다

딕 카바조(Dick Cavazos)는 1976년에 여단장 지위에 오른 최초의 스페인계 미국인으로, 미군의 역사를 새롭게 썼다. 내가 그를 만났을 때 그는 퇴역한 4성 장군이었는데, 그 또한 스페인계 미국인으로는 최초였다. 그는 캔자스 주의 레번워스(Leavenworth) 주둔지로 왔고, 아침 시간을 전문 석사학위 프로그램에 참여하여 나를 포함한 여러 장교들과 보냈다. 육군 고등군사학교에서 제공되는 1년간의 프로그램으로 경쟁이 치열했고, 운영하는 데 많은 비용이 들었다. 그 프로그램의 목적은 대통령의 의도를 반영하여 군단과 사단급 — 10만 명 이상의 남녀 군인들로 구성된 조직 — 에 의해 수행되는 논리적이고 성공적인 전쟁계획 능력을 갖춘, 소수의 핵심 작전계획 수립자들을 양성하는 데 있었다. 육군은 우리에게 지적 · 재정적으로 많은 투자를 했다.

우리는 텍사스 주 킹스빌(Kingsville)에서 태어나 농장에서 자란 골수 텍사스 사람인 카바조에게 매료되었다. 그는 텍사스테크 대학교에 다녔고, 1951년에 지질학 학사 학위를 취득했다. 그는 ROTC 과정을 거쳐 보병장교로 임관했다. 그는 조지아 주 베닝(Benning) 주둔지에서 초군과정을 끝내고, 그 후 65보병대와 함께 한국으로 파병되기 전에 공수학교(Airborne School)를 수료했다. 그는 E중대에서 소대장으로 시작했고, 이후에 중대장을 역임했으며, 한국전쟁에서 초급장교 시절을 보냈다.

65보병대는 대부분 푸에르토리코*인들로 구성되었는데, 히스패닉들이 분리된 소수인종 부대였다. 군대의 인종차별 폐지에 앞서 이러한 인종별 부대는 일반적이었다. 잘 알려진 예로 제2차 세계대전 중에 아프리카 미국계인 터스키기 에어멘(Tuskegee Airmen)을 들 수 있다. 65보병대 군인들은 토착 푸에르토리코 원주민 부족을 따라 '보린케니어스(Borinqueneers) 부

* 서인도 제도에 있는 섬으로, 미국 자치령.

대'라고 불렸다. 그들은 굉장한 정신력과 단결력을 갖고 있었지만, 인종 차별과 최전방에 격리되는 아픔을 겪었기 때문에 지휘하는 데 어려움이 있었다. 카바조는 한국전쟁에 지휘관으로 참여하여 은성 무공훈장과 수훈십자훈장(Distinguished Service Cross)을 받는 등 명예훈장(Congressional Medal of Honor)* 다음으로 순위가 높은 2개의 상을 받았다.

카바조 장군은 세미나가 끝난 후 토론 자리에서 다소 암울하게 육군의 미래를 표현했다. 그때는 1991년 후반으로, 미국은 당시 제1차 걸프전에서 100여 시간 만의 지상전을 통해 이라크를 물리쳤다. 우리 육군은 효과적이었지만, 비효율적으로 인식되었다. 따라서 전략적 계획을 통해 약 80만 명 규모의 육군을 약 48만 명으로 줄였다. 카바조는 많은 훌륭한 장교들이 감축정책에 실망하여 육군을 떠날 것임을 알고 있었다. 그는 자기희생과 개인적인 위험 감수를 통해 어떻게 충성심이 표현될 수 있는지에 대해 자신의 이야기를 들려주었다.

그의 이야기는 65보병대와 함께 한국전쟁에서 중위로서 복무할 때 나름대로 승승장구했던 일들에 대한 것이다. 그의 부하들은 전투에서 보여준 그의 역량과 능력에 존경을 표했고, 그들은 1년 넘게 — 특히 1952년의 기록적으로 추웠던 겨울에 — 상상할 수 있는 최악의 상황에서 성공적으로 전투에 임했다. 상급 부대로부터 카바조가 연대 작전장교로 선발되었다는 연락이 내려왔다. 그 직책은 보통 카바조보다 두 계급 위의 장교들에 의해 수행되는 것이었다. 이는 특히 전쟁에서는 믿을 수 없을 정도로 영광스러운 것으로, 카바조에게도 분명히 명예로운 것이었다. 육군에서는 경력을 쌓을 수 있는 기회가 이런 행운 덕분에 생기기도 한다. 보린케니어스 부대원들은 재능 있는 부대장에 대해 정말로 자랑스러워할 것이었다.

전투가 소강상태로 접어든 사이에 중대원들은 자신들의 지휘관인 카바조에게 고별인사를 하기 위해 얼어붙은 언덕에 대열을 만들었다. 이는 그들 모두에게 감동적인 순간이었다. 카바조는 모든 중대원 한 사람 한 사

---

* 의회가 수여하는 최고 무공훈장.

람과 악수했다. 중대원들은 그에게 전투식량 캔으로 만든 크리스마스 장식품, 작은 한국 공예품 등의 기념품을 주었다. 그리고 한 병사는 그에게 전사한 중국인 장교로부터 얻은 전리품인 권총을 선물했다. 카바조가 절반 정도의 군인들에게 작별을 고했을 즈음, 열중쉬어 상태로 서 있는 강인한 사수에게 다가갔다. 카바조가 악수를 건넸지만, 그 병사는 거절했다. 당황한 카바조는 그에게 왜 악수를 거절하는지 물었다.

그 병사는 이렇게 대답했다. "중대장님은 이제 우리를 떠납니다. 중대장님은 풍족한 음식이 있는 안전하고 따뜻한 곳으로 돌아가시겠지요. 거기는 따듯하게 잠들 수 있는 장소일 겁니다. 하지만 우리는 추운 이곳에 남아 생활하면서 계속 임무를 수행할 것입니다. 저는 상급 부대로 가는 것이 중대장님께 좋다는 것도, 가셔야 한다는 것도 알지만, 제가 그것을 좋아할 필요는 없습니다. 그래서 저는 중대장님과 악수하지 않을 겁니다."

선임하사는 카바조의 눈을 똑바로 응시하고 서 있는 그 병사에게 주의를 주려고 했지만, 카바조는 그를 제지했다. 카바조는 잠시 서 있다가 지프차로 걸어가서 무선으로 본부에 연락하여 자신은 본부로 가지 않을 것이며 자신의 중대원들과 함께 있겠다고 말했다. 그러고 나서 그는 휴전협정, 그리고 오늘날까지 남한과 북한으로 갈라진 비무장지대가 확정되는 동안 9개월 이상을 그 중대원들과 함께 싸웠다.

카바조는 열정적으로 우리에게 이 이야기를 들려주었다. 그러고 나서 그는 감정을 가다듬고 우리에게 말했다. "여러분, 나는 당신들에게 거짓말을 하지 않을 겁니다. 육군에서 오랫동안 힘들고 어려울 것입니다." 이 시점에서 4성 장군의 눈에 눈물이 맺혔다. "여러분은 모두 똑똑하고 많은 선택권이 있습니다. 그렇지만 여러분의 나라를 사랑하는 마음으로 여러분의 직업에 헌신하고, 끝까지 여러분의 직업을 따라가길 바랍니다. 모든 것이 끝났을 때 여러분은 명예롭게 은퇴할 수 있고, 그런 뒤 나는 여러분과 악수를 나눌 것입니다." 40명의 육군 소령들은 자신들 앞에서 울고 있는 영웅 앞에서 말없이 큰 감동에 휩싸였다. 나는 얼마나 많은 장교들이 그날을 기억할지 잘 모른다. 그러나 나는 그들 대부분이 15년 뒤에도 활발하게 임무를 수행하고 있고, 그중에서 9명은 장군으로 진급했으며, 다른 여러 명은 정부에서 고위직으로 근무하고 있다는 것을 알고 있다.

카바조는 진실하고 겸손한 리더로서, 단 20분 동안 육군의 중급 장교들에게 위대한 리더십 유산을 남겼다.

조직의 효율성을 추구하는 일반 리더들은 때때로 다양한 인상관리 전략을 개발하여, 이타적이고 겸손하다는 인상을 심어주려고 하며 팔로어들에게 많은 관심을 갖고 있는 것처럼 보이려 노력한다. 필자의 과거 상사 중 한 분은 비서를 통해 자신을 위해 일하는 사람들의 생일이나 기념일을 축하하는 서신을 준비하게 했는데, 매우 이례적으로 사적인 어조의 글이었다.

문제는 비서가 이름을 적을 때 공식적으로 부르는 이름을 사용한 것이었다. 우리 대부분은 서로 공식적인 문서상의 이름과 다른 별명을 부르고 있었다. 따라서 메모의 의도는 좋았지만, 오히려 상사가 우리와 배우자 그리고 아이들의 이름을 기억하는 데 시간을 할애하지 않았다는 사실을 강조했다. 또한 그가 우리와 잘 접촉하지 않는다는 사실을 더 주목하게 만들었다.

뛰어난 리더들에게는 이타심과 겸손이 내재화되어 있으며, 이는 그들이 가진 특성의 일부분이다. 즉 이러한 요소들은 기술이 아니라 특성이다. 그러한 특성은 단지 리더가 무엇을 해야 하는지를 보여주는 것이 아니라 어떤 사람이어야 하는지를 보여준다. 바로 이것이 지식, 기술, 능력에 중점을 둔 리더 개발 훈련의 주요 취약점 중 하나이다. 의사결정, 의사소통, 계획수립 같은 기술들은 단순히 그 사람이 이미 가지고 있는 특성을 증명하는 것일 수도 있다.

일상적인 또는 위험한 설정에 상관없이 자신의 리더들과 접촉할 수 없다는 것은 조직 구성원들을 당황스럽게 만든다. 모든 리더들은 자신이 이끌고 있는 사람들의 인생 경험을 접할 시간을 갖는 것이 중요하다. 생활방식이 가치를 반영한다면 공통의 생활방식은 공통의 가치관을 반영한다. 그리고 다음 사례에서 설명하는 것처럼 공통의 가치는 회복력이 있고, 고도로 효율적인 조직으로 형성하는 데 핵심이 된다.

가장 기본적인 수준에서 팀 관리하기: 자신의 전투식량을 팔로어들에게 기꺼이 양보하다

2003년 4월 30일, 나는 이라크 알 힐라(Al Hillah)에 있는 사담 후세인 대통령 궁에서 해병사단과 함께 숙영을 했다. 그 궁은 10층 높이의 인공 숲속에 있었고, 비탈길은 물이 부족해서 죽거나 죽어가는 꽃으로 뒤덮여 있었다. 궁궐 전리품을 취하면서 떨어져나간 샹들리에 조각들이 메마른 풍경 속 여기저기서 반짝이고 있었다.

나는 궁 앞 근처, 이전에는 하역장으로 사용하던 곳에서 6시간 정도 잠을 자고 일어나 에어 매트리스를 정리했다. 40피트 높이의 천장과 전리품이라고 하기에는 너무 크고 높은 폭스바겐 크기의 손상되지 않은 샹들리에가 매달려 있었다. 궁궐 안에 남아 있는 것 중 전기 소켓, 싱크대, 화장실, 문, 경첩 등 움직일 수 있는 것들은 모두 떼어져 있었다. 나는 플라스틱 수통, 일회용 면도기, 그리고 칫솔을 들고 바깥으로 나갔다.

세면을 시작하면서 오른쪽을 보자 이전에 궁전 수영장이었던 벌어져 있는 콘크리트 구멍 위에 주차되어 있는 지프차 위에서 유선유도방식 미사일 발사기의 적외선 측정기로 감시하고 있는 해병이 눈에 띄었다. 나는 우리 앞에 있는 폐허를 발견했고, 그에게 그곳에 내려갔는지 물어봤다. 하지만 그는 "아뇨, 하지만 많은 사람들이 갔습니다. 그곳은 바빌론입니다"라고 대답했다. 사담은 성서 속의 역사적인 마을 근처에 자신의 궁전을 세운 것이다.

나는 그 궁전에서 며칠 전에 힘겨운 전투를 치른 해병대 신병들과 이틀 동안 인터뷰를 진행했다. 그들이 털어놓은 이야기들은 마음을 끌 만했다. 해병들은 그 지역에서 격렬한 전투를 치렀고, 동료와 친구들을 잃었다. 특히 한 분대에서는 사랑하는 동료 전우가 AK-47소총으로 등을 관통당해서 전사했다. 역사 속에 사라져간 다른 해병대원과 수많은 군인들처럼 그의 마지막 말은 "나 맞았어"였다. 그의 방탄복은 총알을 막기에는 불충분했고, 그는 잠시 그렇게 피를 흘렸다. 그의 시신은 치워졌고, 9명의 분대원은 정신적 공허감을 느끼면서 그 자리를 떠났다.

하지만 다른 사람들의 말에 따르면 이 분대는 금방 기력을 회복하여 전투를 계속했다. 그들은 내가 준비한 인터뷰를 하기 위해 궁전으로 왔다. 그러고는 순식간에 여기저기 널브러져 잠깐 눈을 붙였다. 이런 상황은 최전방에서 전투를 치르는 군인들만 이해할 수 있을 것이다. 그들의 몸은 더러웠고, 그들이 소지한 무기는 움직이는 부분만 제외하고는 먼지로 뒤덮여 있었다.

그들에게 무엇이 그들로 하여금 계속 싸울 수 있게 하고 최선을 다할 수 있게 했는지 설명해달라고 부탁했을 때, 그들은 오로지 상병이었던 자신들의 분대장을 언급했다. 이 분대의 평균 연령은 대략 20세였다. 그 상병은 24세의 히스패닉이었으며, 키는 5피트 6인치(약 170cm) 정도, 몸무게는 기껏해야 145파운드(약 66kg) 정도였다.

그들은 전투에서 보여준 리더의 개인적인 능력에 관한 몇 가지 내용을 이야기했다. 그가 다수의 불운한 이라크 군인들을 죽였기 때문에 그들이 그를 소총수(rifleman)로서 존경한 것은 분명했다. "모든 해병대는 소총수!"라는 슬로건은 지위에 관계없이 총을 잘 쏜다는 것을 의미한다. 분명히 그 상병에게도 적용되는 것이었다. 그들은 그가 결코 전투에 자원하지는 않았지만, 임무를 부여받으면 그것을 철저히 완수한다고 말했다.

그들이 분대장에 대해 가장 열정적으로 표현한 것은 분대장이 자신들을 정성껏 보살펴주었다는 것이다. 그는 분대원들이 임무를 계속하도록 지시했지만, 자신은 더 적게 마시고 더 적게 먹고 더 많은 위험을 감수하면서 분대원들과 모든 역경을 함께 겪었다.

인터뷰를 하기 전 2주 동안은 제1 해병사단에게 매우 힘든 기간이었다. 이라크를 가로질러 바그다드까지의 이동은 급하게 이뤄졌고, 매우 고생스러웠으며, 보급용 기차가 전투부대를 따라잡을 수 없었다. 4월 하순의 일시 휴전 동안 공급이 재개된 덕에 모두가 잘 먹었고 잘 마셨지만, 격렬한 전투 상황에서의 생활은 어려운 것이었다. 30일 동안 편지도 받지 못했고, 맛있는 음식도 없었으며 잠도 거의 잘 수 없었다. 분대장이 분대원들로부터 헌신과 신뢰, 그리고 충성심을 얻은 것은 바로 이때였다.

그들은 재보급이 불가능했던, 특히 힘든 나흘에 대해 말했다. 하루에 포장된 전투식량 하나보다 약간 많은 양을 나누어 먹어야 했다. 전투식량은 일반적으로 한 사람당 한 끼분이지만, 이때는 나흘 동안 9명이 나눠 먹어야 했다. 한 개의 전투식량에는 2천 칼로리가 함유되어 있다. 일반적으로 비프스튜, 크래커 한 봉지, 치즈 또는 땅콩버터, 디저트 케이크, 진열대에 놓인 빵, 사탕, 소금, 후추, 커피, 설탕, 유제품을 함유하지 않은 크리머, 타바스코소스 같은 식용품과 화장지로 구성되어 있다.

분대장은 항상 다른 해병대원들이 전투식량을 공평하게 나눈 것을 확인한 후 그 자신은 단 하나만 섭취했는데, 그것은 일회용 커피 크림이었다. 나흘 동안의 전투에서 하루에 그가 먹은 것이라고는 그게 전부였다.

분대장의 이러한 결정을 누군가 더 높이 올라가면 더 많은 특권을 누린다는 리더십의 역학관계와 비교해보라. 극한 상황에서는 고급 식당 따위는 없다. 분대장은 의사결정을 위해 정신을 차려야 하기 때문이라거나, 더 오랫동안 근무했다거나, 나이가 더 많다거나, 계급이 높기 때문에 더 많이 먹을 자격이 있다고 합리화할 수도 있었다. 그러나 그는 분대원들이 더 중요했기 때문에 그렇게 하지 않았다.

이 지구에서 가장 용맹한 제8해병대 보병들은 자신들의 리더를 위해서라면 불속이라도 뛰어들 수 있을 것 같았다. 인터뷰를 할 때마다 늘 그랬던 것처럼 우리는 이 분대장의 신원을 밝히지 않았다. 하지만 우리는 그를 '크림 상병'이라고 부르기 시작했다. 나는 복무 기간이 끝나 제대하면 다른 일을 하고 싶어 하는, 해병대를 사랑하는 남편이자 아버지인 크림 상병을 인터뷰하게 된 것이 영광스러웠다. 그리고 나는 점령한 궁전에서 나눈 그와의 대화를 지금까지 가장 인상적인 경험의 하나로 생각한다.

토론을 끝냈을 때 그를 위해 내가 해줄 수 있는 것이 있는지 물었다. '국방부'를 위해 신중하게 생각하여 전략상 중요한 의견을 제시한 후에 (비록 필자가 국방부에서 온 것은 아니지만, 그는 다른 부대에서 온 대령은 '국방부'에서 온 것으로 인식하고 있는 듯했다) 그는 분대원들이 세탁을 한 지 아주 오래되었다고 말하면서 내게 깨끗한 양말을 가지고 있느냐고 물었다. 깨끗한 양말은 전투 지역에서 금과 같은 것이다. 나는 가지고 있던 양말을 모두 내주었다. 그것은 이타심과 부하와의 공통된 생활방식의 가치라는 놀라운 리더십 교훈에 대한 공정한 교환이라고 생각했다.

바그다드에서의 전투가 한창일 때, 페르시안 걸프 지역의 항공모함에서 날아온 해병대와 해군 항공기가 크림 상병과 그의 부하들을 구했을 수도 있다. 그러나 진정으로 그들의 생명을 구한 사람은 바로 크림 상병과 그와 같이 리더십을 발휘한 리더들이었다.

교훈 4:
역량을 개발하면
신뢰와 충성심을 얻는다

심각한 극한 상황에서 신뢰와 충성심을 얻기 위해서는 역량이 매우 중요하다. 역량은 언제나 가치 있는 리더의 속성으로 인식되었으며, 신뢰와 충성심은 분명히 리더와 팔로어 관계에서 중요하다. 그러나 참된 교훈은 이러한 신뢰, 충성심 그리고 역량이 불가분하게 서로 연결되어 있다는 것이다.

부하들이 자신을 믿지 않거나 충성하지 않는다고 생각하는 리더들은 마치 사회생활에서 거절을 당한 것처럼 그것을 거의 개인적인 것으로 받아들인다. 그리고 신뢰와 충성심을 얻고자 골프, 외부에서의 모임, 팀 빌딩 활동처럼 사회적 이벤트에 관심을 돌린다. 리더의 역량은 종종 충성심과 신뢰와 관련된 문제의 근원이며, 그것은 암벽등반학교에 다녀오는 정도로는 향상될 수 없다. 신뢰와 충성심과 관련된 문제의 근본 원인을 식별하는 데 신경을 쓰고, 역량이 위대한 리더들이 갖춰야 할 기본자질(충분조건은 아닐지라도)이라는 것을 결코 잊지 말아야 한다.

이 원칙의 당연한 귀결은 리더가 능력을 증명할 때, 신뢰와 충성심을 얻는다는 것이다. 대부분의 리더들은 자신의 역량을 통해 자신의 지위를 얻지만, 그러한 역량을 가끔 행동으로 보여주지 않으면 부하들을 잃어버리게 된다. 리더들은 자신들이 잘하는 것이 무엇인지, 왜 부하들이 리더의 능력에 확신을 가져야 하는지를 부하들에게 보여주기 위해 시간을 할애하여 노력해야 한다. 그러나 역량을 보여줄 때 누군가를 당황하게 하거나 거만하게 굴지 않도록 주의해야 한다. 따지고 보면, 리더십은 자신이 아닌 주변 사람들의 성공에 관한 것이다.

교훈 5:
극한의 위협은 회사든 조직이든 리더와 팔로어의 진정한 인격을 보여준다

상황이 나빠 보일 때 사람들이 행동하는 방식을 보면 그들이 리더나 조직과 근본적으로 어떠한 관계에 있는지를 암시한다. 역경은 강한 팀은 단결하게 만들고 약한 팀은 파괴한다. 리더는 위험이 높고, 특히 미래가 불투명할 때 개인들을 잘 읽을 수 있어야 한다. 다음 두 가지 사례는 집단이 위협에 대응하는 상반된 방법들을 잘 보여준다.

강한 리더십 없이 위협에 직면하기: 왜 이라크 병사들은 상습적으로 항복했을까?

이라크 육군의 분열은 위험이 높아질 때 성공적으로 이끄는 능력이 어떤 식으로 즉각적인 변화를 유발하는지를 엿볼 수 있는 훌륭한 사례이다. 이것은 쿠웨이트 국경 북쪽에서 45마일 떨어진 움 카사(Um Qasr)* 야외 교도소에서 진행한 일련의 인터뷰를 통해 명백해졌다.

우리 팀과 내가 인터뷰했던 갓 잡혀온 36명의 이라크인 포로들 중에서 2명을 제외한 나머지 모든 사람은 일반적으로 '직접적인 위협에 대한 반응' 등 아주 낮은 수준의 이유에서 항복하기로 결정했다고 말했다. 직접적인 위협이란 폭탄투하, 포병 공격 또는 수평선상의 탱크 출현 등이었다. 그런 직접적인 위협은 폭력에 의한 죽음이 예견된 극단 상황의 전형적인 유형이다.

항복계획은 보통 작은 집단의 군인들에 의해 이루어졌으며, 대부분 상

* 10년 전 걸프전에서 미 공군에 의해 수천 명의 도망가는 이라크 군인이 학살당했을 때 유명해진 '죽음의 고속도로'로부터 멀리 떨어지지 않은 곳.

급부대의 조건부 항복으로 여겨지지는 않는다. 장교들은 스스로 탈영하기도 하고, 가끔은 못 본 척하면서 그들의 부대가 항복하도록 허락했다. 이라크 소부대는 리더십이 부족했기 때문에 지휘체계상 영향력과 충성심을 불러일으킬 수 없었고, 그 결과 미군의 전진에 직면했을 때 여지없이 그들을 분열시켰다. 다시 말해, 리더가 자신들의 군대를 투항시킨 것이 아니라 부하가 리더의 지휘를 받는 것을 포기한 것이다. 그렇게 분열되는 것이다. 이것은 마치 회사가 인수되는 상황에 직면하여 워크아웃 되는 것과 같다.

보다 심층적인 대화를 통해 이라크 군인들의 정서적 유대는 군 조직이 아니라 그들의 부족 혹은 같은 지역에서 온 병사들을 중심으로 강하게 결속되었다는 점은 놀랄 만한 일이 아니었다. 분대 혹은 소대 단위의 응집력은 거의 혹은 아예 없었다.

이라크는 거의 150개에 가까운 주요 부족들이 2,000개 이상의 작은 씨족으로 구성된 광범위한 종교적 소수민족으로 구성되어 있다. 군인들은 부족과 지역적 차이로 구분된 부대들에 대해 이야기했다. 부대에서 집단 간의 관계에 대해 물어봤을 때 한 이라크 포로는 이렇게 말했다. "보통 관계 형성은 태어난 곳에 달려 있다. 바스라에서 온 군인들은 그들끼리 서로 더 친해지는 경향이 있다. 바스라에서 온 군인은 나스리야에서 온 군인과 협조하는 것을 좋아하지 않는다." 탈영병들에게 집단으로 탈영했는지 아니면 혼자서 탈영했는지 물었을 때, 그는 집단으로 탈영했다고 말했다. "다시 한 번 말하지만, 일반적으로 그들이 태어난 곳을 따른다. 모든 것을 탈영병들 스스로 결정했기 때문에 탈영병들을 조직한 것도 바로 그들이다."

강한 리더십으로 위협에 맞서기: 뉴올리언스 병원은 카트리나 허리케인 때 어떻게 안전하게 대피할 수 있었는가?

사업 팀을 잘 이끌고 강하게 통합시킨 역량의 가장 좋은 사례 중 하나로 허리케인 카트리나의 대대적인 파괴에 대응한 Hospital Corporation of

America (HCA)를 꼽을 수 있다. 비록 카트리나는 종종 실패한 조직적 대응의 전형으로 간주되지만, HCA는 성공적으로 조직을 통합하고 계획을 수립하여 환자들을 툴레인(Tulane) 병원에서 무사히 피난시켰다.

HCA는 주로 미국 남동부와 남서부 그리고 런던과 제네바에 있는 170개 병원으로 구성되어 있다. HCA는 분만, 외과, 장기이식을 포함하여 미국에 있는 전체 병원의 약 5% 정도를 관리한다. 연간 매출액은 230억 달러에 달한다. CEO인 잭 보벤더(Jack D. Bovender)는 테네시 주 내슈빌 출신으로 겸손하고 상냥하다. 2006년 10월, 보벤더는 자신이 이사로 있던 듀크 대학의 윤리적 리더십센터(Center of Ethical Leadership: COLE Center)에서 카트리나에 대한 대응과 HCA의 공을 자세히 설명했다.

보벤더는 HCA의 규모와 복잡성은 허리케인에 대한 계획을 수립하는 데 있어서 잘 준비되어 있었다고 설명했다. HCA 예하 병원들은 수많은 폭풍우를 성공적으로 이겨냈으며, 때로는 대재앙에 가까운 피해를 입었지만 철저한 계획과 준비 덕분에 빠르게 일상적인 운영 상태로 회복되었다. 우리 모두 알고 있는 바와 같이 카트리나의 문제는 광범위한 범람에 수반된 의사소통과 수송 수단의 부재였다. 보벤더와 HCA의 관리 팀 그리고 툴레인 병원에게 카트리나의 여파는 그의 표현에 따르면, "완전히 새로운 패러다임"이었다.

리더십이라는 관점에서 패러다임의 전환은 HCA 전체에 적용되어야 했다. 효과를 높이기 위해서는 유연해져야 했고, 고위급 리더들은 꼭 필요한 경우를 제외하고는 내부 구성원들과 함께 움직여야 했다. 보벤더는 삶이 경각에 처했을 때는 두 가지가 리더십을 투영한다고 말했다. "내가 좋아하는 인용 중 한 가지는 폰 몰트케(19세기 프로이센의 군사전략가)가 말한 것처럼 '전략은 첫 번째 총성이 울리자마자 변한다'이다." 두 번째는 "당신이 30년 동안 겪어보지 못한 무엇인가를 30분 내에 스스로 바꿀 수는 없다"인데, 이것은 카트리나 재앙이 일어나는 동안 HCA가 팀을 통합할 때의 접근법으로 보인다.

보벤더는 카트리나 허리케인이라는 엄청난 재난 상황에서 HCA 팀의 통합요소를 4가지로 특징지었다.

→ ***헌신***: 허리케인 카트리나가 지속되는 동안 HCA는 수년간 기업에서 성장시켜온 특정 가치를 기반으로 접근했다. 그 가치란 병원의 헌신은 최우선으로 환자에게 투입되어야 한다는 것이다. 이를 중심으로 하여 개인과 팀, 그리고 조직 수준의 올바른 결정이 이루어진다.

→ ***임파워먼트***: 보벤더에 따르면, HCA는 엄청나게 분권화되어 있었으며, 지역적으로 권한이 위임되어 있었다. 사람들은 스스로 행동을 취할 수 있다고 생각했는데, 그것은 허가를 요청하는 것보다 용서를 구하는 것이 쉽기 때문이었다. 그것은 HCA가 소송을 당할 수도 있는 행동이나 의사소통으로 확대되었는데, 특히 피난과 관련한 문제에 대해 언급할 때 나타났다. 보벤더는 진실하고 솔직한 어조로 말했다. "차라리 나는 소송에 지고, 사람들이 나와 기관을 존경하는 것이 낫다." 이것이 바로 HCA가 높은 도덕적 기준 위에 설립되었음을 알 수 있게 해주는 대목이다.

→ ***책임감***: 보벤더와 HCA의 다른 리더들은 꼭 필요한 경우를 제외하고는 정부의 지원을 기다리거나 의존하지 않았다. 그들은 일부 헬리콥터를 알렉산드리아와 뉴올리언스 공항 간에 사용할 수 있도록 주정부에 협조했다. 또한 다양한 루트를 통해 24대 이상의 헬리콥터를 결집시켰을 뿐만 아니라 급하게 결성된 무장 경비를 포함한 앰뷸런스와 버스 등 지상 호송과 더불어 공중 수송을 대폭 증대시켰다.

→ ***의사소통***: 보벤더와 리더 팀 간의 의사소통은 그들이 활동하는 내내 최고 상태로 이뤄졌다. 이메일이 가장 안정적인 커뮤니케이션 수단 중의 하나였기 때문에 그들은 매일 'HCA Everybody List'를

사용하여 모든 사람들이 함께하고, 의사소통하고, 정보를 제공받도록 했다.

「월스트리트저널」은 나중에 이 작전을 다음과 같이 묘사했다. "열악한 비행 조건, 정전, 전화 전파의 불안정함, 그리고 구조작업 중 자주 화재가 발생하는 극한 상황 속에서 HCA가 심각한 중환자들을 무사히 피난시킨 것은 뉴올리언스의 탁월한 구조작전이었다."[2]

이 역경은 그들을 결속력이 좋은 강인한 팀으로 만들었다.

교훈 6: 당신의 이력서와 가문은 관계가 없다

극한 상황에서의 요구는 항상 현시점에 있다. 위험한 환경은 부자이건 가난하건 똑같이 위협적으로 느껴지기 마련이다. 시속 150마일로 달리는 페라리 또는 아파치 헬리콥터에 탔을 때, 운전자는 학력 또는 과거에 얼마나 운전을 잘했는지에 상관없이 죽음에 이를 수 있다. 운전자는 극한 상황에서 그 순간에 요구되는 것을 수행해야 한다. 거기에 달리 필요한 자격은 없다. 가장 훌륭한 사업가들도 같은 방식으로 행동한다. 여기 3가지 사례가 있다.

영국의 앤드루 왕자는 포클랜드전쟁에 참전하여 싸웠다

사람들이 위험한 상황에서의 평등성에 매혹되는 경향이 있기 때문에 영국 언론은 전통적인 교육을 받고, 샌드허스트(Sandhurst, 영국 육군사관학교)

를 수료한 앤드루 왕자의 군사훈련 경력에 대해 자세히 보도했다. 그는 군에 복무했을 뿐만 아니라, 1982년 당시 아르헨티나의 침략으로 영국의 식민지였던 포클랜드에서 전쟁이 발발했을 때 극한 상황에서 작전을 수행했다. 그가 탄 인빈시블함(HMS Invincible)은 영국 해군의 전술 항공모함으로, 포클랜드를 재탈환하기 위해 남쪽으로 항해하는 해군 특수임무에서 중요한 역할을 맡았다.

작전 중 전사할 가능성이 있었음에도 불구하고 여왕은 앤드루 왕자가 배에 남아서 부조종사로서의 임무를 수행하는 것을 허용하라고 지시했다. 그는 전쟁 내내 대잠수함전과 대지상전 탐색작전, 그리고 특히 주목할 만한 것으로 아르헨티나의 대함 미사일에 대한 유인 임무 등을 포함한 많은 임무를 수행했다. 그 누구도 여왕이 왜 자신의 아들이 참전하는 것을 허락했는지에 대해 물어보지 않았다. 그러한 군복무가 리더의 능력과 진정한 가치를 증명한 것으로 보인다. 게다가 최근 이라크전에 참전한 해리 왕자는 왕족으로서 극한 상황에 복무한 다음 사례가 되었다.

미식축구 스타 팻 틸먼은 아프가니스탄에서 싸우다가 죽었다

미국에서 프로 스포츠 선수는 거의 왕족 같은 대우를 받기 때문에 애리조나 카디널스(Arizona Cardinals) 프로 미식축구 선수인 팻 틸먼(Pat Tillman)이 미군에 입대하기 위해 360만 달러의 계약을 포기했을 때 전 미국이 충격에 빠졌다. 언론의 대대적인 선전 없이 결정했기 때문에 수많은 스포츠 기자들은 나중에야 그의 진정성과 겸손함을 알게 되었다. 그가 아프가니스탄을 정찰하다가 총에 맞아 죽었을 때, 스포츠팬들은 힘들고 무차별한 전쟁의 잔인함에 대해 이해하기 시작했다. 아이러니하게도 틸먼의 경우는 아군에 의한 오인사격이라는 믿을 수 없는 비극적 사례였다. 스포츠 작가 팀 레이든(Tim Layden)은 2004년 4월 추모식에서 "그는 보기 드물게 순수한 사람이었다. 그 이후에 나는 결코 그러한 순수함을 본 적이 없으며, 곧 다시 볼

수 있을 것이라고도 생각하지 않는다"고 말했다.[3]

포드의 CEO 빌 포드는 더 훌륭한 리더를 위해 자리에서 물러났다

힘들고 극한 환경에서 리더는 자신의 희생이 진정성을 가지기 때문에 존경받는다. 위험이 높을 때에는 개인적인 배경은 의미가 없다. 그러한 역학적 현실은 가족 소유 기업이 위기에 닥쳤을 때 정곡을 찔렀다. 최근의 사례로 포드의 CEO 빌 포드(Bill Ford)는 보잉사에서 영입한 새로운 CEO를 임명하고 사임했다. 가족 회사에서 실권자로 남기 위해 싸웠더라도 이해할 수 있었겠지만, 포드의 리더십 위기는 변화를 요구하고 있었다. 빌 포드는 이사회 의장으로 남았지만, 대표이사에서 사임할 용기를 가지고 있었다. 2005년 9월 5일 보도된 발표문에서 그는 "이사회 의장으로서 나는 회사의 방향을 위해 매우 활발하게 활동할 것이다. 나는 매일 여기에 있으면서 회사의 미래 번창이 보장될 때까지 쉬지 않을 것이다"라고 밝혔다.

빌 포드는 현시점을 다루는 지혜와 용기를 가지고 있었던 것이다. 생명을 위협하는 환경이건 저명한 기업이건 간에 위협이 크면 클수록 과거에 무엇을 했는가는 그다지 중요하지 않다.

교훈 7:
사람들을 고무하기 위해 삶을 변화시킬 수 있는 특성을 사용하라

사람들이 목적, 동기, 지시에 대해 당신에게 의존하지 않는다면 당신은 리더가 아니다. 위험에 처한 상황만큼 이러한 의존이 더욱 명확하게 드러나는 경우는 없다. 필자는 인터뷰를 통해 극한 상황에 처한 경험이 있는 리더들에게 "당신의 리더십이 당신이 이끄는 사람들의 삶에 커다란 영향을 주었던 때를 설명해주실 수 있습니까?"라고 물었다. 필자는 기껏해야 한두 가지 희귀한 이야기를 들을 수 있을 것이라 생각했다. 하지만 필자는 첫 번째 인터뷰 대상이었던 등산 가이드로부터 "사람들이 거의 매주 그와 같은 이야기를 나에게 합니다"라는 답변을 들었을 때 큰 충격을 받았다. 그는 한껏 고무되어 있었고, 그와 함께 등산을 하는 사람들도 마찬가지였다.

이와 같은 극한 상황에서의 교훈을 경영 분야에 적용하기 위해서는 '다른 사람의 돈'을 '다른 사람의 삶'으로 대체해야 한다. 거의 대부분의 대기업은 소액 주주라 할지라도 기업과 관련된 모든 사람의 삶에 영향을 미치는데, 이와 같이 기업이 사람들의 삶을 변화시키는 특성에 주의를 환기시키는 것은 기진맥진해 있는 노동자들을 고무할 수 있는 효과적인 방법이다. 다음의 몇 가지 사례를 살펴보자.

보험계리사 사례: 고객의 삶에 불어 닥칠 수 있는 금전적 손실을 방지하는 보험업자

2004년 2월, 나는 주립 보험규제집단의 보험계리사 모임에서 기조연설을 할 기회가 있었다. 기조연설 전, 나는 몇 명의 사람들과 점심식사를 했는데 그중 한 여성에게 조직에서 하고 있는 일에 대해 물었다. 그녀는 겸손했고, 자신의 일을 시시하게 느끼고 있었다. 그래서 나는 그녀에게 주립 보험계리사가 존재하지 않는다면 어떤 일이 벌어지게 될지에 대해 물어보았다.

그녀는 완전히 규제되지 않은 보험에서 일어날 수 있는 부패와 불공정을 매우 상세하게 설명했다. 또한 재산적 손실, 황폐해진 삶, 소비자에 대한 부당한 처우, 사업의 실패로 인한 실직에 대해서도 묘사했다. 나는 이러한 재앙에 대한 긴 설명을 들은 뒤, 그녀에게 "이러한 모든 불행이 발생하지 않도록 예방하는 사람이라는 사실이 당신에게 어떤 느낌이 들게 하나요?"라고 물었다.

그녀는 내 질문에 깜짝 놀란 듯했다. 그녀는 잠시 망설이다가 "이전까지 어느 누구도 제게 그런 질문을 하지 않았어요. 그러고 보니 제가 하는 일이 꽤 멋진 일이라는 생각이 드는데요"라고 말했다. 기조연설자가 자신이 준비한 내용들을 샐러드 접시 아래 내려놓게 한 마법과도 같은 순간이었다. 나는 극한 상황에서의 리더십이 갖는 생명을 구하는 특성을 조직의 목적 및 사명과 연결시키기 위해 보험 규제가 없는 상황에 대한 그녀의 묘사를 차용했다. 다른 사람의 생명을 구하고 있었다는 사실을 아는 것보다 더 큰 만족감을 주는 깨달음은 없다. 그 자리에 참석한 보험계리사들은 물론 무미건조한 업무를 처리하는 보험계리분석가들도 사람들의 생명을 구하는 데 일조하고 있다는 사실에 한껏 고무되어 만족스럽게 그 자리를 뜰 수 있었다.

종합병원 사례: 어느 병원이 인명을 앗아간 실수에서 배운 것

또 다른 기업의 경우, 사람의 생명(죽음)과의 관련성이 보다 명확하다. 2006년 10월, 어느 콘퍼런스에서 나는 한 유명 대학병원의 최고경영자(CEO)를 만났다. MBA를 마친 의사인 그는 많은 것을 손에 쥐고 있었다. 그의 병원은 천여 명의 의사들이 연간 4만 건의 수술 및 120만 건의 외래수술을 실시하여 10억 달러 상당의 수익을 거두고 있었고, 그는 의과대학에서 교수로 활동하기도 했다. 그러던 중 그는 자신의 직원 중 일부의 심각한 과실로 인해 장기이식이 실패하게 된 비극적인 사건과 관련되었다. 환자에게 부적합한 장기가 이식되었고, 그 결과 환자는 사망했다.

즉각적인 여파는 냉혹했다. 의사는 가족들에게 이 사실을 알렸고, 조심스러운 낙관론*은 거의 절망으로 바뀌었다. 의료보험(Medicare) 및 장기공유네트워크(the United Network of Organ Sharing)를 포함한 다양한 규제기관들은 이 사건을 즉각적으로 통지받았다. CEO는 다음 날 아침 10명으로 구성된 그 수술 팀을 만나 잘못된 장기가 환자에게 이식된 과정을 되짚어볼 것을 요청했다고 말했다. 그는 장기의 할당, 분배, 이식에서 나타난 약식행위에 충격을 받았다고 회상했다. 그의 관점에서 봤을 때, 그 체계(시스템)는 실수의 가능성이 만연했다.

수술 이후 36시간에 걸쳐 집중적인 언론 보도가 나가는 동안 그는 30회가 넘는 인터뷰를 했다. 그의 메시지는 사람들에 대한 것이었다. 죽은 환자의 유가족에 대한 동정과 그 실수는 나쁜 사람들에 의해 일어난 것이 아니라 잘못된 시스템 그리고 그런 과정의 결과라는 것에 대한 강조였다.

그 이야기에서 가장 놀라운 점은 그가 그 위기에서 얻은 교훈의 본질이다. 그는 자신의 조직에서 건설적인 행동을 이끌어내기 위해 그 상황이 삶을 변화시키는 측면들을 활용했다. 위기를 계기로 이 조직(조직 구성원들)은 생명을 위협할 수 있는 재난의 발생을 방지하기 위한 4가지 구체적인 지침 안에서 열심히 근무하고 있다.

→ ***식별하라***: 조직 도처에 있는 취약점을 찾아라. 비극 그 자체를 포함해 삶을 변화시키는 상황들은 팀 구성원들이 절차상의 취약점 및 위기의 영역을 식별하고, 잠재적 실수를 제거하기 위한 견제와 균형을 통해 그것들을 고쳐나갈 수 있도록 했다. 이것은 비록 소 잃고 외양간 고치는 것과 유사하지만, 앞으로 나아가는 데 필요한 첫 번째 단계이다.

→ ***다각화하라***: 문제가 된 해당 영역뿐만 아니라 조직 도처에 있는 문제들을 해결하라. 그 위기로부터 얻게 된 슬픔과 비극적인 영감으

* 맥락으로 봤을 때, 가족들에게 알리면서도 큰 여파 없이 사건이 마무리되리라고 생각한 낙관론으로 보임.

로 인해 직원들은 관계없는 영역을 주의 깊게 살피고, 새로운 공격적 성향과 함께 절차적 문제에 대한 해법들을 파악하게 되었다. 또한 이는 이식 과정에서뿐만 아니라 조직 전반에 대한 문제 해결에 기여하는 계기가 되었다. 이것은 다른 극한 상황에서의 환경과 유사하게 병원이 매우 큰 사건 · 사고의 잠재 가능성을 가지고 있기 때문에 중요하다. 그들의 경영 분야 — 극한 상황에 처한 — 가 가진 삶을 변화시키는 속성은 그들이 어떠한 문제가 질병, 부상, 죽음으로 나타나기 전에 문제를 찾아내 고칠 수 있도록 한다.

→ ***동화되라***: 조직의 문화를 변화시켜라. 직원들은 CEO가 언급한 내용 가운데 '책임의 문화'를 발전시켰다. 사람들은 비극이 일어나기 전에 자진하여 절차에 맞지 않게 하고 있는 것이 무엇인지에 대해 질문하고, 마음을 열고 흔치 않은 솔직함으로 서로 대화하는 문화를 개발했다.

→ ***확장하라***: 다른 관행과 절차들을 분석하라. 일단 병원 직원이 자체 검사 문화 속에서 위험과 취약성을 발견하면, 최초 (발생) 지점에서 그 위험과 취약성을 야기한 관행과 절차에 대한 특정한 미시적 사안들을 뛰어넘어 위험 관리 분석을 확대했다.

예방할 수 있는 비극에 대해 아주 미미한 수준으로 봉합하기 급급한 병원의 경우, 반드시 위기를 수반한다. 그들의 행동은 다른 리더십 및 경영 습관(기법)을 요구하며, 삶을 변화시키는 특성을 갖는다. 극한 상황에서의 리더십이 주는 교훈은 (이 단락의 서두에 언급한 등산 가이드처럼) 몇몇 사람들이 삶을 변화시키는 영향력에 대해 인식하고, 이것이 얼마나 고무적인 것인지를 알고 이를 다른 사람들에게 상기시킨다는 것이다. 그것은 대부분의 사람들에게 그들과 그들이 속한 조직이 어떻게 그들의 삶에 가치를 더하는가에 대해 생각하게 한다는 것과 일맥상통한다.

교훈 8:
리더십의 효과는 상황적 맥락에 의한 것이다

스트레스가 없는 조직은 상대적으로 형편없는 리더에 의해 이끌릴 수 있고, 그 조직 및 리더는 위기가 발생할 때까지 그 사실을 깨닫지 못할지도 모른다. 극한 상황은 상황이 갖는 견디기 힘든 특성들로 인해 리더와 팔로어가 그들 스스로 어리석은 행동을 하지 못하도록 한다. 예를 들어, 전직 육군 사단장이었던 3성 장군은 최근 블랙 앤 골드 리더십 포럼(Black and Gold Leadership Forum)에서 사관생도들에게 하나의 일화를 들려주었다. 이 포럼은 명망 있는 리더들과 소규모 학생 집단들이 개인적으로 접촉할 수 있도록 하는 초빙강연 시리즈이다. 그 장군은 아프가니스탄으로 이동하는 동안 소대장 세 명의 지휘권을 박탈했다고 말했다. 그들의 리더십은 평시에는 문제가 없었으나, 전쟁이 임박한 상황에서 팔로어들은 더 나은 리더를 원했고, 하고자 하는 의지는 있지만 나약한 리더들을 해임할 필요성은 점점 더 분명해졌다. 당신의 조직에서 상황이 매우 나쁘게 돌아가고 있다고 판단하도록 하는, 혹은 당신의 조직이 계속 진행할 필요가 있다는 결심을 하게 하는 기준점(break point)은 무엇인가?

이라크 육군 사례: 강압은 효과적인 리더십 전략이 아니다

2003년 2월, 미군이 쿠웨이트를 떠나 이라크의 사막을 건너 바그다드를 향해 북쪽으로 이동하기로 계획된 3월 이전에 이라크군의 리더십은 자체평가에 의거, 자국의 육군을 완전히 장악했다고 판단했다. 하지만 2003년 4월 포로로 억류된 이라크 군인들에 대한 현장 인터뷰에서는 민족주의 또는 침략에 저항하기 위한 의무 같은 고차원적 개념의 증언들을 얻지 못한 상태였다. 그 대신 거의 보편적인 주제는 이라크 정규군 병사들이 강압에 의해 동기부여 되었다는 것이다. 한 포로는 자신이 바트당(Baath Party) 사무소에 호출되었고, 육군에 지원토록 압력을 받았다고 진술했다. 나는 어떠한 방법으로 모병을 했는지 호기심이 생겼고, 그래서 그 압력에 대해 설명해달라고 말했다. 그러자 그는 "음식을 주지 않고, 집을 부수고, 가정을 파괴하고, 내가 입대하지 않았다는 것을 알게 하기 위해 1년 동안 감옥에 가두었다. 또 그들은 나를 고문했다. 왜? 내가 군에 입대하지 않았기 때문에"라고 대답했다.

아랍어로 'sumoud'는 '견뎌냄' 또는 '확고부동함'을 의미하며, 이것은 아랍 문화에서 공통된 가치이지만, 이 가치는 내가 인터뷰한 이라크 군인들에게서는 보이지 않았다. 그들은 자신들이 병역의무를 마치지 않을 경우 받게 될 정당 충성파들의 보복과 전투를 회피할 경우 바트당 또는 페다인 사담(Fedayeen Saddam: 탈영병을 죽이는 암살부대)에 의해 받게 될 처벌에 대한 공포에 사로잡혀 있었다.

이라크 군인들은 만약 자신이 탈영할 것이라는 의심을 받게 되면 바트당 대표들에 의해 감옥에 갇히거나 처형을 당하게 된다는 이야기들을 진술했다. 내가 육체적 학대에 대해 물었을 때, 한 포로는 "아니다. 그들은 나를 때리지 않았지만, 감옥에 가두는 방식으로 처벌한다. 예를 들어, 내가 1주일 동안 이탈하면 그들은 12일 또는 15일 동안 복역하게 하여 피해를 더 주었다"고 진술했다. 또 다른 포로는 1989년에 이라크군에 입대하여 대부분의 시간을 무단이탈 또는 감옥에서 보냈고, 종종 바그다드에 위치한 이라크 정부에 의해 운영되는 악명 높은 아부 그라이브 감옥(Abu Ghraib Prison)에서 보냈다고 진술했다. 그는 전투에 투입하기 위해 감옥에서 풀려나왔다. 그에게 미군 포로수용소와 아부 그라이브 중 어느 것을 더 선호하는지에 대해 묻자, 그는 "지금이 훨씬 낫다"고 대답했다.

이라크인들은 보편적으로 자신들을 뒤따르는 암살단과 싸우기 위해 무기를 들고 탈영한다. 그들이 자발적으로 탈영했음에도 불구하고 스스로 미군의 표적이 될 수도 있는 무기를 소지하고 있다는 것은 이라크군 내에 존재하는 강압에 대한 명백한 증거이다.

극한 상황에서의 교훈은 조직을 압박하는 상황이 발생하기 전에 리더들이 일상 속에서 위기 상황에 적합한 신뢰와 영향력을 형성해야 한다는 것이다. 이것을 실천하기 위한 최선의 방법은 생사를 넘나드는 상황 속에서 사람들을 이끄는 리더십 습성을 개발하는 것이다. 익스트림 리더들에 관해 연구하고 그들을 모방해보라. 일반 리더들을 위해 연구된 위기 대처 리더십의 한계를 뛰어넘게 한다. 극한 상황에서의 리더들은 프로들이다. "연습이 완벽을 만드는 것이 아니라 완벽한 연습이 완벽을 만든다"라는 말처럼, 형편없는 계획이나 불행한 사태로 야기된 결과에 초점을 맞추는 것이 아니라 높은 위험요소를 내포한 상황을 전문적으로 다루는 사람들에게 초점을 맞추는 것이 중요하다.

만약 당신이 사업체나 조직을 이끌고 있다면, 당신의 능력 중 어느 정도나 당신의 팀에 남아 공통의 목표를 성취하고자 하는 사람들의 바람이 아닌 단지 직위와 관련된 권한에 의존하고 있는지에 대해 생각해보기 바란다. 만약 당신이 이 질문에 대답할 수 없다면, 할 수 있는 한 당신 스스로의 영향력을 평가해보는 것이 이치에 맞다. 사람들이 대체로 직위에 따른 권한을 통해 조직을 이끌려고 한다는 원리를 바탕으로 맨해튼에서 성공적인 컨설팅 업무를 하고 있는 한 친구를 알고 있는데, 권한은 때때로 잘못된 이유로 경영진들에 의해 부여되곤 한다. 많은 관료제 조직에서 형편없는 리더를 해고하는 것보다 핵심적인 업무를 떠난 다른 영역에서 승진시키는 것이 더 쉽다는 것은 안타까운 현실이다. 그 친구는 특히 여성과 비주류 리더들의 경우 위와 같은 내용이 사실이라는 것을 발견했는데, 그 이유는 만약 그들을 해고할 경우 법정 소송의 위험이 증가하기 때문이라고 덧붙였다. 여러 기업이 이러한 상황에 처한 리더들을 돕기 위해 그녀를 고용하는데, 단지 직위에만 관련된 권한의 장점은 시간이 지남에 따라 서서히 침식된다는 것과 기업이 심각한 위기에 직면할 경우 급격하게 소멸된다는 것을 알고 있기 때문이다. 후자에서 설명한 현상은 위험한 상황에서 더욱 명백하게 드러난다.

인적자원관리의 기본적인 도구들(보수, 보상, 작업 조건, 직업 안정성, 이익)에 최소한으로 의존하면서 사람들을 조직할 수 있는 리더는 드물다. 하지만 모든 리더의 목표는 어려운 시기에 이와 같은 장점들이 위협받거나 무효가 되는 상황 속에서도 기능적 조직을 유지하는 것이어야 한다. 그저 태평하게 있는 것은 답이 아니다. 병사로 징집된 대부분의 이라크 포로들은 이라크 장교들에 대해 "그들에게 거리감은 있지만, 항상 위협하지는 않았다"고 말했다. 실제로 많은 장교들이 정치적으로 임명되었고, 부하들은 그들이 전술적인 역량을 갖췄다고 여기지 않았다. 이와 같은 사실을 필자는 다음과 같이 말한 어느 포로를 통해 확인했다.

> "장교들은 경험이 거의 없습니다. 이라크 정부에는 어떤 법이 있는데, 그 법에 따르면 일반 병사들도 6개월간 교육과정을 수료하면 장교로 임관할 수 있습니다. (…) 장교들 중 일부는 [바트] 당원인데, 당원이 되면 어떤 특수한 훈련이나 그와 유사한 경험 없이도 장교가 됩니다."

이라크 병사들은 자신들의 지휘관에게 매달 열흘간 가족이 있는 집에 가는 것에 대한 허가를 거듭 요청하는 것이 일반적인 관행이라고 말했다. 그와 같은 관행은 비록 그들의 관계가 겁주는 것과는 거리가 있고, 심지어 친하거나 좋은 관계일지라도 장교와 병사가 서로를 거의 존중하지 않도록 한다. 놀랍게도 보복의 공포는 이라크군에 복무하는 리더들에게는 보통 해당되지 않는다. 일부 포로들은 만약 상관이 강제로 자신들을 전쟁터로 내몰아 싸우게 한다면 그 상관을 죽이고 어떻게 해서든지 투항했을 것이라고 말했다.

이것은 확실히 이라크군에만 국한된 현상은 아니다. 실제로 베트남전 종전 시, 미 육군에서도 강제적인 일선의 리더들과 그를 못마땅하게 여기는 부하들 사이에 이와 유사한 징후들이 나타났다. 폴 세비지(Paul Savage)와 리처드 가브리엘(Richard Gabriel)은 「미 육군의 화합과 분열」이라는 제목의 글에서 폭력행위를 통한 기강해이의 병폐를 공식적으로 분석했다.[4] 그들은 국방부 자료를 통해 베트남전의 마지막 4년(1969~1972) 동안 적군과 무관한 '폭발물에 의한 공격' — 구어로 프래깅(fragging)이라고 부르는 수류탄 공격 — 이 788건 있었음을 발견했다. 이 사건(공격)들로 인해 86명이 사망하고 714명이 부상을 당했는데, 사상자 대부분이 장교들이었다. 리더들은 평온한 상황에서는 강제적인 방법을 사용할 수 있지만, 극한 상황에서는 강제적인 방법이 작동하지 않는다.

리더들은 구성원들이 일에 집중하도록 하기 위해 거래적 · 경영적으로 부과된 동기부여 기법들과는 상관없이 조직이 작동하도록 하기 위해 노력해야 한다. 앞서 언급한 강압적 리더십은 일단 조직 내 구성원들이 위협을 느끼게 되면 무너진다.

교훈 9:
최고의 리더들은 열정으로 가득 찬 리더가 되기를 원한다

익스트림 리더들, 특히 공공분야에서 극한 상황에 처한 리더들에게 가정된 헌신의 도전과 깊이를 생각해보자. 대부분의 사람들은 경찰, 소방관, 군 리더들이 존경할 가치가 있다는 데 쉽게 동의한다. 하지만 그들이 해온 헌신의 깊이를 살피고 그것이 어떻게 부하들에게 영향을 미치는지 이해하기 위해서는 다소 지적인 작업이 필요하다. 어떤 등산객도 자신의 가이드가 어떻게 선발되었는지에 대해 궁금해하지 않는다. 따라서 만약 당신이 조직에서 리더를 선발하는 역할을 맡고 있다면, 단순히 승진하기를 원하는 사람이 아니라 사람들을 이끌고자 하는 사람을 선택하라.

대부분의 경우, 정부기관이나 사업체에서 일하는 리더들은 익스트림 리더들과 매우 대조적으로 다른 사람들을 이끌고 싶어 하지 않음에도 리더의 위치에 있는 자신을 발견한다. 리더에게 주어지는 권력과 보상에 대한 매력 때문에 리더로서 요구되는 역량(헌신, 경험, 기술 등)이 부족한 사람이 리더가 되어 힘들게 리더로서 역할을 수행하는 경우도 있다. 정치적으로 지명된 사령관 및 장군에게 과도하게 의존한 이라크 육군은 두 번의 걸프전에 비통함만 더했다. 미국에서 이에 관한 논쟁이 있었는데, 아래 제시된 연방 재난관리청(the Federal Emergency Management Agency, FEMA)의 전직 청장이었던 마이클 브라운(Michael Brown)의 사례이다.

허리케인 카트리나 사례: 허리케인 카트리나에 휩쓸려버리다

마이클 브라운은 국제 아라비안 말(馬)연합의 간사 및 심사위원으로 리더십 영역에 입문한 뒤, 부시 대통령에 의해 국가 재난관리기관의 수장으로 임명되었다. 브라운은 위험한 상황 또는 비상관리에 대한 경험 없이 2003년 FEMA의 고삐를 잡았다. 그는 2001년 자신의 친구이자 당시 FEMA의 청장이었던 조 앨버그(Joe All- baugh)의 법적 고문으로 FEMA에 처음 몸담게 되었다. 앨버그는 2000년 부시의 선거운동 사무장이었다. 브라운은 앨버그가 청장 직을 떠난 후 그의 뒤를 이어 FEMA의 청장이 되었다.

카트리나로 야기된 역사적 재해관리를 전담하게 된 FEMA의 어려움은 국가적으로 명백했다. 허리케인으로 폐허가 된 뉴올리언스 남부지역을 대표하는 루이지애나 주 의원인 찰리 멜란컨(Charlie Melancon)은 브라운이 팔로어(부하)들에게 보낸 이메일들의 샘플을 게시했고, 이것은 생사를 넘나드는 상황 속에서 팔로어와 의사소통하는 리더에 대한 뼈아픈 전자 기록물로 남게 되었다. 그 이메일들은 상황을 장악해야 할 뿐 아니라 위험에 대처하는 리더로서 적절한 지시를 내려야 했던 브라운의 어이없는 행태가 담겨 있다. 예를 들어, 뉴올리언스에 있던 브라운의 부하 마티 바하몬드(Marty Bahamonde)는 브라운에게 다음과 같은 이메일을 남겼다.

"청장님, 상황이 위태로운 수준을 뛰어넘었다는 것을 알고 계시리라 생각합니다. 그럼에도 아직 모르실 것으로 생각되는 몇 가지 사항이 있습니다. 호텔들은 사람들을 쫓아내고 있습니다. 수천 명의 인파가 음식과 물 없이 거리에 모여들고 있습니다. 수백 명의 사람들은 아직도 집에서 구조되고 있습니다. 재난의료지원 팀(Disaster Medical Assistance Team, DMAT) 텐트에서 죽어가는 환자들이 수송되고 있습니다. 수많은 사람이 몇 시간 내에 사망할 것으로 추정됩니다. 피난이 진행되고 있습니다. 몇 가지 피난 계획들을 추진시키고는 있지만, 호텔 상황이 문제를 가중시키고 있습니다. 보유하고 있던 식량과 물은 바닥을 드러내고 있고, 이를 해결하기 위한 방안을 마련하고 있습니다. FEMA 직원들은 꿋꿋이 잘 버티고 있습니다. DMAT 직원들은 절망적인 상황 속에서 일하고 있습니다. 환자들을 빨리 구출해낼수록 서둘러 직원들을 그 상황에서 벗어나게 할 수 있습니다. 전화 연결은 불가능합니다."

이러한 절망적인 서신에 대한 브라운의 답변은 "최신 정보를 보내줘서 고맙네. 구체적으로 내가 해야 할 것이나 변경해야 할 사항이 있겠나?"라는 것이었다.

극히 위험한 상황에 처했을 때, 리더는 사건을 이해하기 위해 부하들과 위험을 공유하고, 자신이 직접 그 사건의 일부가 되어야 한다. 브라운이 만약 즉각적으로 전담직원들과 함께 긴급 헬기를 이용해 절망적인 현장으로 이동하여 워싱턴과 연결된 통신체계를 갖춘 현장 지휘소를 구축했다면, 그는 좀 더 나은 신뢰를 바탕으로 조직을 이끌 수 있었을 것이다. 이와 같은 전략은 실제로 육군의 어떤 지휘관(대위 또는 소령)에게라도 즉각 적용될 수 있는 극도로 기초적인 것이다.

또 다른 이메일들은 그가 뉴올리언스에 거주하는 수만 명의 운명을 좌지우지하고 있는 사람들과 함께 나눈 수다스럽고 경박한 처신을 보여준다. 다음은 브라운이 부하들에게 보낸 기억에 남을만한 서신들이다(앞뒤 맥락은 생략한다).

"나는 재수 없게 걸려든 것만 같다. 그래도 우리는 엉덩이 붙이고 열심히 일하고 있어."

"마지막으로 환성을 외쳤던 것이 노동절이었던 것 같아. 함정에 빠졌으니 제발 나를 구해줘."

그리고 자신의 복장을 비판한 텔레비전 뉴스에 대해 언급하며, "그 옷은 노드스트롬(Nordstrom) 백화점에서 산 거야. 맥브라이드(McBride)에게 이메일을 보내서 그녀가 알도록 해줘. 내가 자랑스러워? 지금 그만둘 수 있을까? 내가 집에 갈 수 있을까?"

2004년 9월 12일, 그는 FEMA의 대표직에서 물러났다. 부시 대통령이 "브라운, 당신은 형편없는 일들을 저지르고 있소"라고 말한 지 2주가 채

지나지 않아 사임했다. 브라운은 FEMA가 걸프 만을 강타한 카트리나에 너무 늦게 대응하여 2만 명 이상이 사망한 비극적인 재난에 대한 책임을 지고 사직했다. 그는 카트리나가 접근해올 때 결단력 있게 행동하지 못한 (루이지애나) 주 및 지역의 리더들을 비난했고, 비극에 대한 FEMA의 접근 방식과 대응을 옹호했다.

비록 나는 브라운이 위기 시에 FEMA를 이끌기를 원치 않았다는 것까지 언급하고 싶지는 않다. 그러나 극한 상황에서 리더의 업무를 담당했던 그의 짧은 임기 동안 일어난 사건들은 리더의 열정, 헌신, 끈기가 엄청나게 중요한 것임을 보여준다.

3
맺음말: 익스트림 리더십을 조직에 어떻게 적용할지에 대해 숙고하라

익스트림 리더십과 일상에서의 리더십 관계는 일련의 병렬적이고 직유적인 것 이상의 관계다. 위험한 상황에서 요구되는 리더의 행동들은 (다양한) 목적을 뛰어넘어 폭넓게 적용될 수 있다. 비록 익스트림 리더십이 만병통치약도 아니고 모든 상황에 적절한 리더십의 유형은 아니지만, 경영 분야와 각종 사회 영역 및 위기에 직면한 상황에서 리더에게 문제해결을 위한 접근방법을 알려줄 수 있다.

일단 당신이 익스트림 리더십 개념을 당신의 리더십에 어떻게 연관시킬 수 있는지 이해한다면, 다음 단계는 극한 상황에서의 리더십을 어떻게 개발할 수 있는지에 대해 탐구하는 것이다. 3장에서는 하나의 본보기로 위험한 상황에서 리더십을 사용함으로써 리더의 유산(리더십)을 향상시키는 방법을 다룰 것이다. 또한 극한 상황에서의 가치와 특성에 대한 아이디어를 개발하고, 극한 상황에서의 차세대 리더를 길러내는 방법을 설명할 것이다.

핵심 Key point

1 동기부여는 학습과 연계되었을 때 가장 강력한 효과를 발휘한다. 보통의 리더들은 팔로어들이 좀 더 열심히 일하게 만들기 위해 동기부여를 하지만, 뛰어난 리더들은 그들이 보다 지혜롭게 일하도록 도움으로써 동기를 부여하고 이것은 종종 혁신을 불러일으킨다. 뛰어난 리더들은 팔로어들로 하여금 환경을 좀 더 잘 파악하도록 하고 창조성과 비판적 사고, 잠재적 이익을 분석하는 것을 배우도록 돕는다. 베키 캐니스(Becky Kanis)가 뉴욕 시의 노숙자 수를 계량화하는 데 대한 새로운 접근법을 어떻게 받아들이고, 조직이 문제를 해결하는 방법을 변화시켰는지를 기억하라. 마지막으로 그들은 팔로어들이 해결 불가능하고 해결되지 않을 것이라고 생각하는 문제에 대한 새로운 해결책을 찾는 데 초점을 맞추도록 돕는다.

2 위험(risk)을 공유하는 것은 신뢰성을 향상시키고, 위험한 상황에서 리더의 효과성을 증진시킨다. 크리스 휴스(Chris Hughes) 중령은 이라크의 회교사원 외곽에서 그의 부대가 직면한 위험을 공유하고, 흥분한 군중을 진정시키기 위해 문화적 인식에 대해 자신이 배운 것을 적용함으로써 자칫 위험하고 폭력적이 될 수도 있었던 상황을 진정시킬 수 있었다.

3 당신의 생활방식을 통해 팔로어들은 당신이 어떤 것에 가치를 부여하는지 알게 된다. 위대한 리더들은 종종 겸손하다. 딕 카바조(Dick Cavazos) 장군이 한국전쟁 도중에 높은 직위로 나아가기 위해 부하들에게 작별을 고할 때 한 병사로부터 배운 점을 상기하라. 최소한 한 병사는 카바조가 부대를 버렸다고 느꼈고, 그로 인해 카바조는 상위 직책

을 거절하고 전선에 남아 싸우기로 결심했다. 그와 유사하게 '크림 상병'은 8명의 분대원에게 매일 한 끼분의 식사를 나눠먹도록 하면서 자신은 커피 크림만 먹었다. 당신이 어떻게 사는지는 부하들에게 당신이 진정으로 가치 있게 생각하는 것이 무엇인지를 보여준다.

4 역량을 개발할 때 당신은 그와 동시에 신뢰와 충성심을 개발할 수 있다. 이 3가지 특성은 불가분하게 얽혀 있다. 일부 리더들은 골프나 팀 빌딩 활동 같은 사회적 행사를통해 신뢰와 충성심을 쌓으려고 노력한다. 그러나 충성심과 신뢰 문제는 암벽등반학교를 여행하는 것으로 고쳐질 수 없다. 그 대신에 당신의 팔로어들에게 당신이 무엇을 잘하는지 그리고 왜 그들이 리더로서 당신의 능력에 확신을 가져야 하는지를 보여주어야 한다. 그러나 조심해야 할 것은 누군가에게 당신의 역량을 증명하기 위해 인기를 끌려고 하거나 그들을 당황스럽게 만들지 말아야 한다는 것이다. 마지막으로 리더십은 당신이 아닌 당신이 이끄는 사람들의 성공에 대한 것이다.

5 극한의 위협은 회사나 사람들에게 리더와 팔로어의 전정한 특성이 드러나게 한다. 역경은 강한 팀은 통합하게 하고, 약한 팀은 파괴시킨다. 리더에 대한 신뢰와 충성심이 없었던 수많은 이라크 군인들이 스스로 항복한 것을 기억하라. 그들은 약한 팀이었기 때문에 미군이라는 극한의 위협에 직면하게 되었을 때 쉽게 포기했다. 반면에 툴레인(Tulane) 병원은 카트리나 허리케인이 닥쳤을 때 강한 리더를 중심으로 강하게 통합된 팀이었기 때문에 환자들과 스태프들을 모두 안전하게 구조했다. 이라크와 뉴올리언스 사례 모두 결과는 위기가 닥치기 전에 이미 깊게 뿌리내려 있었다. 위기 상황은 그저 각각의 조직이 가진 진정한 특성을 드러낸 것일 뿐이었다.

6 당신의 이력서와 가문은 중요하지 않다. 위험한 환경에서는 부유하건 가난하건 상관없이 동등하게 위협을 느낀다. 앞서 언급한 것처럼 시속 150마일로 달리는 페라리나 아파치 헬리콥터 안에 있는 것은 둘 다 죽을 위험이 높다. 두 가지 상황 모두 운전자의 학력이나 과거에 얼마나 잘 운전했는지는 중요하지 않다. 운전자는 현재의 극한 상황에서 요구되는 사항들을 수행해야 한다. 가장 좋은 리더는 이와 같은 방식으로 행동한다. 포클랜드 세도에서 싸운 영국 왕자 앤드루, 아프가니스탄에서 싸우면서 생을 포기한 풋볼 스타 팻 틸먼(Pat Tillman), 그리고 용감하게도 가족이 경영하는 회사에서 물러나 회사를 좀 더 효율적으로 이끌 수 있는 사람에게 리더십을 넘겨준 포드의 CEO 빌 포드를 기억하라.

7 사람들을 고무시키기 위해 당신의 사업이나 행동에서 삶을 전환할 수 있는 양질의 방법을 사용하라. 팔로어들과 조직의 삶에 당신의 리더십이 어떠한 영향을 미치는지에 대해 새롭게 생각해보라. 한 보험업자가 자신이 하는 일이 재미없고 흥미롭지 않다(그래서 중요하지 않다)고 생각하다가 사실은 고객이 삶을 완전히 망칠 수 있는 재정적 위험을 예방하도록 도와주고 있다고 깨닫게 되는 것을 기억하라. 그리고 실수로부터 배워라. 어느 병원은 실패한 장기이식수술 이후 모든 절차를 변화시킴으로써 두 번 다시 사람의 생명을 잃지 않게 했다.

8 리더십의 효과성은 조건적일 수 있다. 스트레스 상황에 놓여 있지 않은 조직은 상대적으로 형편없는 리더를 내세울 수 있다. 그리고 위기 상황이 발생할 때까지 조직과 리더 모두 리더의 기술이 부족함을 깨닫지 못할 수 있다. 당신의 리더십이 단순한 직위 권력이 아님을 명심하라. 그 대신 당신의 조직이 사람들이 일하도록 하기 위해 임금, 보너스, 특전 같은 거래적이고 관리자가 부여하는 동기부여로 일하는지 아니면 이와 독립적으로 일하는지를 살펴보라. 이러한 거래적 전략은 조

직 구성원들이 위협을 느낄 때 — 구성원들의 도움이 가장 필요할 때 — 금방 붕괴하게 될 것이다.

9 최고의 리더들은 열정적으로 리더가 되기를 원한다. 그들은 단지 높은 지위로 올라가기를 원하는 것이 아니라 진정으로 팔로어들을 성공으로 이끌기를 원한다. 팀을 이끄는 일을 진정으로 원하고 잘 이끌 수 있도록 하라. 전 FEMA 국장이었던 마이클 브라운(Michael Brown)의 이메일에서 그가 허리케인 카트리나 후속조치를 할 때 나타난 것처럼 진정으로 관심을 두지 않은 직책에 임명되었을 때 어떤 일들이 일어날 수 있는지를 명심하라.

3장

극한 상황에서의 리더십 모형

그것은 무엇인가? 왜 효과적인가? 어떻게 사용하는가?

극한 상황이 리더십과 리더 개발에 독특하고 구체적인 방식으로 영향을 준다는 생각은 다소 새로운 것이다. 리더십에 대해 저술한 여러 저자 중에서 이에 대해 구체적으로 설명한 사람은 없으며, 전문가들은 직관적으로 격심한 전투를 겪는 과정을 통해 성장한다고 말하곤 한다. 이 장에서는 왜 극한 상황을 통해 리더가 개발되는지에 대해 구체적으로 설명하고자 한다.

첫째, 익스트림 리더십이 학문적 이론 중에서 진성 리더십과 어떻게 관련되는지 설명할 것이다. 여기서 정의하는 '극한 상황'이란 삭막하고 험난한 상황을 의미하며, 이러한 상황에서의 리더십은 현실적이고 진정성이 있어야 한다. 둘째, 극한 상황에서의 리더의 가치와 특징에 대해 알아보고자 한다. 그런 다음, 극한 상황을 겪은 리더들에 대한 관찰을 통해 도출한 원칙들을 바탕으로 위대한 리더들이 어떻게 개발될 수 있는지를 보여주고 이를 이론으로 제시하고자 한다. 마지막으로, 전통적인 리더 개발 방법이 때로는 왜 본연의 목적을 달성하지 못하는지에 대한 이유와 익스트림 리더십이 어떻게 전통적 리더 개발 방식을 개선할 수 있는지에 대해 설명하고자 한다. 비즈니스 영역, 사회적 영역, 또는 위험한 공공 영역 등 어떤 영역에서 리더를 개발하든지 '극한 상황'은 우수한 리더를 개발하기 위한 시련의 장이 될 뿐만 아니라, 일반적으로 리더 개발에 요구되는 진정성 있고 성공적인 접근 방식을 잘 나타내준다.

1 진성 리더십의 정의

진성 리더십(authentic leadership)은 최근 학계에 등장한 가장 유명한 리더십 이론 중 하나이다. 진성 리더십의 핵심 중 하나는 부하들이 리더에 의해 제시된 전략의 진정성을 인지할 능력을 가지고 있다는 것이다. 진성 리더들은 확신에 차 있고 긍정적인 사람들로, 자신의 사고, 행동, 능력, 가치에 대해 잘 알고 있다. 아래 사례에서 보는 것처럼 "그녀는 진짜야", "당신이 보는 것이 당신이 얻는 것이다*(프랭크 스텔라)"와 같은 많은 자명한 이치들이 진성 리더를 잘 표현해주고 있다.

진성 리더들은 군림하지 않는다

아프가니스탄에서 근무하던 우리 팀의 면접관 중 한 명이 육군 중령인 어느 대대장을 만났다. 그 대대장은 부하들 중 두 명이 도로에서 급조폭발물로 인해 목숨을 잃었을 때 다른 병사들이 큰 충격을 받은 것을 느꼈다. 이에 그는 다음 임무에 대해 병사들과 함께 의견을 나누었으며, 무엇보다 중요한 것은 그가 예하 분대에 주어진 다음 임무에서 분대원으로서 직접 참여하여 부하들과 위험을 함께 경험하고, 그들이 겪는 부담에 대해 몸소 느끼며, 임무를 수행하는 방법에 대해 알려주었다는 것이다. 그러면서도 그는 분대장이 아닌 일반 분대원으로서 임무를 수행할 뿐 기존 분대장의 권위는 존중하고 보장해주었다.

다른 상황으로, 21경보병 사단장이었던 에릭 올슨(Eric Olson) 소장은 크

* '당신이 보고 있는 것 그대로'라는 의미로 숨김이 없음을 의미함.

리스마스 날 이른 새벽 비교적 안전했던 아프가니스탄 바그람에 위치한 사단 본부를 떠나 사단에서 가장 멀리 떨어진 기지로 찾아갔다. 그곳에서 그는 순찰을 나가려고 준비하고 있던 두 명의 병사를 뽑아 자신의 헬기로 바그람에 돌아가 휴가를 즐기도록 했다. 그리고 자신과 부관은 사단 본부에서 연휴를 즐기거나 장성으로서 특별한 대우를 받을 수 있는 혜택을 포기하고 두 명의 병사를 대신해 작전지역을 순찰했다.

올슨 장군이 병사들을 배려한 행동에 대한 반응은 곧바로 긍정적으로 나타났다. 한 병사는 "올슨 장군이 불편한 장갑차에 타고 우리와 함께 정찰 임무를 수행하는 것을 보니 나처럼 계급이 낮은 말단병사 입장에서는 그가 우리의 리더라는 게 기분이 좋았다"라며 솔직하게 자신의 심정을 털어놓았다. 휴가를 갔던 두 명의 병사는 최근 육군에 재입대했다.

이러한 리더들은 상상할 수 있는 가장 열악한 환경에서 리더십 기술을 발전시킴으로써 진성 리더가 될 수 있었다. 진성 리더들은 많은 사람들 속에서 동일한 특징에 주목한다. 그들은 위선적이고 거짓된 것을 쉽게 알아챌 뿐만 아니라, 열망은 있으나 방향이 필요한 경험 없는 리더들을 쉽게 구별해낼 수 있다. 이러한 능력 덕분에 진성 리더들은 훌륭한 멘토가 된다. 긍정심, 희망, 복원력 등은 진성 리더들이 왜 팔로어들로부터 충성심, 복종심, 감탄과 존경을 자아내게 하는지에 대한 해답을 준다.

특히, 팔로어가 리더의 긍정심, 희망, 복원력을 가치 있게 생각할 때 진성 리더들은 더욱더 강력한 영향력을 발휘하게 된다. 자신의 목숨이 위협받는 위험한 상황에서 긍정, 희망, 복원력을 인지하는 것은 미래의 삶에 대한 약속이기 때문에 팔로어들은 이러한 자질을 절실하게 갈구한다.

철학자 글랜 그레이의 회고록인 『전사들(*The Warriors*)』과도 관련된 내용으로, 제2차 세계대전이 끝날 무렵 노르망디 상륙작전 D-Day인 1944년 6월 6일 포화 속에서 겪은 다음 이야기를 살펴보자.

> 나는 첫 번째 상륙 돌격 이후 몇 시간 뒤 잇따라 상륙 예정인 상륙함에 탑재된 지프차에 쭈그리고 앉아 있었다. 물속에는 폭발한 조개껍질들이 곳곳에 떠다니고 있었고, 나는 다음 포탄이 우리에게 똑바로 떨어질 것임을 확실히 느끼고 있었다. 지프차가 독일군의 포탄으로부터 나를 보호해줄 것이라고 기대하는 것은 어리석은 일이었지만, 나는 일어설 수 없었다. 그 순간 장비와 기계로 뒤얽힌 가운데 한 미군 대위가 우리 배의 가장자리에 서 있는 것을 보았다. 그는 담배를 피우고 있었는데, 나는 담뱃재를 물에 터는 그의 모습에 매혹되었다. 그의 손은 전혀 떨리지 않았고, 마치 스테이턴 섬의 페리* 위에 있는 듯했다. 그 때 나는 그에게 비이성적으로 감사함을 느꼈다. 그는 나보다 더도 아니고 덜도 아닌 만큼 위험에 노출되어 있었다. 그럼에도 불구하고 그는 이성을 통제하고 있었다. 나는 장비들 사이를 기어가 그의 무릎을 잡고 흠모하는 눈빛으로 그를 바라보고 싶었다. (…) 그를 보면서 차츰 진정을 되찾았다. 우리 상륙함이 해변에 도달했을 때, 나는 지프차에 올라 파도를 헤치고 운전하여 마른 땅에 도달할 수 있었다.[1]

인간은 사회적 동물이다. 우리는 우리에게 일어나는 상황을 이해하기 위해 다른 사람들의 반응을 살핀다. 이것은 삶의 넓은 범주에

* 미국 뉴욕 시의 맨해튼 섬과 스테이턴 섬 사이를 정기적으로 운행하는 여객선.

서 벌어지는 사실인데, 혼란스럽고 불확실하며 극한 상황에 있는 리더와 부하들에게는 특히 그러하다. 진성 리더는 이러한 상황에서 보다 더 쉽게 발견된다. 따라서 강렬하고도 극한 상황은 진성 리더를 갈구하는 동시에 리더의 진정성을 평가할 수 있을 뿐만 아니라 진성 리더를 개발하기에 이상적인 장소이다.

2
극한 상황 모형은 가치에 기반을 둔 것인가?

'가치 중심'이라는 용어가 리더와 리더십을 설명하는 데 처음으로 사용된 이래로 어떤 가치가 중요한가에 대한 많은 논의가 이루어져왔다. 가치의 정의는 유명한 심리학자인 밀턴 로키치가 자신의 초기 논문에서 미국인의 가치를 측정할 때 사용했다. 그는 사람들이 가장 가치있게 생각하는 것(예컨대 삶, 자유, 행복 추구 등)에 의미를 부여한다고 설명했다.[2] 어떤 사회에서는 가치 중심 리더십이 전통적인 사회적 가치 또는 종교적 신념과 일치하는 가치를 의미한다고 한다.

흥미롭게도 내가 인터뷰한 극한 상황에서의 리더들 중에서는 단 한 명도 스스로를 종교적이라고 말하지 않았다(약 3분의 1은 자신을 영성적이라고 하긴 했다). 필자는 이 책을 쓰기 위해 인터뷰를 하고, 몇몇 사람들과 대화를 나누기 전까지는 항상 "참호 속에서는 무신론자가 없다"는 말을 믿어왔다. 그런데 한 가지 명백한 것은 그들이 극한 상황 속에 있을 때에는 신과 사후세계에 대한 자신의 종교적 신념과 상관없이 그들 자신과 다른 사람들의 생명에 엄청난 가치를 부여한다는 것이다.

리더들은 생사의 기로에서 자신들이 가지고 있는 사후세계에 대한 종교적 인식을 유보하고 다른 사람들의 생명을 지속시키는 데 많은 책임감을 느낀다. 그들은 현재 상황에 집중하면서 상황이 얼마나 지독한가에 상관없이 그러한 책임을 결코 환경이나 신, 운명의 탓으로 돌리지 않는다. 다시 『전사들』로 돌아가서, 저자 글랜 그레이가 죽음의 순간에 종교적인 병사와 비종교적인 병사 간의 차이를 어떻게 흥미 있게 묘사했는지를 살펴보자.

> 교전 상황에 따라 생존 확률이 감소하고, 전투에서 항상 그러하듯이 죽음이 눈앞에 닥쳤을 때, 그 차이는 더욱 명확해진다. 그러한 상황에서 내세를 믿는 (종교를 가진) 병사는 자신의 운명에 대해 좀처럼 움츠러들지 않고 실의에 빠지지 않는다. 그에게 일어나고 있는 일은 위대하고 현명한 힘에 의해 결정되고 있으며, 그는 기꺼이 "뜻은 이뤄진다"와 비슷한 말을 반복할 것이다. 이런 병사를 죽음에 이르게 한 적은 그가 '용감하게' 죽음을 맞는 것에 대해 놀랄 것이며, 때로는 그것 때문에 깊은 충격을 받을 것이다.[3]

이와 유사하게, 험난하고 주변 상황이 빠르게 변하는 스카이다이빙을 처음 시도하는 다이버는 때때로 예측하지 못한 상황이 일어나면 공포감에 휩싸이게 된다. 다시 말해 그들은 너무 두려운 나머지 상황에 지배당하게 되고, 아무런 대책 없이 땅으로 곤두박질 칠 것이다. 이런 사태를 방지하기 위해 기압의 차이에 의해 예비 낙하산이 자동으로 작동되도록 하는 믿을 만한 장치를 개발했다. 이 장치는 저고도에서 자유강하하면서 수동으로 예비 낙하산을 펼치지 못하는 사람의 예비 낙하산을 자동으로 개방시킨다. (우스운 일은 익스트림 스포츠 문화상 예비 낙하산 자동 작동 장치를 경험한 사람은 통상 드롭 존에서 추방당한다.) 어느 누구도 자유강하 마비 증상과 관련하여 하늘에서 생존을 위한 싸움에 종교적 신념이 어떤 역할을 하는지에 대해서는 연구하지 않았다.

피할 수 없는 죽음에 대한 인식이 어떻든 극한 상황에서의 진실은 단 한 번밖에 발생하지 않는다. 위험한 상황이 극대화되어 피할 수 없는 죽음을 인지한 상황에서도 표면적으로 리더는 낙담하거나 체념할 처지가 못 된다. 그 대신, 극한 상황에서 최고의 리더는 긍정적인 마음과 희망, 복원력을 유지하고 그런 환경을 극복할 때까지 주어진 운명을 거부한다. 리더의 임무는 다른 사람의 운명을 만들어내는 것이다. 리더는 신이 아니다. 그러나 그들의 역할이 죽음에 직면한 다른 사람의 삶의 가치가 지속되도록 하기 때문에 한편으로는 운명을 만드는 사람이 될 수 있다.

개개인으로 구성된 집단에 진정한 가치를 가득 채우는 것은 어려운 일이다. 가치를 기반으로 하는 리더십을 강조하는 조직은 종종 그러한 가치를 리더와 부하들에게 내재시킬 방법을 찾으려고 노력한다. 예를 들어, 미국의 GE(General Electric)는 종업원이 회사의 가치를 이해하도록 하기 위해 가치카드를 포함한 다양한 기법을 사용한다. 미 육군은 1990년대 후반에 가치카드를 개발하여 모든 병사들에게 기존의 인식표와 함께 가치인식표를 목에 걸도록 했다.

그러나 이러한 접근방법에는 근본적인 결점이 있다. 그것은 바로 진정성의 결여이다. 필자는 한국에서 근무 중인 약 100명의 병사들로 구성된 5개 중대와 펜타곤의 여러 집단(가치인식표를 개발한 인사부서 포함) 등 여러 부대가 이러한 가치인식표를 받는 행사를 지켜본 것을 기억한다. 한국처럼 전투와 가까운 환경에 있는 병사들에게 가치인식표를 나눠주었을 때, 행사 중 냉소적인 웃음이 산발적으로 터져 나왔고, 특히 그러한 냉소는 전투 시간과 기술이 가장 많은 병사들 사이에서 뚜렷하게 나타났다. 어떤 한 병사는 우스갯소리로 자신은 인식표에 전혀 주의를 기울이지 않기 때문에 차라리 가치 칫솔을 나눠줘서 칫솔 뒷면에 그 말들을 인쇄해두면 아침마다 거울을 통해 볼 수 있기 때문에 훨씬 효과적일 것이라고 말했다.

최고 교육 담당자가 주관하는 임원급 회의 또는 전략적 수준의 리더 개발 부서에서 가치를 개발하는 것은 의사소통의 문제를 야기할 수 있다. 익스트림 리더십에 내재된 진정한 가치와 냉혹한 현실은 가치가 특성에 내재되는 것처럼 경험을 훨씬 많이 강조한다. "그것은 스스로 알아내는 것이지 가르친다고 알 수 있는 것이 아니다." 그리고 진정한 가치는 항상 극한 환경으로부터 나온다. 그래서 누군가는 익스트림 리더십은 가치와 함께 리더십의 필수요소라고 주장할 것이다.

3
삶의 고유한 가치 인식하기

필자의 책상 왼쪽 위 귀퉁이에는 지갑 크기만 한 검정색 가죽 노트가 있다. 필자는 군복을 입을 때마다 그것을 바지 주머니에 항상 넣고 다닌다. 필자는 아무도 그 작은 노트를 눈치 채지 못했을 것이라 생각한다. 아마도 작은 사이즈인데다가 항상 내 작업 공간을 덮고 있는 종이나 책 그리고 행정서류 사이에 눈에 띄지 않게 놓여 있기 때문일 것이다.

이 책을 쓰기 전까지는 아무도 그 노트의 내용에 대해 알지 못했다. 그것은 필자의 개인적인 영감의 원천이자, 사관학교에서 강의와 연구, 리더십 개발 업무를 수행하는 데 있어 어떤 다짐을 하도록 하는 근간이 되고 있다. 그 노트에는 전 세계적으로 테러와의 전쟁이 시작된 이래 우리 학과를 거쳐간 생도들 중 전사한 생도들의 사진이 담겨 있다. 오늘까지 그 검정색 노트에는 영원히 잃어버린 보물인 22명의 미소 띤 얼굴들이 담겨 있다.

그 노트는 '전장 환경에서 효과적으로 임무를 수행하는 리더'에 대한 필자의 연구의 중요성을 직접적으로 상기시켜준다. 그것은 또한 인간의 삶이 얼마나 가치 있는 것이고, 그와 동시에 그것이 얼마나 부서지기 쉬운지를 직접적으로 상기시켜준다. 그리고 내가 하고 있는 일이 얼마나 중요한지를 느끼게 해준다. "리더십은 중요하다"는 것을, 그리고 특히 극한 상황에서는 더욱 그러하다는 것을 단호하게 상기시켜준다.

리더십은 사람들마다 다른 의미를 가진다. 누군가에게 리더십이란 단순히 레시피를 따라하는 것처럼 조직의 효과성을 달성하기 위한 도구이다. 예를 들어, "사업을 시작해서 리더를 개발하고, 생산성을 높이고, 실적을 높여라"와 같은 것이다. 좋은 리더십은 좋은 사업을 의미하고, 성공한 기업가는 좋은 리더로 받아들여진다. 한편, 또 다른 누군가에게 리더십은 수십억 달러의 컨설팅 산업의 중심 기업을 의미한다. 우리처럼 생도들을 정예 육군 장교로 양성하는 사람들에게 리더십은 위험한 곳에서 미국의 아들과 딸들을 이끌어가는 데 필요한 능력과 기술을 의미한다. 이러한 사실 때문에 필자는 익스트림 리더십을 연구하고 가르치는 것을 신성한 사명으로 느낀다. 또한 필자는 익스트림 리더십을 연구하는 것을 '의무'라고 생각한다.

익스트림 리더십은 항상 유형(有形)의 도덕적 책임을 수반한다. 생명이 위험에 처했을 때 부정할 수 없는 도덕적 책임감은 성실성과 더불어 사건의 처리에 완전히 몰입하도록 만든다. 그러한 상황에서의 지휘는 부하에 대해 권력을 행사하는 것이 아니라, 그들의 안녕과 생존을 위해 책임을 다하는 것이다. 따라서 극한 상황은 긍정적 리더십 습관을 개발하기 위한 호된 시련의 장을 제공한다.

4
익스트림 리더의 특징: 다른 사람에게 목적 · 동기 · 방향을 제시한다

진성 리더십 이론에 기반을 둔 익스트림 리더십은 어떤 특정한 기법에 관한 것이 아니다. 이것은 개인의 특성과 리더-부하 간의 관계에서 진정한 요소이다. 예를 들어, 미 육군 리더십 교리는 미 육군의 리더로서 필요한 특징을 정의하는 데 있어 'Be-Know-Do'*라는 틀을 사용한다. 최근 '리더 투 리더 재단(Leader to Leader Institute)'의 회장이자 이사회 의장인 프랜시스 헤셀베인(Frances Hesselbein)과 전 육군참모총장인 릭 신세키(Ric Shinseki) 장군은 『*Be · Know · Do: Leadership the Army Way*』라는 제목으로 육군 리더십 교리를 기반으로 한 이러한 생각들을 일반 대중에게 공개했다.[4]

원래 육군의 'Be-Know-Do' 리더십 틀은 젊은 보병 소령이자

* 미 육군의 리더십 교리로 자질(Be), 지식(Know), 실철(Do)으로 대표된다.

전 미 육사 리더십 교관이었던 보이드 맥 해리스(Boyd M. 'Mac' Harris)에 의해 1983년 육군 리더십 교범으로 쓰였다.[5] 해리스는 사관학교와 육군 전체 장교들이 위대한 리더가 되기 위해서는 기술과 지식뿐만 아니라 반드시 진정한 특성을 가져야 함을 인식할 수 있도록 'Be-Know-Do' 개념에 대해 기술했다. 다시 말해, 리더가 된다는 것은 어떠한 직책을 맡거나 직무를 수행하는 것뿐만 아니라 타인에게 목적, 동기 그리고 방향을 제시함에 있어 반드시 필요한 특성을 개발하는 것이며, 이것이 진정한 리더십이다.

사람들을 이끄는 데 있어서 위협과 위험의 정도는 매우 중요한 변수이다. 생명에 대한 위협은 사람들의 행동에 강력한 영향을 줄 수 있다. 제2차 세계대전 당시의 병사들에 대한 연구에서 새뮤얼 스토퍼(Samuel Stouffer)와 그의 동료들은 경험 없는 병사들이 생명의 위협을 느끼고 절망할 때, 그들은 어떠한 형태의 리더라도 곁에 있기를 바란다고 설명했다.[6] 요컨대 개인들이 불확실하며, 죽을 수도 있으며, 상황이 좋지 않을 때, 유일한 현실적인 희망이 바로 리더라는 것이다.

심리학자들은 개인이 죽음에 대해 실감하게 될 때를 '죽음 현저성(Mortality Salience)'이라고 칭한다. 한 실험 연구에서는 죽음 현저성을 갖게 하기 위해 먼저 실험 참가자들에게 자신의 육체적인 죽음이 이르는 상황에 대해 구체적으로 상상하도록 했다. 그런 다음, 그처럼 스트레스가 많은 순간에 리더를 갈망하게 하는 요인에 대해 확인해보고자 했다. 연구자들이 실험 참가자들을 대상으로 익스트림 리더십에 대해 인터뷰한 결과에 따르면, 참가자들은 카리스마적 리더, 과업 중심 리더, 그리고 관계 중심 리더 순으로 선호했다.[7] 두 번째 연구에서는 조지 부시(George Bush)와 존 케리(John Kerry)의 정치적 연설 문구를 포함시켰는데, 참가자들은 케리의 이성적인 연설에 비해 부시의 위험에 중점을 둔(테러리즘이 우리의 삶을 위협하기 때문에 테러와의 전쟁에서 이기는 것이 최선) 연설을 보다 변혁적이라고 응답했다.[8]

최근 카리스마적 리더들의 메시지는 자신의 죽음에 대해 더욱 신경을 쓰고 있는 사람들에게 강력한 영향력을 미쳤다. 부시와 케리의 비교에서 알 수 있듯이 죽음 현저성은 많은 사람들로 구성된 집단에서 강력한 영향력을 가진다. 그리고 어떤 특정한 사건의 메시지와 맞아떨어졌을 때, 집단에 속한 사람들의 정치적 신념과 투표 성향에 직접적인 영향을 미친다는 것을 보여주었다. 여러분은 한때 미국이 이라크를 침공할 필요성이 있다는 명분으로 내세운 정치적 슬로건을 기억할 것이다. "재래전을 핵전쟁으로 확산하지 않도록 하자!" 이런 문구는 단순히 주의를 끌기 위한 것이 아니다. 이것은 사람들에게 현재 상황이 극단적 상황임을 절묘하게 인식하도록 한 것이다. 죽음에 대한 미미한 위협조차 사람들에게 그들이 원하는 리더십의 스타일을 변화시킨다.

논리적이면서도 직관적으로 부하들로 하여금 죽음의 공포를 느끼게 하는 위험한 환경은 그들과 함께 임무를 수행하는 리더들에게 그들이 처한 환경에서 요구되는 (구체적인) 리더십 모델의 개발과 연습을 독려하는데, 이것이 바로 익스트림 리더십이다. 현재 활발하게 진행 중인 익스트림 리더십에 관한 연구들은 이런 연구를 수행하는 사람들에게는 항상 위험이 뒤따르겠지만, 진성 리더십 이론과 더불어 극한 상황이 지닌 고유한 가치를 활용하기 위한 방법으로 연습의 중요성을 강조한다. 이러한 연구들은 극한 상황에 필요한 리더의 고유한 행동과 미래 리더들에게 이러한 행동들을 개발하도록 하는 촉발제로서 극한 상황이 지닌 고유한 가치에 대해 밝히고 있다. 이제 극한 상황에 대한 연구 결과와 극한의 원칙들을 출발점으로 하여 리더 개발에 대한 아이디어를 탐색해보자.

5 익스트림 리더십이 리더 개발자들에게 의미하는 것은 무엇인가?

리더 개발에서 위험의 가치를 아는 것은 매우 중요하다. 이는 리더를 전문적 · 비공식적으로 개발하는 사람들에게 진정성의 중요성과 단순한 인상관리가 가진 취약성에 대해 강조한다. 또한 이것은 1장에서 묘사한 리더십의 핵심 요소에 대해 시사점을 제공해준다.

- → 고위험 상황 고유의 동기요인
- → 스트레스를 많이 받는 상황에서 리더의 외향적 학습 지향성
- → 이타적이고 공유된 위험의 가치
- → 부하와 같은 생활방식을 실천하는 리더에 의해 만들어지는 감동
- → 신뢰와 충성심을 쌓는 데 있어서 역량의 가치

익스트림 리더십은 위협의 정도가 낮은 상황에서의 리더의 행동에 대해서도 최선의 대안을 제시한다. 모든 리더는 익스트림 리더십 이야기와 부하, 임무, 열정을 위해 자신의 삶을 기꺼이 바친 리더들로부터 영감을 얻고 배울 수 있다.

6

이론을 실제에 적용하기: 익스트림 리더 개발

익스트림 리더를 개발하는 사람들에게 리더를 개발하는 과정은 지극히 단순하다. 그것은 극한 상황에서 하급 리더를 지도하고, 기술을 가르치고, 판단하는 법을 돕고, 사람들을 생동감 있게 만드는 것이다. 대부분의 익스트림 스포츠에서는 (그리고 경찰, 군인, 소방관들은) 개인들의 역량과 능력을 점진적이고 순차적으로 개발할 수 있는 표준화 프로토콜을 만든다. 그러나 고위험 활동에서의 진정한 리더 개발자들, 특히 최고의 트레이너들은 이미 확립된 교리 이상의 것을 강조한다. 개별 리더 개발자들은 높은 전문기술과 경험을 바탕으로 리더를 개발하는 과정을 결정한다.

예를 들어 스포츠 패러슈팅의 경우, 일반적으로 가장 점프 경험이 많은 사람이 강하지점(Drop Zone)에 위치해서 결정을 내리거나 다른 강하지점 교관들을 가르친다. 이와 유사하게 고위험 상업금융사업에서는 가장 성과가 좋은 사람이 조직을 운영하는 직책을 맡는 것이 일반적이다. 조직의 역동성에 대해 더 많은 것을 알게 될수록 리더를 개발하는 데 훨씬 더 좋은 방법을 모색할 수 있다는 것은 분명하다.

때로는 모든 상황에 두루 적용되도록 만든 교육과 훈련법이 극한 상황에 적용되기도 한다. 미국에서 익스트림 리더십에 대한 연구가 처음으로 시작된 가장 중요한 이유 중 하나는 미 육군에서 실시하는 다양한 리더 개발 정책이나 교리가 일상적인 시민 교육 및 훈련의 원칙에 기반을 두고 있었기 때문이다. 예를 들면, 최근 육군 리더십 교범의 초안에 명시된 리더 역량은 최소한의 군 경험을 가진 민간 연구자에 의해 제시되었으며, 그러한 역량은 사람들이 대규모 조직이나 관료조직에서 찾을 수 있는 리더의 기술과 능력에 대한 목록과 유사하게 쓰여 있다. 여러 상황에 두루 적용되도록 만든 접근법은 그 자체가 관료조직인 미 육군의 많은 부문에 적용시킬 수 있지만, 이러한 접근법은 실제 전투현장에서 지휘하는 리더들에게는 그 가치가 현저히 떨어진다. 또한, 대부분의 전장 리더십에 대한 교육은 역사적 이야기나 전문가들의 증언에 기초하고 있다. 필자를 포함한 미 육군 리더십 교관들은 전장으로 향하는 위관 장교들을 위해 그들이 필요로 하는 것에 맞춰 보다 높은 수준의 맞춤형 교육을 실시해야 한다고 생각한다.

고위험 환경에서 일하는 사람들은 (극한 상황이든 아니면 고위험 경영 환경이든) 고위험 환경이 의미하는 바가 무엇인지, 그들이 하는 일의 특성은 무엇인지, 결과적으로 그들의 리더십이 어떻게 바뀌어야 하는지를 생각해야 한다. 직접적인 경험을 통해 그리고 직관에 의해 우리는 위험 상황에 처한 리더와 팔로어들에게는 특별히 요구되는 역량이 있다는 것을 알고 있다.

고위험 상황에서의 리더십은 기존의 방식과는 다른 접근법을 요구하며, 극한 상황은 그러한 독특한 요구를 충족시킬 수 있는 최선의 방안을 이해할 수 있게 한다. 높은 고도를 오르는 스카이다이버들과 일하든, 화재를 진압하는 소방관들과 일하든, 총격이 난무하는 집에 SWAT 팀을 데리고 가든지 간에 기존 연구에서 발견된 원칙을 충분히 생각하면서 익스트림 리더십에 대해 배운 것을 활용해야 한다.

미래 리더의 역량 개발하기

위험 또는 위기에 직면할 리더들을 훈련하고 개발하기 위해 어떻게 프로그램을 설계할 것인지에 대해서는 다음의 목록에서 제시된 중점들을 지향해야 한다. 주어진 예시가 자신이 처한 상황에 적합하건, 아니면 자신의 상황에 맞춰 변경해야 하건 간에 예상되는 위기가 리더 개발에 대한 접근방법에 어떻게 영향을 주는지를 분명히 알 필요가 있다.

기능적인 능력이 아니라 확신을 갖도록 하는 것이 익스트림 리더십의 목표이다. 역량은 신뢰와 충성심을 위해 필요한 기반이다. 리더에게 자신의 역량에 대한 인식이 내재화되어 있을 때, 우리는 그것을 "확신을 가지고 있다"고 말한다. 확신을 가진 리더는 부하들에게 리더의 역량에 의지해야 한다는 무언(無言)의 메시지를 보낸다. 따라서 확신을 갖는 것은 개별 리더들에게 중요할 뿐만 아니라 조직이 굳건해지기 위해 부하들이 가져야 할 중요한 인식이다. 상황이 급박할수록 이러한 리더의 확신은 더욱 중요해진다.

신뢰가 공정하게 얻어져야 함을 인식하라. 극한 상황에서 사람들을 이끌어가는 리더는 매우 겸손해야 하고 잘난 체하지 말아야 한다. 리더가 확신을 가질 때 부하들은 그것으로부터 고무된다. 독선, 건방짐, 오만을 버려라. 그것은 부하들에 의해, 그리고 리더들 자신에 의해 잘못된 것임이 밝혀지고, 궁극적으로 자신감을 떨어뜨린다. 잘못된 자부심은 극한 상황에 처한 리더들에게 치명적인 결점이 되어왔다.

결점 없는 성과를 요구하라. 고위험 훈련에서 결점 없는 성과를 요구하는 것이 기본이라는 것은 잘 알려져 있지만, 중요한 원칙은 반복할 만한 가치가 있다. 극한 상황에서는 처음부터 완벽한 수행을 요구하기 때문에 단순한 과업에서부터 완벽함을 가르침으로써 복잡한 업무에서도 완벽하도록 유도한다. 육체적 과업에 대해서는 최소한 25회 이상 반복하도록 요구하라. 가능하면 안전한 상황에서 먼저 가르치고, 그러한 교훈을 위험한 상황으로 확대시켜라. 다음에 제시하는 사례는 이것이 실생활에 어떻게 적용되는지를 보여준다.

언제 중단할지를 알라. 리더 개발은 통상 작은 어려움을 견디고 실패를 통해 교훈을 얻는 것을 의미한다. 극한 상황에서의 리더 개발도 마찬가지이지만, 어느 정도까지만 그렇다. 리더 개발을 멈추어야 할 순간은 실패가 끊임없이 반복되고 근본적으로 가능성이 없음을 느꼈을 때이다. 그러한 상황에서는 그 사람을 위한 개발 과정은 끝난다. 그리고 그것에 대해 사과할 필요는 없다.

최악의 시나리오를 통해 위험한 상황에 대처하는 법 가르치기

친구들 사이에서는 '유타 스티브(Utah Steve)'로 알려진 스티브 웹(Steve Webb)은 익스트림 리더이다. 스턴트맨이자 전문 스카이다이버인 그는 성인이 된 이후 늘 험한 환경과 함께해왔다. 반백의 머리에 6피트 7인치(약 204cm)의 키, 200파운드(약 91kg)의 몸무게로 완벽하면서도 탄탄한 체격을 갖춘 그는 7,000회 이상의 전문 스카이다이빙 경험을 갖추고 있으며, 최고 수준의 자신감을 가지고 있다. 할리우드에도 진출해 활약한 그는 웨슬리 스나입스(Wesley Snipes)의 영화 「고공침투(Dropzone)」를 함께 촬영했다. 리더이자 지도자로서 그는 2인용 낙하산을 제조하는 회사의 검열관으로 근무했는데, 2인용 낙하산 강사가 되려는 이들을 훈련하고 평가하는 일을 맡았다.

지난 15년 동안 2인용 낙하산은 보통 사람들도 스카이다이빙에 도전할 수 있게 만들었다. 2인용 점프에서 초보자는 강사 앞에 매달린다. 강사는 한 개의 주 낙하산과 다른 하나의 예비 낙하산으로 구성된 두 개의 큰 낙하산을 맨다. 예비 낙하산은 강사가 주 낙하산을 완전하게 작동시킬 수 없을 때 기압에 의해 자동으로 작동하게 만들어진 낙하산이다. 비행기에서 뛰어내리자마자 강사는 54인치(약 137cm) 크기의 낙하산을 펴서 최종 강하 속도가 안정적인 시속 120마일로 늦춰지도록 한다. 이 낙하산은 부드럽게 펴지도록 되어 있으며, 적절한 강하 속도를 내도록 하여 두 명임에도 불구하고 균등하게 떨어지도록 함으로써 헬멧에 자유강하 사진기도 부착할 수 있다.

2인 점프는 적절하게 진행되기만 한다면 모든 종류의 스카이다이빙 중에서 가장 안전한 방법이 될 것이다. 만약 부적절하게 진행된다면 2인용 점프도 위험할 수 있다. 예를 들어, 보조 낙하산이 없다면 최종 강하 속도가 200마일에 이르게 되면서 고속 회전이 통제 불가능하게 되고, 낙하산과 낙하자에게 해를 입히게 된다. 보조 낙하산이 펼쳐진 상태에서도 공포에 휩싸인 동반 낙하자는 불안정한 상태에서 의도치 않게 강사에게 부상을 입히는 등 문제점을 유발할 수 있다. 대부분의 2인용 낙하산 강사들은 공포로 얼어붙은 동승객 때문에 죽을힘을 다해 팔을 잡아주어야 한다. 2인용 점프는 놀이공원에서 타는 놀이기구가 아니라 낙하산을 짊어지고 하는 점프이기 때문에 훨씬 위험하다.

따라서 최악의 상황을 다루는 강사의 능력을 증명하는 유일한 방법은 그들을 가능한 한 최악의 상황에 놓이게 하고, 이를 해결하는 그들의 능력을 평가하는 것이다. 유타 스티브가 하는 일 중에서 일부는 자신이 동반 낙하자로 탑승하여 공중에서의 평가를 통해 강사 지망생들의 기술을 증명하는 것이다. 그의 노트에는 "능력을 증명하고, 결점 없는 성과를 요구하라"는 문구가 적혀 있다.

유타 스티브는 자신의 직업을 중요하게 생각한다. 그는 나의 멘토인데, 내가 2인용 낙하산 강사 자격증을 받았을 때 이를 확실히 증명했다. 내가 강사 자격 평가를 받을 때 그는 내가 문제 있는 동반 낙하자를 잘 다루는지를 확인하기 위해 우리 둘 모두에게 더 많은 위험을 부여했다. 이것이 익스트림 리더십의 특징이다. 위험을 회피하는 것을 바라기보다는 최악의 상황을 받아들이고 그것을 준비하는 것이다.

자격증을 받기 위한 마지막 점프에 대한 계획은 간단했다. 우리 둘은 1만 4,000피트(약 4,260m) 높이의 비행기에서 뛰어내렸다. 유타 스티브는 내 앞에 동승객으로 매여져 있었다. 우리는 보조 낙하산 없이 자유강하로 균형을 잡아야 했고, 그러고 나서 2회의 계획된 360도 회전을 하기로 되어 있었다. 그런 다음 강하 속도를 떨어뜨리기 위해 보조 낙하산을 약 10초간 펼친 다음 마지막으로 주 낙하산을 펼 계획이었다. 나는 그것을 식은 죽 먹기라고 생각했다. 공수부대에서 근무했던 나는 배낭이나 무기, 산소통 그리고 다른 장비를 가지고 점프한 경험이 있었다. 그러나 나는 배낭이나 화기가 유타 스티브에 비해 훨씬 쉽다는 것을 이내 알아챘다.

유타 스티브에게 고공 낙하는 특별한 것이 아니었지만, 그는 각별한 주의를 기울여 장비를 점검했다. 우리가 비행기 문으로 이동할 때 나는 그에게 적절한 명령을 내렸고, 바닥에서 발을 떼고 그의 체중을 모두 나의 벨트에 실리도록 했다. 이것은 쉽지 않은 일이었다. 나는 174cm에 83kg이 나갔는데, 우리 둘의 몸무게에 큰 2인용 낙하산이 합쳐져 약 200kg에 육박했다. 유타 스티브를 학생처럼 가르치면서 나는 그에게 날개 끝을 주시하도록 하고, 손으로 낙하산 띠를 잡도록 했다. "제자리, 준비, 출발!" 소리와 함께 우리는 문을 박차고 뛰어내렸다.

유타 스티브는 즉각 왼발로 문을 박차고 나갔고, 우리는 불안정하고 억제할 수 없는 상태로 추락했다. 그는 상황을 더욱 악화시키기 위해 자신의 손을 낙하산 띠에 두지 않고 양손과 양발을 곧바로 뻗어서 우리 몸이 더욱 격렬하게 흔들리도록 하여 등 쪽으로 회전하게 만들었다. 나는 보조 낙하산을 펴려고 애썼지만 회전을 통제할 수 없었다. 일전에 동반 낙하자를 통제하는 방법에 대해 유타 스티브가 알려준 것을 기억하면서 나는 내 팔을 가능한 한 세게 아래로 흔들어 그의 팔이 복부에 붙도록 하고 나의 다리를 넓게 벌렸다. 이 자세는 마치 우리를 200kg의 큰 다트가 회전하는 것처럼 우리의 머리를 땅 쪽으로 향하도록 만들었다(우리의 헬멧에 장착된 고도계에 따르면 이 순간은 시속 약 210마일에 이르렀다). 일단 머리가 지상 방향으로 고정되자 힘껏 팔과 다리를 뻗어서 전형적인 독수리 자세를 만들 수 있었고, 우리의 배가 땅을 향하게 되어 안정을 찾을 수 있었다. 바람이 너무 강해 옷의 솔기가 모두 뜯어져 나갈 듯한 느낌이 들었고, 내가 입고 있던 폭이 넓은 카고 바지는 너무 세게 펄럭거려서 마치 한 무리의 개가 뒤에서 바지를 물어 당기는 듯했다. 200마일의 속도에서 360도 회전은 너무나도 어려웠지만, 유타 스티브에게 방향을 잘 통제하고 있다는 것을 보여주기 위해 충분히 방향을 틀었다. 7,500피트(약 2,300m)에 이르렀을 때 보조 낙하산을 펼쳤고, 5,500피트(약 1,700m)에서 주 낙하산을 펼쳤다. 내가 낙하산의 방향을 조종하면서 유타 스티브의 낙하산 띠를 약간 헐겁게 풀어주자 그는 그제야 웃으면서 내가 듣고 싶었던 말을 했다. "친구, 우리가 이것을 다시 할 필요가 없어서 기쁘네." 나는 "스티브, 자네는 긴장하면 더 웃는 것 같군, 그렇지?"라고 말했다. 그러자 그는 다시 한 번 웃으며 말했다. "그렇다네." 드디어 우리가 착지했을 때 나는 2인용 낙하산 동반 낙하자와 관련한 어떠한 문제도 해결할 수 있다는 극도의 자신감을 느꼈으며, 내 능력에 확신을 가졌다.

리더십 시사점

유타 스티브와의 경험에서 얻은 교훈은 명확하다. 만약 당신이 위험과 관련된 어떤 조직을 이끌고 있다면 재난의 위기에 가까이 있는 것에 편안해질 필요가 있고, 개인적 · 조직적으로 어떻게 그러한 재난의 위기를 다룰 것인지를 배울 필요가 있다. 당신 자신에게 그리고 당신이 이끌고 있는 사람들에게 확신을 심어주고, 위험 상황이 발생했을 때 무엇이 필요한지를 이해하도록 하기 위해 약간의 위험에 처하도록 하는 것은 의미 있는 일이다. 리더들은 위험을 회피하기를 희망하는 보험업자들처럼 회피 게임을 할 여유가 없다. 그러한 리더십은 반대급부가 크다. 성과가 높은 조직은 일상적으로 그들의 리더와 부하들을 재난의 위기로 이끈다. 위기를 점령하라.

차세대 리더들에게 내재적 동기를 수용하는 법 가르치기

어떠한 상황에서든지 리더는 자신의 흥분 상태와 부하의 흥분 상태를 알고 이를 조절해야 한다. 이에 따라 리더 개발 활동에서 흥분 상태를 조절하는 방법을 배워야 한다.

흥분을 관리하라. 조직은 부적절한 수준의 흥분과 열정 상태에 빠질 수 있다. 위험한 상황 또는 보다 일상적인 상황에서 문제는 다양한 결과에 대한 가능성에 대해 사람들의 시각을 바꾸는 경향이 있다는 것이다. 이것은 감정이 부하와 리더 모두의 판단에 영향을 준다는 의미이다.

극한 상황은 그 자체가 무한한 흥분을 준다. 따라서 위험이 높을 때 다른 사람들을 더 흥분시키면 안 된다. 최고의 리더는 상황이 가장 위험할 때 가장 침착하고 신중한 행동을 보인다. 과도한 열광이나 '소리 지르는 훈련교관' 유형은 오히려 사람들을 죽음으로 몰아넣는다.

위험한 상황에서는 부하들을 흥분시키지 말라

한 육군 대위가 흥분을 부적절하게 관리하여 부하들을 위험에 빠뜨린 자신의 지휘관 중 한 명의 이야기를 들려주었다. 4보병사단 예하의 그의 중대는 테러리스트의 안전가옥에 대한 정보를 얻기 위해 이라크인과 지속적인 협조와 접촉을 필요로 하는 복잡한 민군작전을 책임지고 있었다. 그의 병사들은 그 임무에 대해 긴장하고 있었는데, 이라크에서의 모든 임무가 위험을 수반했기 때문이다. 중대장의 임무는 리더로서 부하들이 인지된 위협에 대해 합법적인 교전규칙에서 벗어나 중대의 민군작전에 위해가 될 수 있는 치명적인 무기를 사용하지 않도록 조치하는 것이었다. 그는 부하들이 이라크인과 함께 나갔을 때 방호할 수 있는 무기를 제공하기는 하지만 가급적 다른 공격적인 행동을 하지 않도록 훈련시켰다. 작전을 성공적으로 수행하기 위해서는 지역 이라크인들의 협조가 필요했을 뿐만 아니라, 연합군에게 협조적인 지역민들이 등을 돌리게 만드는 사고를 일으키지 않도록 예방하는 것 또한 필요했다. 이것은 궁극적으로 많은 미국인들의 생명을 희생시킬 수 있었기 때문이다.

그와 부하들이 작전 수행을 위해 마지막 준비를 하고 있을 때, 그의 상급 지휘관이 부대로 들어와 "흥분하라, 부대원들이여!"라고 말했다. 중대장은 상급 지휘관이 부하들에게 "너희들은 그냥 나가서 저 새끼들 몇 명만 죽이면 돼"라고 말하는 것을 듣고 큰 충격을 받았다. 경악스럽게도 부하들은 동요했고, 임무 수행과 관련하여 그들이 곧 접촉할 이라크인을 보는 관점이 보다 공격적으로 바뀌었다. 부하들은 민군작전에 필요한 전문성을 버리고, 그 대신 자신들의 전투경험에 보다 적합할지는 모르지만 당시에 부여된 임무에는 적합하지 않은 거친 이야기를 즐기고 있었다. 중대장은 부하들이 적과 교전하기를 원한다면 (이 경우에는 대부분이 민간인이었다) 공격할 이유를 의도적으로 찾을 것이라고 우려했다. 과도한 흥분은 상급 지휘관과 부하들의 판단력을 흐리게 했다. 또한 임무와 관련 없는 갈등이 발생할 확률이 높아졌다.

중대장은 자신의 지휘관이 부하들의 흥분을 명백하게 잘못 관리하고 있다고 생각했다. 왜냐하면 위험한 상황에서 임무를 성공적으로 수행하기 위해서는 침착해야 하기 때문이다.

임무 수행에 필요한 사항과 치명적 무기의 제한적 사용 등 적절한 교전규칙에 대한 추가 브리핑을 통해 중대장은 상급 지휘관의 '격려 연설'의 잘못된 효과를 바꿀 수 있었고, 부하들을 진정시켜 임무 수행에 적합한 수준의 흥분 상태를 되찾게 할 수 있었다. 임무 수행은 유혈사태 없이 잘 진행되었고, 지역 주민과의 교류도 무난하게 진행되었다. 사실상 리더가 감정적인 부하들의 상태를 바꾸어놓은 것이다.

그 중대장이 얻은 교훈은 명백한 것이었다. 상황이 이미 흥분을 불러일으킨다면 부하들을 더 이상 흥분시키지 말아야 한다는 것이다. 부가적인 흥분은 상황을 잘못된 방향으로 유도할 수 있다.

다른 사람을 읽어라. 누군가가 자신이 처한 환경에서 위험에 직면에 있다면 그들의 흥분상태, 정신상태, 동기 등을 보면서 평가하는 것을 배우라. 거기에는 적정 수준의 일관성이 있어야 한다.

나쁜 상황을 받아들여라. 상황이 위험하지는 않더라도 힘들거나

절망적일 때는 매우 헌신적인 사람이라도 동기 유발을 시켜야 한다. 폭염 속에 있거나, 비가 오거나, 춥거나, 오물로 뒤덮여 있는 등 매우 고통스러운 상황에 처했을 때, 이를 지혜롭게 대처하고 긍정적인 마음으로 상황을 받아들여라. 만약 상황이 생명을 위협할 정도로 나쁘다면 그 사실을 숨기지 말라. 다른 사람들을 인지된 한계 이상의 상황으로 나아가게 하기 위해서는 누구나 언젠가는 죽음에 이르게 된다는 점을 인지시킴으로써 동기를 유발하라.

궂은일을 마다하지 않는 신임 리더

전 특수임무 통신장교인 베키 캐니스(Becky Kanis)는 자신의 소대가 전투 준비를 하고 있을 때, 자신이 텐트와 위장망 치는 일을 돕는 것을 보고 부하들이 놀란 것을 기억한다. 이전 소대장은 부사관과 병사들이 힘든 일을 하고 있을 때 허리에 손을 올리고 옆에 서서 그냥 보고만 있었다. 캐니스는 "다른 사람들이 일을 하고 있을 때 지켜보기만 하는 유형의 리더가 되지는 않겠다고 결심했다"고 당시의 일을 상기했다. 당신 스스로 하고 싶어 하지 않는 일을 다른 사람들에게 결코 시켜선 안 된다.

캐니스는 자신의 부사관 중 한 명이 이러한 원칙을 가장 감동적인 방식으로 증명한 일을 설명했다.

"그는 82공수부대, 112통신대대, 브라보 중대의 선임하사*로서 첫 부임하는 날 하루 종일 중대본부에 있는 화장실을 청소했다. 그는 노란색 고무장갑을 끼고 초록색 끌개와 무거운 세제 통을 들고 있었다. 그는 화장실 구석구석을 문질렀다. 부사관들은 새로 부임한 선임하사와 해야 할 일이

* 한국군에서 과거에는 '선임하사'라고 했지만 지금은 '행정보급관'이라고 한다. 그러나 여기서는 미군에서의 호칭에 따라 과거와 같이 '선임하사'라고 번역한다.

많았다. 그런데 그는 그것을 허락하지 않았고, 다른 부사관들을 화장실 문 밖에 열중쉬어 자세로 서 있게 했다. 나는 이 장면을 재미있게 보면서도 사실 무슨 영문인지 잘 몰랐다. 일과시간이 끝날 무렵, 선임하사는 고무장갑을 벗어던지고는 '앞으로 화장실은 이런 상태여야 한다'고 말했다. 그러고 나서 그는 중대를 해산시켰다. 나는 그가 보여준 모범을 결코 잊지 못할 것이다. 그는 화장실 청소 상태가 아니라 훨씬 많은 것을 소통했다. 솔직히 화장실 상태는 그렇게 나쁘지 않았다. 그는 중대의 모든 병사들에게 자신은 어렵고 더러운 일을 피하지 않는다는 것을 알게 했다."

리더십 시사점

베키 캐니스는 사회적 영역에서도 선임하사가 모범을 보여주었던 것과 놀랄 만큼 유사한 다른 예가 있다고 말했다. 지역 정신의학 분야에서 감동을 주면서도 효과적인 리더이자 Pathways to Housing의 임원인 샘 쳄버리스(Sam Tsemberis)는 취업 지망생들에게 화장실을 청소할 의향이 있는지를 물어본다. 때로는 팀과 밤새 일하고 나서 그냥 집에 갈 것인지, 또는 까탈스러운 성격을 가진 고객과 자진해서 일할 의향이 있는지도 물어본다. 당신이 좋아하지 않는 일을 받아들일 준비가 되어 있는지, 당신의 부하들에게 무엇을 기대하는지를 생각해보라.

차세대 리더들의 학습 지향성 개발하기

모든 조직에서, 그리고 특히 위험한 상황에서의 리더십에서 중요한 것 중 하나는 사람들이 자신에게만 집중하는 것을 막는 것이다. 그 대신 그들이 주어진 환경과 당면한 과업을 지향하면서 학습할 수 있도록 해야 한다.

환경이 당신을 죽이려고 한다. 사람들은 환경적인 위협에 직면하면, 생존하기 위한 본능적인 동기에 의해 자연스럽게 외부에 집중하게 된다. 따라서 리더를 개발할 때에는 지속적으로 주변에서 무엇이 일어나는가에 대해 확인하고 분석하는 것을 강조해야 한다. 경험적 의미부여 과정(enacted sensemaking)은 리더와 부하들이 생존과 직결되는 상황에 대해 이해하게 한다. 리더는 논리적으로 의사결정을 하는 데 필요한 정보가 충분하지 않은 상황에서 의사결정을 내릴 것을 강요받는다. 리더는 직관적으로 의사결정을 하기 위한 단서를 찾기 위해 끊임없이 환경을 탐색하는 습관을 갖도록 노력해야 한다.

이와 유사하게 월스트리트에서 최고의 성과를 내는 투자자들은 시장에서 변화를 선도하고 현상을 이해하기 위해 외부요인에 집중한다. 특수임무 팀장에서 투자 은행가로 변신한 찰리 후커(Charlie Hooker)는 월스트리트의 최고 분석가들이 케네디 대통령 암살사건, 레이건 대통령 암살 시도, 충격적인 9.11테러 공격 등 대형 사건의 초기 개요 보고서에서 어떻게 즉각적이고 직관적인 금융관리 결정을 내리는지 설명해주었다. 그러한 결정은 일반적으로 가장 경험이 많은 거래자나 기관투자자들에 의해 만들어지는데, 믿을 수 없을 정도로 수익성이 좋다.

왜냐하면 그들은 다른 사람들이 논리적 유추를 형성하는 데 필요한 세부사항에 대해 알기도 전에 결정을 내리기 때문이다.

다른 사람을 읽어라. 자신만 생각하는 사람들을 늘 주의하라. 예를 들면, 근본적으로 심신이 약화될 정도로 큰 부상이 아니라면 완전히 무시하라. 걱정 같은 감정은 사람들로 하여금 위협에 대한 해결책을 한데 모으고, 지속적으로 배우고, 외부에 집중하게 하기보다는 자기 자신에게만 집중하게 만든다.

언어를 공유하라. 언어를 통해 공통의 이해를 도모하는 것은 매우 중요하다. 극한의 환경을 포함한 고위험과 관련된 모든 직업과 스포츠, 그리고 활동에는 공통의 언어가 있다. 완벽하게 공유될 수 있는 언어를 통해 공동으로 이해되도록 해야 한다. 의사소통의 부재는 학습뿐만 아니라 생명을 잃게 만든다.

차세대 리더들에게 공유된 위기감 개발하기

이타심에 가치를 부여하라. 때때로 매우 능력 있고 야심찬 사람들은 고위험 활동에 도전하는 것에 끌린다. 다른 사람을 돌아보고, 이타심을 가지고 자신을 희생하며 공유를 알게 하고, 보상하고 촉진시켜야 할 필요가 있다는 것을 명심하라. 자신에게만 몰두하고, 외향적이면서 병적으로 자기중심적인 사람은 극단적인 상황에서 다른 사람들을 책임지는 역할을 하면 안 된다.

위험관리를 분석하라. 극한 상황에서는 리더나 부하 누구도 불필요한 위험을 감수할 필요가 없다. 위험관리는 필수적인 조직적 과정이다. 사람들로 하여금 위험한 결정을 내리는 방법과 계산된 위험과 경솔한 도박 간의 차이를 이해하도록 해야 한다. 잘못된 결정을 내리거나 비계산적인 행동을 취하여 자신뿐만 아니라 다른 사람의 생명까지 위협하는 사람을 즉시 분별해서 재교육해야 한다. 위험관리는 위험한 상황뿐만 아니라 경영 환경에서도 매우 중요하다. 앨리슨 레빈(Alison Levine)에 관한 이야기는 극한적인 논리에 관한 사례이다.

산악인들은 어떻게 위험을 평가하고 그것을 다른 사람의 삶에 적용하는가?

앨리슨 레빈은 어렸을 때 심장 때문에 어려움을 겪었지만, 30대에 익스트림 스포츠 선수이자 산악 등반가, 그리고 비즈니스 컨설턴트가 되었다. 2006년, 나는 듀크 대학교(Duke University) 윤리적 리더십센터에서 그녀와 이야기를 나눈 뒤 위험과 리더십에 대한 그녀의 관점을 존경하게 되었다.

많은 성공한 사람들 중에서도 레빈은 각 대륙에서 가장 높은 고지에 올랐으며, 미국 여성으로는 최초로 에베레스트 원정대의 대장을 역임했다. 그녀는 자신이 설립한 컨설팅 및 스피치회사의 회장이다. 다음은 그녀가 웹 사이트에 올린 글이다.

"모든 등반은 독특한 접근방식을 필요로 한다. 그것이 에베레스트를 오르는 것이건, 회사의 계층적 서열을 오르는 것이건, 아니면 시장에서 리더의 위치에 오르는 것이건 마찬가지이다. 산에서 생존하는 것과 빠르게 변화하는 경영 환경에서 활력을 가지는 것을 비교하면서 미국 여성으로는 최초로 에베레스트 원정대의 대장을 역임한 나는 경영 환경에서 적용되는 많은 전략들이 사실 세계에서 가장 높고 도전적인 높은 산을 등반할 때 쓰는 전략과 같음을 알게 되었다."

위험관리에 대한 질문을 했을 때 그녀는 내가 예상한 대로 "당신은 자신이 무엇을 위험에 빠뜨리고 싶은지, 실패의 의미가 무엇인지에 대한 균형을 가지고 있어야 한다"고 말했다. 레빈은 산악 등반에서의 위험관리는 목표의 우선순위를 기반으로 하고 있다고 설명한다. 첫째는 살아서 돌아오는 것이며, 둘째는 모든 손가락과 발가락이 이상 없이 돌아오는 것이며, 셋째는 함께 갔던 친구와 함께 돌아오는 것이며, 그리고 마지막으로 산 정상을 정복하는 것이다. 스카이다이빙이나 다른 익스트림 스포츠와 마찬가지로 등반은 준비와 위험 분석이 거의 전부라고 할 수 있다.

현지에서 상황이 지배적일 때 리더는 언제 활동을 중지하고 생존을 위한 능력을 비축해야 할지를 알아야 한다. 이에 대해 레빈은 이렇게 설명했다.

"당신은 협상에서 발을 뺄 수 있어야 한다. 아무리 많은 피와 땀과 눈물을 준비에 쏟았다 하더라도, 그리고 목표와 매우 근접했다 하더라도 당신은 그것으로부터 걸어 나올 수 있어야 한다."

준비는 리더로 하여금 언제 그만두고 언제 계속해야 할지를 배울 수 있게 해준다. 미 육사 스포츠 낙하 팀은 리더 개발 활동의 일환으로 야간 낙하산 점프를 계획하고 수행한다. 점프를 하기 전에 생도들과 코치들은 위험을 식별할 수 있는 위험관리 점검표를 기준으로 준비상태를 확인한다. 이 점검표는 17페이지에 달하며, 최소한 12개 이상의 점프 중지 기준을 포함하고 있다.

사업에서의 경영상 위험에 대해 생각해보라. 사업을 중지하는 데 대한 분명한 기준이 있는가? 어떤 전략가들은 그러한 기법이 너무 많은 제한을 둔다고 주장할지도 모르지만, 위험한 상황에서 얻은 교훈에 따르면 그러한 기준이 없는 경우 시의적절한 결정을 내려야 하는 중압감을 거의 견디지 못한다. 그러한 결정이 단순히 '진실'을 말하는 것이라면 이해하기 편할 것이다. 위험관리에 있어서 가장 어려운 것 중의 하나는 '진실'을 말하는 훈련을 받는 것이다. 그리고 위험한 상황보다 그러한 기술을 더 잘 연마할 수 있는 곳은 없다.

공포감에 의해서가 아니라 '진실'을 말해줌으로써 위험을 관리하라: 진실이 생명을 살린다

2장에서 소개한 익스트림 리더이자 지금은 사회적 영역에서 일하고 있는 베키 캐니스(Becky Kanis)는 극한 상황에서 (그리고 뉴욕 시에서 노숙자를 위해 일하는 그녀의 일에서) '진실'을 알림으로써 위험을 관리하는 일에 관여하고 있다. 그녀는 다음과 같이 말한다.

"당신에게 개인적으로 부정적인 결과를 초래할지라도 사실을 말하는 것은 매우 중요하다. 그것은 노숙자 문제 같은 사회 문제를 해결하는 데 있어서도 중요하다. 기초 군사훈련에서부터 사실을 말하는 것이 강조되었다. 불편한 진실을 말하기를 주저할 때 그것은 즉시 삶과 죽음의 상황과 직결된다. 새로 전입해온 병사들은 거짓말을 하는 것보다 사실을 말하고, 그것에 대해 벌을 받는 것이 훨씬 좋다는 것을 금방 깨닫는다. 그것은 내가 공수부대에 부임하고 공수작전에 정기적으로 참여할 때 더욱 중요해졌다.

콜로라도 주 콜로라도스프링에서 복무할 당시의 일이었다. 새벽 5시쯤이었는데, 그날은 점프마스터*학교에서의 마지막 날이었다. 우리는 날이 밝기 전에 C-130을 타고 콜로라도 상공을 날고 있었다. 점프마스터 후보

---

* '점프마스터'는 스카이다이빙에서 스카이다이버그룹을 감독하는 사람이나 강사를 가리킨다.

생인 우리는 100명이 넘는 인원으로 시작했지만, 높은 이탈률로 약 30명 정도만 남아 있었다. 이 마지막 테스트만 통과하면 점프마스터가 되는 것이었다. 공군의 탑승 책임자가 문을 열고 나에게 통제기를 넘겼다.

나는 비행기 밖으로 몸을 기울여 보랏빛 여명이 트기 시작한 아름다운 로키 산맥을 보고 있었다. 조종사가 신호를 녹색으로 바꾼 후 나는 지상에 있는 L자형 불빛을 찾고 있었다. 비행기가 지상의 불빛 위를 지나갈 때 점프 대기자들에게 점프 명령을 내려야 했다. 이것을 적시에 하지 못하면 점프마스터 코스는 실패로 끝난다. 나는 지금까지 잘해왔으며, 우리 과정에서 유일한 여성이었다. 우리 부대는 내가 이 과정을 할 수 있도록 많은 비용을 지불했다. 결코 실패하고 싶지 않았다.

조종사가 초록색 신호를 켰고, 나는 L자형 불빛을 찾기 위해 계속해서 살펴 나갔다. 불빛을 찾지 못한 상황에서 낙하자들을 보내면 그 과정에 실패할 것임을 알고 있었다. 그러나 나는 불빛을 찾지 못했을 때는 낙하자들을 보내지 말아야 한다고 생각하고 있었다. 절망적으로 지상을 살펴보던 몇 초의 시간이 몇 시간처럼 느껴졌다. 순간 교관이 나를 뒤로 끌어내는 것을 느꼈다. 조종사는 초록색 신호를 껐고, 우리는 더 이상 강하지점 위에 있지 않았다. 교관으로부터 나쁜 소식을 기다리고 있는 동안 가슴이 철렁 내려앉는 것을 느꼈다. 나는 점프마스터학교의 비행기 내부 활동 부분에서 실패한 것이다. 요란한 엔진 소리 속에서 교관이 나에게 소리쳤다. '불빛을 보았는가?' 나는 대답했다. '아니오.' 나는 교관이 그다음에 한 말을 듣고 깜짝 놀랐다. '나도 못 봤어. 우리는 한 바퀴 돌아서 다시 할 거야.' 두 번째 시도에서는 모든 것이 순조로웠다. 나와 나의 팀원들은 지상까지 안전하게 도착했다. 만약 내가 불빛을 제대로 확인하지도 않고 팀원들을 점프하게 했다면 그들은 강하지점을 찾지 못해 다치거나 죽을 수도 있었다. 군에서 훈련된 리더들은 본능적으로 진실을 말하는 것이 중요함을 이해한다. 왜냐하면 그것이 생사의 문제로 직결될 수 있기 때문이다."

리더십 시사점

안전한 상황에서도 진실을 말하는 것은 위험과 직결될 수 있다. 진실이 거짓만큼은 아니라 하더라도 똑같이 문제가 될 가능성은 항상 있다. 필자는 경영학 고전인 골든 설리번(Goldon Sullivan)의 『희망이 방법은 아니다(*Hope Is Not a Method*)』[9]라는 책을 기억한다. 진정한 위험관리를 위해서는 올바른 방법이 필요하다. 베키 캐니스(Becky Kanis)는 극한 상황에서 배운 것을 뉴욕 시에서 노숙자를 없애는 자신의 목표를 달성하는 데 어떻게 적용했는지를 설명해주었다. "노숙자에 대한 진실을 말하는 것 역시 삶 혹은 죽음의 문제였다. 한 연구에 따르면 노숙을 하는 사람들은 보통 사람들보다 때 이른 죽음을 맞이할 확률이 50배나 높다고 한다. 그들을 위해서는 그들에게 그 사실을 말해주는 일이 중요하다. 노숙자들 사이에 정신병이나 인지적 손상이 널리 퍼져 있다는 사실은 많이 알려져 있지 않다. 우리가 도와주었던 노숙자의 86%가 심각하고 지속적인 정신적 질병을 진단받았다는 것은 우리가 그전에는 잘 몰랐던 부분이다. 그것은 노숙이 이성적 선택이며, 도시에서 하는 캠핑의 일종이라는 일반적인 믿음을 깨는 것이었다." 위험관리, 신뢰 그리고 진실은 모두 위험한 상황과 밀접하게 관련되어 있다. 그리고 이러한 것들은 다른 환경에서도 마찬가지로 필요하다.

차세대 리더들에게 부하들과 공통의 생활방식을 가지도록 가르치기

리더의 역할을 수행하는 사람들은 올바른 이유를 가지고 그러한 역할을 수행해야 한다. 그리고 극한 상황에서는 실용성보다 열정을 좀 더 잘 반영하는 방식으로 리더의 역할을 수행해야 한다. 리더의 생활방식이 어떻게 리더의 헌신과 가치를 반영하는지에 대한 다음의 견해를 살펴보자.

열정과 헌신의 문화 건설. 우리는 극한의 리더들이 다른 사람들과 함께 일하는 고위험 환경에서 물질적인 부와 직위 같은 보다 일상적인 관심으로 접근하는 것을 발견할 수 있었다. 화재, 중력, 전쟁, 기상 등과 같은 극한의 도전에서는 사회적 지위나 공공의 이미지는 큰 의미가 없으며, 사람들은 동일한 조건에서 그러한 도전에 임한다. 극한의 리더들에게 가장 중요한 것은 자신들이 가진 가치를 환경에 맞춰 조정하는 것이다. 극한의 상황에서 성공은 생존을 의미한다.

물론 모든 리더들이 부하들과 공통의 생활방식을 가지는 것은 비현실적이다. 그럼에도 불구하고 다음 사례에서 보는 것처럼 부하와 공통의 생활방식을 가지는 것은 매우 중요하다.

CEO가 직원들이 하는 일에 동참하기

뢰스 호텔(Loews Hotels)의 대표이사인 조너선 티슈(Jonathan Tisch)는 미국에서 손꼽히는 부자들 중 한 명이지만, 자신이 늘 직원들과 함께하고 있다는 점을 강조하고 싶어 한다. 그는 그런 점을 증명해 보이기 위해 직원들과 동일한 생활방식을 가지는 접근법을 썼다. 그는 이틀간 호텔에 머물면서 직원들이 하는 모든 직무를 수행했다. 침대를 정리하고, 방을 청소하고, 안내데스크에서 일하고, 직접 요리도 했다. 물론 그러한 일을 수행하는 모든 직원들로부터 안내를 받으면서 말이다.

또한 티슈는 다른 사장들과 깊이 있는 개인적인 인터뷰를 수행하는 'Open Exchange: Beyond the Boardroom'이라는 프로그램을 주최했다.

이러한 활동은 그와 다른 사장들의 삶을 보다 인간적으로 보이도록 만들었다. 이 프로그램을 통해 리더들은 자신의 성격을 보여주었고, 경영이 단순히 숫자 이상임을 보여주었다. 그것은 직감, 열정, 힘든 일, 그리고 사람들을 포함한다. 티슈가 한 일은 비록 엄밀한 의미에서의 공통의 생활방식은 아닐지라도 직원들과 개인적 · 인간적으로 접촉하는 것이 리더십에서 어떠한 가치를 가지는지를 보여주었다.

동기요인을 탐색하라. 극한 상황에서 일하는 사람들은 리더이건 부하이건 간에 그렇게 하는 개인적인 동기요인이 있다. 전문가들은 그러한 사람들의 동기요인을 이해하기 위해 노력한다. 왜 이 사람은 SWAT 팀 요원, 특수 임무병 또는 2인용 낙하산 강사가 되기를 원할까? 자극적인 느낌을 추구하는 것인가? 자부심을 갖기 위해서일까? 아니면 다른 보상 때문일까? 이러한 사람들의 동기요인을 분석하고 나면 그들이 받아들인 도전 그리고 다른 사람들의 생명과 관련하여 그들이 받아들인 위험을 수행하는 데 필요한 것을 가르치는 일이 보다 쉬워질 것이다.

7 *도전적인 육체적 활동을 통해 훈련하기*

리더를 개발하는 사람들은 극한 상황에 필요한 리더를 개발하는 도중에 접하게 되는 어려움 속에서도 흔들림이 없어야 한다. 가장 어려운 점 중 하나는 때때로 군인이 아닌 일반 구성원들을 리더로 개발하기 위해 위험한 상황에 노출시키는 것이 현실적으로 쉽지 않다는 것이다.

그럼에도 불구하고 어느 정도 위험한 활동은 가치가 있다. 그러한 활동에는 팀원들을 암벽 등반에 데리고 간다거나, 권총 사격을 시킨다거나, 아니면 페인트 볼 전투에 데려가는 것 등이 있다. 이러한 활동들은 팀 빌딩을 위해 미 육사에서 하고 있는 것들이다. 이러한 활동들은 재미있으면서도 덜 위험하지만, 참여자들이 익스트림 리더십의 본질을 느낄 수 있는 육체적인 요소를 가지고 있다.

아웃워드 바운드(Outward Bound)는 최근 그들의 리더 프로그램 경험을 임원 팀 개발 영역까지 확장했다. 그들은 육체적 · 심리적으로 도전적인 경험을 하도록 함으로써 리더십 원칙을 가르친다. 어떤 사람들은 베이스(BASE) 점프*나 위험한 등반, 극한의 모험적 항해, 또는 다른 익스트림 스포츠를 통해 개인의 특성을 개발한다.

그러나 조직 차원에서 군인, 경찰, 소방관 등 특수공무원이나 익스트림 스포츠 전문가들만이 생명에 현저한 위협을 가하는 상황을 일상적으로 경험하고, 익스트림 리더십에 가장 적합한 일을 지속적으로 수행한다. 그러한 시련의 장에서 개발된 리더십은 돈을 주고도 결코 살 수 없다. 그것은 지속적인 노력과 개인적인 헌신 그리고 삶을 희생했을 때 얻어지는 것이다. 극한 상황에서의 도전이 어렵기 때문에 익스트림 리더십을 이해하는 리더 개발자들은 극한 상황과 진정성이 중요함을 안다. 보통의 리더들에게는 이렇게 양질의 훈련을 창출할 수 있는 쉬운 방법이 없다.

* 빌딩, 안테나, 다리, 절벽 등에서 낙하산을 가지고 뛰어내리는 점프를 통틀어서 칭한다.

8
전통적 리더 개발 프로그램으로 충분하지 않은가?

대부분의 유명한 리더 개발 활동들은 극한의 리더에게 필요한 자질을 함양하기에는 많이 부족하다. 예를 들어 기술 개발에 집중한 리더 훈련은 오늘날 사용되는 리더 개발 접근방법 중에서 가장 일반적인 방법인데, 이러한 방법은 익스트림 리더십 요소와 비교할 때 거의 맞지 않는다. 기술 개발에 집중한 리더 훈련에서 기본적으로 리더는 자신이 가진 임무 수행 능력의 집합체라고 가정한다. 어떠한 임무를 수행하기 위해 개인은 그것을 수행하는 데 필요한 지식과 기술 그리고 그것을 수행하고 완성하려고 노력하는 동기요인이 필요하다.

수많은 시간 동안 훈련 개발자들과 인력관리 담당자들은 성과를 증진시키기 위해 지식, 기술 그리고 능력을 채용과 훈련 및 개발 프로그램 구성에서 중요한 기준으로 삼아왔다. 이러한 접근법의 논리는 부정할 수 없다. 지식, 기술 그리고 능력은 객관적으로 측정 가능하고, 개개인이 주어진 수준의 일을 수행할 능력이 있는지를 확인할 수 있는 방법이다. 지식, 기술 그리고 능력에 대한 측정을 통해 직원을 적합한 직무에 배치할 수 있다. 또한 이렇게 배치된 직원의 숙련도는 더욱 증가하고, 나아가 보다 나은 리더가 될 수 있다.

이러한 기술 중심의 훈련 방법은 조직에서 가장 많이 사용되는 방법인데, 리더 개발자들은 이러한 방법이 조직 리더에게 어떠한 가치를 부가하는지 증명할 필요가 있다. 공동의 환경에서 모든 리더는 훈련과 개발에 대한 예측 가능하고 측정 가능한 투자 대비 성과를 원한다. 리더십 훈련에 대한 단기적 가치를 평가하는 것은 쉽지 않다. 그런

데 지식, 기술 그리고 능력은 조직 목표와 측정 가능한 성과 간의 관계를 보여줄 뿐만 아니라 이러한 훈련을 통해 조직의 성과를 향상시킬 수 있다고 믿어왔다.

그런데 흥미롭게도 구성원의 지식, 기술 그리고 능력이 향상된 후에도 조직이 더 나은 성과를 보이지 않는 경우가 종종 있다. 그 이변에는 여러 가지 이유가 있지만, 한 가지 이유는 비록 기술과 관련한 훈련을 받았다 하더라도 리더십 유형에 대한 개인의 기본적인 특성이 너무 강해서 그들이 본래의 리더십 방식으로 회귀하기 때문이다. 다시 말해서, 기술 개발에 집중한 리더 개발은 그 사람이 가진 지식과 능력은 변화시킬 수 있지만, 본질적인 면에서는 한계가 있다. 개인의 특성을 바꾸는 데에는 시간과 강력한 경험이 필요하기 때문이다. 이러한 점에서 볼 때 47개월간 특성을 개발하고 리더 개발에 몰두하게 만드는 것은 각 군 사관학교가 가진 장점 중 하나이다.

기술 개발을 기반으로 하는 접근방법의 또 다른 문제점은 이러한 방법이 일반적으로 영감을 주는 방법이 아니라는 점이다. 영감을 준다는 것은 말 그대로 영혼을 채우는 것을 의미한다. 자신의 부하들보다 더 많은 위험을 감수하는 극한 리더들에게는 도덕적 · 정신적 책임이 크다. 영감을 갖는 것은 개인의 특성에 내재된 자질 중에서 핵심적인 것이다. 우리가 어떤 것에 진정으로 열광하고 고취되면 우리의 기본적인 특성은 그것에 맞춰서 변화한다.

예를 들면, 미 육사는 "생도들을 교육하고, 훈련시키고, 고취함으로써 졸업생들이 의무, 명예 그리고 조국의 가치에 헌신하는 임명된 리더가 되도록 하고, 미 육군의 장교로서 전문적인 우수성을 가지고 조국에 봉사할 수 있도록 하는 것"을 그 임무로 하고 있다. 사명문의 서두에 언급된 세 개의 동사(교육하고, 훈련시키고, 고취시킨다)는 조직과 개인의 성과를 향상시키기를 원하는 사람들의 공통적인 생각이다. 최선의 리더 개발은 (군에서건, 극한 상황에서건, 또는 다른 상황에서건) 그러한 사명문의 3가지 요소를 모두 달성할 수 있을 때 그 성과를 얻을 수 있다. 다시 말해 사람들로 하여금 영감을 갖게 만드는 것이 필요하다.

9 감화시키는 리더 개발 방법

미 육사의 행동과학 · 리더십 학과에서 익스트림 리더를 개발하기 위해 사용되어온 다음 4가지 기법을 살펴보자.

실제 상황에 대해 말해줌으로써 감화시키기

리더를 감화시키는 가장 간단한 방법은 심금을 울리는 이야기를 들려주는 것이다. 전투에서의 임무를 완전하게 수행할 수 있도록 미래의 극한 리더들을 동기부여 하는 또 다른 방법은 그들이 얼마나 빨리 전투를 경험할 수 있는지를 그래프로 보여주는 것이다. 그러나 다음의 사례에서 보는 것처럼 감동적인 이야기가 더 효과적이다.

생생한 첫 전투 경험을 통해 사기 앙양하기

2002년, 미 육사에서 지휘관 생도 임무를 수행했던 앤디 브릭한(Andy Blickhahn)은 리더십 전공으로 졸업한 후 조지아 주 포트베닝에 위치한 초군

반에 입교했다. 그러고 나서 그는 첫 부임지로 노스캐롤라이나 주 포트브래그에 위치한 82공수사단에 배정되었다. 이 사단은 역사적으로 노르망디, 시실리, 그라나다 등에서 많은 희생을 당한 사단으로 유명하고, 일반적으로는 첫 번째로 상륙하는 부대로 유명하다. 그는 포트브래그에 17일 동안 머무른 뒤 이라크로 향하는 비행기에 몸을 실었다. 그의 짐들은 여전히 박스째 풀어지지 않은 상태였다.

그는 바그다드의 미로에서 가까스로 자신의 소대를 찾았다. 그가 소대에 합류했을 때에는 칠흑 같은 어둠이 내려앉아 있었다. 소대의 임무는 전쟁으로 짓밟힌 도시에서 다리를 가로질러 공격하는 것이었다. 자정까지 브릭한의 소대는 공격을 받았는데, 잘 정비된 이라크군에 대항해서 공격에 성공을 거두고 있었다. 나중에 그는 해가 떠오르고 소대 부사관과 통신병의 위장한 얼굴을 처음으로 봤을 때 매우 이상한 기분이 들었다고 기록했다. 밤새 그들과 함께 싸웠지만, 그 순간까지 그는 단지 목소리로만 그들과 소통했기 때문이다.

이 감동적인 이야기는 극한 상황에서의 리더로서 '준비'의 중요성을 강조하는 데 많은 도움이 되었다. 기술 개발에 기반을 둔 접근방식 중에서 이와 비슷한 효과를 줄 수 있는 방법은 없다.

리더십 시사점

만약 당신이 리더를 개발하고 있다면 조직의 역사와 관련된 의미 있는 이야기를 개발하고 그러한 이야기가 계속해서 전해질 수 있는 방법을 구상해야 한다. 기업은 조직 구성원들의 이야기를 활용할 수 있는 방법이 많다. 부하직원들로 하여금 기조연설을 하도록 초청할 수도 있다. 이야기는 회사의 뉴스레터나 온라인을 통해 자세히 기술될 수도 있다. 모든 조직에서는 구연으로 전해지는 역사가 있다. 어떤 것은 사실적이고, 어떤 것은 단지 전설적일 수도 있다. 업무에 대한 영감을 얻게 하기 위해 그것을 어떻게 활용하는가는 전적으로 리더에게 달려 있다.

극한 상황을 겪은 사람과 장소를 통해 감화시키기

리더 개발자들은 종종 성공한 CEO, 정치적 리더, 그리고 전투 베테랑 등 전문가 패널을 소집하여 그들의 경험과 감동적인 이야기를 공유한다. 전 세계에서 가장 성공한 리더들이 리더십과 리더 개발에 대해 이야기하는 모임인 세계 경영 포럼(World Business Forum)이 한 예이다. 이러한 접근법의 장점은 젊은 리더들에게 향후 10년 또는 20년 후에 그들이 어떻게 되기를 원하는지를 보여주는 역할 모델을 제공한다는 점이다.

미 육사에서 생도들을 현장과 연계시키는 방법

미 육사 교관들은 생도들과 아프가니스탄, 코소보, 이라크에서 리더로 복무하고 있는 신임 소위들이 쌍방향 비디오 콘퍼런스를 할 수 있도록 준비한다. 이러한 즉흥적인 비디오 콘퍼런스는 학생들에게 현재 극한 상황에서 임무를 수행하고 있는 사람들과 직접적으로 소통할 수 있는 기회를 제공한다. 이러한 토의는 리더를 개발하는 데 있어서 많은 장점을 가지고 있는데, 청중이 현재 자신이 궁금해하는 점을 직접적으로 물어볼 수 있기 때문이다.

리더십 시사점

젊고 야망 있는 사람들은 비록 약 1시간 동안이지만, 극한 상황에 있는 미래의 자신을 봄으로써 의욕이 고취된다. 대부분의 조직에서 고도로 훈련된 리더를 보유하고 유지하는 것은 쉽지 않은 일이다. 이직을 하는 가장 중요한 이유 중 하나는 자신이 기대하는 것이 충족되지 않기 때문이다. 비디오 콘퍼런스를 이용하여 미래의 리더들로 하여금 자신의 미래 모습을 보게 하는 것은 극한 상황에서 리더로서 봉사하는 것이 진정으로 어떠한 의미를 가지는지에 대한 그들의 기대를 충족시켜줄 수 있다. 다음 두 가지 사례에서 보는 바와 같이 미 육사가 이러한 것을 실행하는 유일한 조직은 아니다.

회사의 리더들을 전 세계적인 토론에 참여시키기

시스템 통합의 거대기업인 EDS(Electronic Data Systems)*는 13만 명 이상의 직원을 가지고 있는 혁신적 회사로, 리더와 부하 간의 수평적 소통의 가치를 이해하고 있다. 이 회사는 최근 나에게 회사의 온라인으로 전 세계 500명 이상의 EDS 리더들이 대화하는 커뮤니티인 리더 포럼(Community of Thought Leader's Forum)에서 연설해줄 것을 요청했다. 리더들은 그 프로그램에 신청하여 선택되어야만 포럼에 참여할 수 있고, 두 번의 실시간 세션을 수행했다. 한 번은 서반구에서, 다른 한 번은 동반구에서 실시했다.

각 세션은 약 2시간 동안 진행되었고, 필자는 약 1시간 동안 텔레콘퍼런스를 활용하여 연설했다. 발표가 끝나자마자 리더들이 여전히 온라인상

* 1962년 텍사스의 부호 로스 페로(Ross Perot)가 설립하였으며, 한때 미국 최대의 시스템 컨설팅 회사. 2009년 HP에 인수합병된 이후 HP Enterprise Services로 바뀜.

에서 연결된 상태에서 질문들이 인터넷을 통해 발표자나 토론자에게 전달되었다. 세션이 끝난 후 EDS 온라인은 그 결과를 검토하고 창의성과 새로운 아이디어를 담은 백서를 주의 깊게 만들어 조직의 다른 구성원들이 보게 했다.

미 육군에서 동료 대 동료 멘토링을 활용하는 방법

동료 대 동료 멘토링은 육군의 전술적 · 행정적 측면에서 유명하고도 효과적인 방법이다. 전술육군에서 사후 검토 과정은 15년 전에 개발되었으며, 전술 운용이 잘되거나 잘못된 것에 대해 동료와 부하들이 리더들에게 피드백을 주기 위해 만들어졌다. 훈련이 끝난 후 리더들은 훈련에 참여한 모든 사람들과 함께 어떤 부분이 잘못되었는지, 보다 효과적인 작전을 수행하기 위해 어떻게 할 것인지에 대해 토의한다.

직접 전투에 참여하지 않는 육군 부대에서 동료 대 동료 멘토링은 2006년 가을부터 운용되었으며, 이는 온라인 시스템을 통해 동료를 평가하는 시스템이다. 모든 육군 대령은 10월과 11월에 동료에 대해 무기명으로 평가할 기회를 갖고, 그해 말쯤 평가 결과를 받는다. 사후 검토 과정처럼 이러한 정보는 리더로 하여금 자신에 대한 이해도를 높이고 자신의 발전을 위해 노력해야 할 부분에 대해 인지하게 해준다.

리더십 시사점

GE나 IBM 등의 회사에서도 부분적으로 육군에서 개발한 동료 대 동료 멘토링 방법을 사용한다. 그런데 흥미롭게도 이 기법은 체면과 인상관리를 중요한 가치로 생각하는 아시아에서나 육군을 제외한 다른 군에서는 잘 활용되지 않고 있다.

현실과 학습을 융합하여 감화시키기

익스트림 리더는 지식을 공유하고, 신속한 학습을 위해 수평적 · 수직적 소통을 어떻게 해야 하는지를 배워야 한다. 왜냐하면 공유되지 않은 지식은 전투에서 불필요한 죽음을 유발하기 때문이다. 이것을 잘 활용한 다음 두 가지 사례를 살펴보자.

아프가니스탄에서의 경험을 바탕으로 조직 변화 가르치기

최근 미 육사의 중요한 리더십 과정의 책임자인 도나 브라질(Donna Brazil)은 사관학교를 설립하고 개발하는 것을 돕기 위해 아프가니스탄으로 파견되었다. 그녀는 조직 변화에 대한 학문적 지식보다 더 값진 경험을 가지고 돌아왔으며, 국가 재건을 위해 노력하고 있는 나라를 돕는 과정에서 자신이 겪은 어려움에 대한 내용을 바탕으로 수업을 개설하였다. 이 수업에서는 지식관리의 이론적 원칙을 실제 현실과 융합함으로써 변화에 대응하는 데 필요한 중요한 교훈을 제공해주고 있다.

이라크에 파견되어 실시간으로 가르치기

팻 미쉘리스(Pat Michaelis) 소령은 미 육사에서 변화를 통한 조직관리 과목을 담당하는 강사이다. 그는 지식관리 원칙을 안일하게 현재의 상황과 연결하기보다는 직접 이라크의 육군 1기병사단 본부에 파견을 나갔다. 수업과는 별개로 긴급하게 부여된 그의 임무는 극한의 환경에 처해 있는 2만 명으로 구성된 조직에 안전한 전자 지식관리 시스템을 설계하고 구현하는 것이었다. 미쉘리스는 자신의 임무가 수업에 얼마나 유용하게 사용될 수 있을지 알고 있었다. 학기 중에 그는 위성통신을 이용하여 학생들과 접촉하고, 실시간 관찰을 통한 세미나 토론 수업을 도왔다. 때때로 그는 바그다드 시내에서 전투가 한창일 때 기밀을 제외한 전투 임무 브리핑을 녹화하여 학생들에게 보냈다.

리더십 시사점

교육생들이 지식관리에 대해 제안하고, 극한 상황에 있는 조직에 의해 곧바로 테스트되며, 그런 다음 수업에서 피드백을 받을 때 얼마나 영감을 받을 수 있을지를 생각해보자. 사람들은 개발과정에서의 경험과 실제 조직에서 일어나는 일을 융합함으로써 영감을 받을 것이다. 교실 또는 교실 밖에서 관념적이고 추상적으로 발표되는 원칙들은 극한 상황에 필요한 리더 개발에 효과적이지 못하다.

기업 환경에서 경영학을 공부하는 학생들은 단순히 과거의 사례연구만 해서는 안 된다. 그 대신에 그들은 인턴십을 포함하여 실제 경영 현장과 연결되어야 한다. 경영관리는 책을 통해 배울 수도 있지만, 리더십은 실제 환경에서 도출된 판단과 특징을 최대로 필요로 한다.

사람들의 기대치를 초과함으로써 감화시키기

창의적이고 결단력 있는 리더는 극한 상황과 일상적인 상황 간의 간극을 메우는 데 도움을 주며, 그 효과는 강력하다. 미 육사의 전투 리더십 과정에서는 전쟁 상황을 교실로 가져오는 것이 쉽지 않았다. 제2차

세계대전과 한국전쟁에 대해 구전으로 전해오는 이야기 외에 이 영역에 대한 현장연구는 없었다. 해결책은 생각보다 간단했는데, 그 효과는 엄청났다. 다음 사례에서 보는 것처럼 강사를 직접 정보의 원천으로 보내는 것이었다.

두 명의 교관이 전투에서의 응집력과 리더십에 대해 배우기 위해 직접 전투에 참여하다

2003년 4월, 바그다드를 점령하기 위한 전투작전 동안 네 명의 교관이 이라크에 파병되었다. 한 명은 아랍어 교수였고, 다른 세 명은 심리학 교수 및 리더였다. 그들은 자신의 개인 배낭에 가져갈 수 있는 것을 챙겨 미국을 떠났고, 목표는 이라크 포로와 미군 병사 및 해병대를 인터뷰함으로써 전투에서의 응집력 그리고 리더십에 대한 최신 지식을 얻는 것이었다. 그들은 공식적으로 적대행위가 끝난 5월에 바그다드를 떠났고, 공동으로 두 개의 군으로부터 얻은 응집력과 리더십의 본질에 대한 논문을 집필했다.[10]

그들의 논문을 통해 익스트림 리더십과 전투에서의 응집력이 미치는 역동성에 대한 새로운 내용이 알려졌다. 그들이 연구한 내용도 가치가 있었지만, 보다 중요한 점은 이러한 일이 학생들의 리더십 개발에 도움을 준다는 것이다. 그들의 수업을 듣는 극한 상황에서의 차세대 리더들은 교수들이 자신들의 교육을 풍요롭게 하기 위해 개인적인 위험을 감수했다는 사실에 큰 감동을 받았다. 이는 그들의 기대치를 훨씬 뛰어넘는 것이었다.

리더십 시사점

리더 개발에서 영감과 감화를 주는 방식은 비군사적 환경에도 적용된다. 만약 부하직원이 출근했을 때 전화나 이메일로 처리하던 업무를 돕기 위해 고객이나 공장을 방문할 수 있도록 사전 공지 없이 회사 비행기가 준비되어 있다면 그것은 그 직원의 기대치를 넘어서는 것이 되지 않을까? 스스로 단순히 "보너스를 많이 주는 것을 넘어서 어떻게 하면 부하들을 감화시킬 수 있을까?"라는 질문을 해보자. 사람들이 당신을 위해 일할 때 그들은 기대치를 가지고 있다. 만약 당신이 그러한기대치를 극적으로 넘어서는 무엇인가를 해준다면 그들을 감동시킬 수 있을 것이다.

10
맺음말: 당신의 조직에서 차세대 리더를 양성할 방법을 고려해보라

위험한 상황은 리더를 만들어내거나 올바른 리더십 습관을 만들어내는 데 있어서 고등교육을 포함한 다른 어떤 방법보다 효과적이다. 그렇다고 해서 산 정상으로 달려가거나 비행기에서 뛰어내릴 필요는 없다. 익스트림 리더십은 개념적으로도 잘 작동되며, 다양한 방법을 활용하면 많은 유용성을 발휘할 수 있다.

기업이나 학계에서 개발한 이론과 과정은 환경의 본질을 충분히 고려하지 않았기 때문에 위험한 상황에 필요한 리더들을 훈련하고 개발하는 데는 충분하지 않다. 훌륭한 리더의 개발은 연구에 기반을 두고 있고, 그러한 연구는 항상 여러 배경에 적용된다는 것이 증명되기 전까지는 연구가 수행된 배경에 따라 다르다. 그 일이 수반하는 태생적 위험이 리더와 부하에게 얼마나 중요한지에 대한 주의 깊고 분석적인 설명 없이 리더십에 대해 교육하는 것은 부적절하다. 최선의 방법은 위험한 상황에서 시간을 보내고, 관찰하고, 객관적으로 어떤 일이 발생하는지를 분석하는 것이다. 만약 불가능하다면 차선책으로 가능한 한 그러한 위험한 상황에 대해 배우는 것이다.

위험하건 그렇지 않건, 모든 상황에서 리더는 육체적 · 감정적 노동을 한다. 극한 상황에서의 리더들에게는 특유의 육체적 · 심리적인 요구사항이 있다. 다음 장들에서는 감정, 비극 등의 경험이 극한 상황에서 어떻게 행동에 영향을 미치는지를 이해하기 위해 극한 상황에서 배운 교훈에 대해 보다 넓은 범주에서 알아보고자 한다.

핵심 *Key point*

1 진정한 리더는 경쟁에 뛰어드는 것을 두려워하지 않는다. 릭 올슨(Ric Olson) 장군과 그의 부관이 크리스마스 날 아프가니스탄의 외딴 부대에서 두 병사를 대신해서 지프차를 타고 정찰 임무를 수행하고, 그 두 병사는 안전한 본부로 보내서 휴일을 즐길 수 있도록 한 것을 기억하자. 진정한 리더는 말이 아니라 행동으로 보여준다.

2 당신이 개발하고 있는 리더가 진정으로 경쟁력을 가질 수 있도록 하라. 능력은 신뢰와 충성심을 위한 가장 기초적인 것이기 때문에 당신이 개발하고 있는 차세대 리더들이 진정으로 능력을 가지도록 해야 한다. 필자의 스카이다이빙 강사였던 유타 스티브(Utah Steve)가 2인용 스카이다이빙 자격시험에서 자유강하를 하는 동안 세심하게 자신과 필자를 불안정 속에 빠뜨림으로써 누군가를 안전하게 착륙시키는 것이 얼마나 어려운지를 보여준 것을 기억해보자. 그는 우리가 낙하에서 생존한다면 필자가 초보 스카이다이버를 잘 지도할 수 있을 것임을 알고 있었다. 그는 필자의 능력을 시험했고, 필자는 그것을 통과한 것이다.

3 차세대 리더들로 하여금 적절하지 못한 수준의 흥분으로 동기부여 되지 않고 상황에 따라 동기부여가 되도록 가르쳐라. 부하들을 흥분시키는 것에 주의해야 한다. 위험이 높은 상황에서는 상황이 급속도로 통제 불능 상태가 될 수 있으며, 종종 부하의 생명을 불필요하게 잃게 만드는 재앙에 가까운 결과를 초래한다. 최고의 리더는 최악의 위험한 상황에서 자신이 할 수 있는 최고의 침착함을 보이고 최고의 신중한 행동을 보인다. 흥분한 리더는 사람들을 죽음으로 몰아넣는다.

4 소매를 걷어붙이고 궂은일을 하라. 당신이 부하에게 요구하는 모든 일을 당신 스스로 할 준비가 되어 있고, 할 의향이 있음을 증명하라. 선임하사가 자신의 부대에서 모범을 보이기 위해 화장실을 청소한 예를 기억하자. 비슷한 예로 뢰스 호텔(Loews Hotel)의 CEO였던 조나단 티슈(Jonathan Tisch)는 프런트데스크에서부터 요리하기, 침대를 정리하고 화장실을 청소하는 등 모든 일을 수행했다. 당신이 어렵고 하찮은 일을 어떻게 수행할 것인지, 그리고 당신의 부하들에게 무엇을 기대하는지를 생각해보자.

5 언제 중단할지와 언제 계속해나가야 할지에 대해 배우고, 사실을 말하는 것에 대해 두려워하지 말라. 올바르지 않다고 느끼는 일을 하는 것에 현혹되지 말아야 한다. 베키 캐니스(Becky Kanis)가 스카이다이빙 강사가 되는 것을 배울 때 그랬던 것처럼 당신이 신호를 보지 못했다면 다른 사람들이 점프하도록 해서는 안 된다. 똑같은 조언이 기업 경영이나 다른 삶의 여정에서 여러 가지 상황에 적용된다. 진정한 위기관리는 계획을 필요로 한다. 당신의 조직은 새로운 프로젝트를 추진하다가 중지해야 할 조건들에 대해 알고 있는가?

6 부하들과 소통하고 차세대 리더를 실시간으로 가르쳐라. 실제 경험을 토대로 한, 그리고 가능하면 최신의 진정한 이야기를 말해줌으로써 부하들을 고무시켜라. 전 세계에 있는 리더들을 전자통신을 이용한 비디오 콘퍼런스를 통해 한데 모이게 하고, 그들이 먼 거리를 여행할 필요 없이 서로를 통해 배우게 하라. 그렇게 함으로써 시간과 다른 비용을

절약할 수 있다. 그리고 가능하다면 실제 현장으로 가서 상황이 어떻게 돌아가는지를 직접 살펴보라. 그들은 멀리 있는 직원일 수도 있고, 고객일 수도 있고, 전선에 있는 병사일 수도 있다.

4장

공포와 위험 상황에서의 리더십

극한 상황에서의 감정 다루기

위험 상황과 관련된 심리 가운데는 익숙하지 않거나 준비되지 않은 사람을 사로잡는 어두운 감정(공포, 불안 그리고 때때로 분노)이 있다. 심지어 경험이 많은 전문가들도 극한 환경에 내재된 냉혹한 현실과 치명적인 결과에 격앙된 반응을 보이기도 한다. 극한 상황은 극적이며, 드라마처럼 감정의 변화가 강렬하고 흥미롭다. 대니얼 골먼(Daniel Goleman)이 '정서지능'이라는 용어를 리더십 문헌에 도입했음에도 불구하고 이 중요한 요소를 무시해온 저술가들과 사상가들은 리더십의 다채로운 특징들을 간과해왔다.[1]

하지만 나름대로의 풍성함과 진정성을 가진 익스트림 리더십은 책임이라는 자리에 깊이 내재된 리더십의 특성을 잘 보여준다. 그렇다면 그 특성은 얼마나 고유하고 독특한 것일까? 느낌(feelings)은 어떤 역할을 할까? 최상의 익스트림 리더는 정열적이며, 긴장 또는 흥분하는 사람을 말하는가? 아니면 얼음같이 차갑고, 감정도 없으며, 기계적인가?

익스트림 리더십의 본질을 이해하려면 극한 상황에 있는 공포와 감정을 심층적으로 살펴봐야 한다. 물론, 위험한 사업이나 활동에서 성공적으로 협상을 완수했을 때 나오는 승리감 및 자신감으로 인한 긍정적인 감정 또한 존재한다. 예를 들어, 최초로 낙하산 강하 후 경험하는 엄청난 기쁨은 스카이다이빙 강사들에 의해 말 그대로 '영원한 웃음(perma-smile)'이라고 일컬어졌다.

등산 용어인 '정상(summit)'은 의미 있는 성취를 아우르는 용어로 적용범위가 확장되었다. 위험이 내재된 긴박한 상황과 관련된 감정과 느낌은 매우 다양하다. 그런 많은 감정을 명확하게 해석하고 설명하는 것은 고되고 벅찬 일이다. 따라서 이 장은 그런 다양한 감정과 느낌 중 고위험 상황에서 가장 보편적인 감정인 공포에 대해 중점적으로 살펴보려고 한다. 이를 통해 진짜 위험이 감정에 어떻게 영향을 미치는가를 더 잘 이해하고자 한다. 물론 공포가 위험 상황에서 발생하는 여타의 감정을 모두 대변한다고 할 수는 없다(물론 그렇게 말할 수도 있지만). 게다가 감정은 사후적으로 연구하거나 이해하기 어렵다. 예를 들어, 감정은 지금 경험되는 것이기 때문에 사후적인 인터뷰 기법은 효과적이지 않다. 이런 문제들로 인해 필자는 다양한 연구 전략을 고려했지만, 모두 극한 상황에서의 감정을 이해하는 데는 적절하지 못하다고 여겨졌다. 그에 따라 필자가 찾은 해답은 극한 상황에서 발생하는 감정을 직접 체험하는 것이다. 하지만 그전에 군인들이 전투 중에 발생하는 공포를 어떻게 묘사하는지 살펴보도록 하자.

1 위험한 상황에서 공포의 깊이 가늠하기

공포는 위험 상황으로 인해 장차 매우 힘든 결과가 발생할 수 있다는 것을 알려주는 신호이다. 예를 들어, 베스트셀러 서적인 『우리는 한때 군인이었다(*We Were Soldiers Once, and Young*)』에는 공포와 관련하여 다음과 같은 내용이 적혀 있다. 조 갤러웨이(Joe Galloway) 기자는 베트남전에서 유명한 LZ X-Ray 전투에 참여했던 미 육군 대대장과 위의 책을 함께 쓴 공저자이다.[2] 갤러웨이는 베트남전 동안 미군부대와 함께한 종군기자였는데, 전투는 제7기갑부대 1대대의 헬기 착륙 지역(LZ: Landing Zone)에서 시작됐다. 약 800명으로 구성된 미군 공수부대가 약 2,700명 정도의 베트남 정규 보병연대가 주둔한 지역에 착륙했다. 1965년 11월에 있었던 밤낮 없는 치열한 싸움은 베트남전에서 발발한 최초의 주요 전투였으며, 영화 「위 워 솔저스(We Were Soldiers)」의 기초가 되었다.

당시 기관총 부사수였던 빌 벡(Bill Beck)은 당시 전투에서 자신의 감정을 다음과 같이 설명하고 있다.

> 덕 널(Doc Nall)이 러셀(Russell)을 도우며 나와 함께 거기 있는 동안 공포, 진짜 공포가 나를 강타했습니다. 전에는 결코 알지 못했던 그런 공포 말입니다. 그 공포는 일단 당신이 그걸 인식하고 받아들이면, 엄습했던 것처럼 무척 빠르게 사라집니다. 그리고 당신은 그것에 대해 정말이지 더 이상 생각하지 않게 됩니다. 당신은 단지 해야 할 일을 하게 됩니다. 하지만 공포, 삶 그리고 죽음의 진정한 의미에 대해서는 배울 수 있습니다. 저는 두어 시간을 총에 매달려 적군에게 사격을 가했습

> 니다. 적은 저를 향해 총을 쏘았으며, 총알은 제 주위의 땅에 박히고 제 머리 위에서 터졌습니다. 그들은 저를 공격했고, 저는 계속해서 할 수 있는 한 가장 신속하게 사격을 했습니다. 제 M-60 기관총은 불을 뿜었습니다. 그 와중에 저는 볼일도 봐야만 했습니다. 그래서 바지를 내려 옆에 볼일을 보았습니다. 계속 사격을 하면서 말입니다.[3]

마찬가지로, 필자가 2003년에 이라크에서 인터뷰를 했던 많은 군인과 해병들도 어떻게 위험 상황에서 공포가 발생했는지, 그리고 그것으로 인해 어떤 인식이 생겼는지를 말했다. 여기 한 사격수의 이야기가 있다.

> 교전 중인 모든 시간 동안 나는 공포를 경험했습니다. 나는 공포가 나를 사로잡고 나를 맘대로 하길 원치 않았기 때문에 공포를 표현하고 싶지 않았습니다. (…) 나는 동료들이 안전하게 나를 모국으로 데려다주길 원하듯 나 또한 그들에게 그렇게 해주고 싶었습니다. 총알이 옆으로 스쳐가는 순간, 더 이상 게임이 아니었습니다. 더 이상 훈련 상황이 아니었습니다. 나는 실제로 죽을 수도 있었습니다. 그렇게 몇 가지 생각이 머리를 스친 후, 이상하게도 더 이상 두렵지 않았습니다. (…) 나는 계속해서 공포를 극복해야 했으며, 그 와중에 내 일도 해야 했습니다. 그렇지 않으면 우리는 계속 생존할 수 없었기 때문입니다.
>
> **- 이라크 바그다드, 전차 사격수 브래들리**

그리고 외부에서는 피격이 이뤄지고 있었지만, 내부의 화재로 인해 불가피하게 장갑차 밖으로 나올 수밖에 없었던 한 군인의 기막히고 특별한 공포 사례를 생각해보자.

돌아보면, 그것은 정말이지 내 생애 가장 큰 공포의 경험이었습니다. 나의 생각은 온통 장갑차 안에 있는 탄약뿐이었습니다. (…) 폭발하면 우리 모두를 날려버릴 수 있는 탄약 말입니다. (…) 우리는 모두 궤도 차량에서 내려 불길을 잡아야 했습니다. 동시에 우리는 빗발치는 총알 세례도 받았습니다. 그래서 우리는 최소한의 보호대를 가지고 뛰어내려야 했습니다. (…) 불길도 잡아야 했고, 그런 다음 재장전하여 다시 싸워야 했습니다. 그것은 제게 있어서 아마도 가장 무서운 순간이었을 겁니다.

– 이라크 바그다드, 기계화 보병

죽음 직전의 경험에서 나오는, 아드레날린의 분출로 인해 발생하는 정신적-화학적 과정(psychochemical process)인 공포는 사람을 사로잡을 수도 있고 심신을 약화시킬 수도 있다. 예를 들어, 일부 스카이다이버들은 '지면 돌진(ground rush)'으로 알려진 현상이 유발하는 공포를 잊지 못한다. 대부분의 자유강하 동안 스카이다이버는 강하 속도를 인지하지 못하는데, 그 이유는 속도의 비교대상이 되는 시각적 단서가 없을 만큼 지면으로부터 멀리 떨어져 있기 때문이다.

다시 말해, 이성적으로 자신이 강하하고 있다는 것은 자명한데, 떨어지는 물체인 자신의 속도를 느낄 수 있도록 해주는 그 무언가가 가까이에 하나도 없기 때문에 강하 속도를 인식하지 못한다. 하지만 일정 고도 이하가 되면[불행히도 필자의 경험에 의하면, 약 1,500피트(약 457m) 또는 지면과 충돌하기 약 6초 전] 갑자기 땅이 엄청난 속도로 달려오며, 마치 거대한 고래의 입으로 빨려 들어가듯 글자 그대로 지구가 당신에게 무자비할 정도로 빠르게 접근하고 있다는 것을 알려주는 시각적 단서를 인식하게 된다. 1,000분의 1초 사이의 부지불식간에 엄청난 양의 아드레날린이 분비되며, 심지어 가장 숙달된 스카이다이버조차 극심한 공포인 패닉을 느낀다. 그것이 지면 돌진이다. 필자는 그것을 단 한 번 경험했는데, 정말이지 다시는 경험하고 싶지 않다.

분명히 공포는 위험한 상황 속에서 많이 존재한다. 리더가 해야 할 중요한 일은 공포가 어떻게 작용하는지, 부하들에게 어떻게 영향을 미치는지, 공포를 어떻게 감수할지 혹은 극한 조건에서 어떻게 통제할 것인지를 이해하는 것이다. 이러한 공포에 대한 이해는 생명을 위협하는 환경에서뿐만 아니라 개인마다 인생의 다양한 시기들에서 느끼는 또 다른 공포에 대해서도 시사점을 제공해준다.

필자는 형제자매, 자식이나 부모를 가진 사람들이 이해할 수 있는 방식으로 직접 위험 상황에서의 감정을 경험했다. 이는 극한 리더의 감정과 관련된 독특한 특성을 보여주는 좋은 사례가 된다. 이 사례는 외적 집중(external focus)을 통해 공포 같은 감정을 통제(엄밀히 말하면 통제는 아님)하는 방법이 독자들로 하여금 자신을 보다 잘 이해하게 하며, 두려운 환경(삶 전반에 대한 위협은 아니지만) 속에서 이끄는 자신의 능력을 이해하는 데 도움을 줄 것이다.

모든 부모가 직면하는 최악의 공포와 불안: 자신의 아이가 잠재적인 위험 상황에 대처하는 것을 지켜보기

18세 생일이 지나고 4개월 후, 작은딸 케리(Kerry)가 스카이다이빙을 할 수 있게 해달라고 요청했다. 이 요청은 심사숙고의 결과로, 아버지가 하는 스포츠(즉, 스카이다이빙)에 대한 단순 호기심에서 나온 것이 아니었다. 순간 긴장감이 감돌았고, 외적으로 절대 양립할 수 없는 두 가지 생각이 내 마음속에 있다는 것을 깨달았다. 하나는 딸이 비행기에서 점프하는 것을 원치 않는다는 것이었고, 다른 하나는 딸의 요청을 거절할 수 없다는 것이었다. 그동안 내가 스카이다이빙에 얼마나 많은 주의를 기울였으며, 제대로만 한다면 자유강하가 얼마나 안전한지에 대해 얼마나 많은 시간 동안 딸들과 아내에게 말해왔던가? 그런 내가 어떻게 안 된다고 말할 수 있을까? 수없이 많은 시간을 다른 사람들의 자녀들에게 장비를 갖추는 것과 강하 및 착지, 그리고 비행하는 방법을 가르쳐온 내가 어떻게 안 된다고 말할 수 있을까? 자신이 말한 것과 행동하는 것이 일치할 때, 우리는 그것을 '진정성(integrity)'이라고 부른다. 나의 정체성의 핵심, 즉 개인적 진정성으로 인해 결국은 작은딸을 점프용 비행기에 태우게 되는 일련의 사건들이 실제로 발생할 것임을 깨닫는 순간 내 마음은 무너졌다. 나는 자식을 위험한 상황에 놓이게 하는 것에 대한 불안감을 떨치고자 이성적이고 합리적인 방식으로 생각하고자 했다. 이 상황에 대해 보다 이성적으로 생각하고 고민할 필요가 있었기 때문이다. 이런 과정을 통해 스카이다이빙에 대한 타당성(해도 되는 안전한 활동이라는 것)을 찾았다. 하지만 딸에 대한 사랑은 이성적으로 찾은 스카이다이빙의 타당성이 갖는 힘을 뛰어넘는다.

일몰 시 동쪽 산기슭에 서려 있는 한기처럼 서늘한 걱정이 나의 마음속에 깊이 자리 잡았다. 만약 케리가 부상을 당하거나 죽는다면, 무슨 이유나 근거를 댄들 나 또는 다른 누구라도 그것을 수용할 수 있을까? 어떤 분석도 이 곤경에서 나를 벗어나게 해줄 것 같지는 않다. 만약 그런 상황이 발생한다면 나의 존재 이유마저 위태로워질 것 같았다. 왜냐하면 가장 안전한 스카이다이빙이라 할지라도 위험과 무관하지 않기 때문이다. 숙달된 강사 앞쪽에 승객이 매달려 함께하는 2인용 스카이다이빙은 일반적으로 안전하다고 인식되며, 실제로도 그렇다. 하지만 어떤 형태든 스카이다이빙은 놀이동산의 탈것이 아니다. 해마다 2인용 스카이다이빙 중에 다치거나 죽는 일이 발생한다. 케리의 요청이 있기 2주 전의 일이다. 오하이오 주에 있는 웨인스빌에서 자유강하가 거의 끝날 즈음 2인용 스카이다이빙 팀은 낙하산을 폈다. 낙하산이 펴지는 동안, 함께 자유강하 중이던 사진작가가 그들의 전방 위쪽으로 가려고 애썼다. 그런데 갑자기 펴진 낙하산이 시속 120마일로 떨어지는 사진작가를 덮치면서 그의 몸이 펼쳐지는 낙하산을 뚫어버렸다. 이 충돌로 스카이다이빙 강사가 즉사했고, 낙하산은 심각한 손상을 입게 됐다. 낙하산을 조종할 줄 모르는 승객은 부상을 입은 채 축 처진 강사의 몸에 무기력하게 매달려 있었으며, 그러는 동안 낙하산은 나선형으로 돌면서 농장 마당에 비상 착륙을 했다. 골반이 부러진 사진작가는 낙하산을 이용해서 간신히 착륙했지만, 사랑하는 스포츠를 즐기던 친구를 자신이 죽였다는 비극에서 벗어나지 못했다. 이렇듯 2인용 스카이다이빙도 심각한 위험 요소를 안고 있다.

나는 평생 동안 고위험 활동을 해왔다. 하지만 딸이 스카이다이빙을 한다고 했을 때, 전에 겪어보지 못한 감정을 느끼게 되었다. 누군가를 잃을 수 있다는 잠재성이 주는 감정은 내가 지금까지 경험해온 것들보다 훨씬 크다. 아내의 눈에서 만일 케리에게 무슨 일이 일어난다면 23년 동안 함께 한 파트너를 잃을 수도 있다는 메시지를 읽을 수 있었다. 거의 20년 동안 의미를 주었던 스포츠를 더 이상 즐기지 못할 수도 있을 것이다. 만약 딸이 죽거나 심각한 부상을 입는다면 내가 느끼는 비통의 깊이가 너무 커서 향후의 일에 지장을 받을 것이 확실하다. 왜냐하면 비록 딸이 결정한 것이지만, 그녀에게 이런 결정을 하도록 만든 것은 분명히 필자의 생활방식이기 때문이다.

만약 극한 상황에서 리더가 자신을 따르는 사람들에게 진정어린 배려와 관심을 가지고 있는데 그런 배려와 관심이 리더에게 불안을 야기한다면 가장 순수한 형태의 감정을 경험한 것이다.

행동을 통해 위안을 얻음: 한계로 나아가기

나는 약 4일 후로 점프를 계획했는데, 그날이 가까워질수록 점점 더 불안해져갔다. 나는 스스로 느끼는 감정을 극복하기 위해 필사적으로 논리적인 사고를 갖기 위한 전략을 사용했다. 착륙지역으로 운전해 가는 동안 이번 스카이다이빙에 온전히 집중하기 위해, 또한 할 수 있는 모든 책임을 다하기 위해 필요한 것들에 온 신경을 모았다. 나는 날씨를 확인할 것이며, 장비를 점검할 것이다. 강사를 신중하게 고를 것이며, 지상, 항공기 그리고 강하 시 매 인치(inch)마다 그의 모든 동작을 살펴볼 것이다. 낙하산 시스템은 만약 스카이다이버가 자유강하 속도로 750피트(약 229m)를 이동하면 예비 낙하산이 자동으로 펴지는 장치가 있다. 만약 강하 중 딸에게 어떤 문제가 발생하면, 그 문제를 해결하기 위해 그리고 만약 해결하지 못한다면 낙하산 장비를 벗어버리고 묶자 그대로 지면까지 딸과 함께 갈 수도 있다. 스카이다이빙에 대한 나의 숙달로 위험을 극복해보려는 이 같은 시도와는 달리, 실제로 내가 딸의 스카이다이빙에는 전혀 유용하지 않을 수도 있다는 걱정이 점점 커졌다.

나의 불안이 순간순간 더 커지고 점프 동안 최고조에 이를 수도 있다는 생각이 들었다. 내가 공황상태에 빠질까? 나는 종종 경기 전에 사용하는 스포츠 심리학 기법을 활용해서 점프의 마지막, 즉 케리가 안전하고 부드럽게 착륙하는 모습을 상상하려고 노력했다. 그녀가 지상에서 안전하고 건강하다는 것을 확인한 후 안심하고 기뻐하는 나의 모습을 상상했다. 나중에 밝혀진 것처럼 그 상상은 현실화되지 않았다. 나의 예측은 모든 면에서 완전히 빗나갔다.

케리와 함께 차의 트렁크에서 장비를 꺼낸 후 스카이다이버들의 대기 장소로 걸어갔다. 장비를 정리하고, 검사하고, 준비하는 동안 불안은 점점 줄어들었고, 그녀에 대해 가지고 있었던 과도한 염려는 사라져갔다.

아마도 그것은 장비를 준비하는 것에 대한 친숙함 또는 앞으로 있을 점프는 피할 수 없는 것이라고 여겼기 때문이라는 생각이 들었다. 하지만 이유가 무엇이든 시간이 갈수록 불안이 점점 커지는 대신, 처음에는 거의 자신도 모르게 그리고 그다음에는 점점 더 빠르게 불안이 사라지기 시작했다. 대기 장소로 걸어가면서 사전에 섭외한 2인용 스카이다이빙 달인과 이번 점프를 촬영할 사진작가 두 명이 서 있는 것을 보았다. 나는 세상에서 가장 훌륭한 자유강하 사진작가 중 한 명인 러시아인 이고르 쉬피노(Igor Shpino)와 오랜 친구이자 군(軍)의 자유강하 강사인 마이크 랜포(Mike Lanfor)

를 섭외했다. 무슨 일이 발생하든 나중을 위해 디지털 방식으로 기록될 것이 확실해졌다. 케리가 장비를 갖추는 것을 대니시(Danish)라는 헝가리인 강사가 도와주는 동안 딸과 강사를 한 팀이 되게 해주는 줄의 한 땀 한 땀과 장비 상태를 꼼꼼히 살폈다. 그러고 나서 나의 장비를 메고 각 부분을 조였는데, 마치 오래된 편안한 신발을 신는 느낌이었다. 위험 그리고 점프에 대한 불안은 점점 사라져갔다. 장구의 줄을 조정하며 매번 팍팍 당길 때마다 익숙한 제어와 숙달이 내 몸을 가득 채우는 것 같았다. 우리 모두는 (심지어 케리까지) 확신에 찬 편안한 미소를 지으며 대기 중인 비행기 쪽으로 걸어갔다. 그 순간 케리를 살짝 돌아보았는데, 그녀는 자신의 감정을 포착하려 애쓰는 사진작가를 보고 미소를 짓고 있었다. 내가 비행기에 첫 번째로 올랐다. 필라투스 포터(Pilatus Porter)라는 깔끔한 스위스제 다목적 항공기인데, 작지만 터보 과급기가 달린 엔진과 단거리 이륙이 가능하도록 설계되어 있어 빠른 상승이 가능했다. 나, 케리와 강사, 사진작가 두 명, 그리고 네 명의 다른 전문 스카이다이버들이 탑승함에 따라 게임은 시작되었다. 준비 기간 내내 나를 사로잡았던 불안과 부정적인 감정들은 높아진 각성, 상황에 대한 관심, 그리고 아름답지만 순식간에 적대적이고 치명적으로 바뀔 수 있는 믿을 수 없는 환경으로 대체되었다. 이러한 외향적 초점은 나에게 익숙하다. 이것이 오랜 친구처럼 나와 함께하면서 외부에 집중하게 하고 반응하도록 할 것임을 안다.

우리는 활주로를 달려갔고, 비행기가 이륙하자 탑승한 선임강사가 "샤왕가(Shawanga)!"*라고 외쳤다. 그러자 경험 있는 다른 스카이다이버들이 함께 "날아라 공주여, 날아라!"라고 외쳤다. 순간 케리의 눈은 접시처럼 커졌다. 고도가 올라감에 따라 나는 그녀의 안전을 위해 더 필요한 것은 없는지 마음속으로 돌아보았다. 나는 그녀가 낙하산을 펼칠 5,000피트(약 1,524m) 고도보다 단지 2,000피트(약 610m) 위인 7,000피트(약 2,134m)에 있는, 우리가 통과하고 있는 구름을 가리켰다. 눈으로 그녀의 장비를 두 번

* 사랑하는 사람과 절벽에서 뛰어내린 아메리카 인디언 공주의 이름.

더 살펴보았고, 두 명의 사진작가들에게 고개를 끄덕이며 미소를 보냈다. 케리가 밖을 내다보는 동안 나는 대니시를 보고 "부탁해"라고 입만 움직여 말했다. 그는 웃어 보이고는 고개를 끄덕였다. 1만 3,000피트(약 3,962m)에서 나는 재빨리 장비를 재확인한 후 케리의 표정을 유심히 살펴보았다. 그녀는 여전히 환하게 웃고 있었다. 나는 창문을 응시하면서 항공 교통 상황(특히 조종사가 볼 수 없는 항공기의 뒤쪽과 아래쪽)을 살펴보았다. 온 신경을 바깥에 두고 극한 상황에서 예상치 못한 위험 발생 가능성을 세심히 살폈다. 1만 3,500피트(약 4,115m)에서 점퍼 중 한 사람이 문을 열었다. 지상보다 40℃ 정도 더 차가운 익숙하고 강한 바람을 느꼈다. 나의 멘토 중 한 사람은 그 차가운 바람이 "죽은 스카이다이버들이 우리에게 '조심해'라고 속삭이는 호흡"이라고 했다. 케리는 여전히 웃고 있었으며 확신이 있어 보였다.

스카이다이버들이 떠나고(처음 사람은 혼자서, 그다음은 짝으로, 마지막 사람은 혼자서 점프), 그들이 시야에서 점점 멀어지자 나는 딸이 약간 불안해한다는 것을 알아챘다. 하지만 나의 차분함과 확신은 더욱 강해졌고, 사진작가들이 항공기 밖에서 문을 꼭 붙잡고 대니시와 그녀가 열린 문 쪽으로 감에 따라 우리는 모두 뛸 준비가 되었다.

더 이상 할 수 있는 것은 없음: 탈출, 탈출, 탈출!

케리와 대니시의 자유강하가 시작되면서 모든 불안은 사라졌고, 나는 비행기 밖에서 그들의 0.5초 뒤에 서서 혹시 모를 문제와 돌발 상황에 대비해 그들의 장비를 살펴보았다. 점프 후 2~3초가 지난 다음, 대니시는 무게감 있는 짝 점프의 속도를 줄이기 위해 14피트 브레이들*에 달린 44인치 감속용 보조 낙하산을 펼쳤다.

그러는 동안 그들의 스피드와 나의 점프 시간차로 인해 거리가 점점 멀어져 50m 이상이 되었다. 나는 팔을 바짝 붙이고 몸을 거꾸로 했다. 헬멧에 있는 자동 고도계는 거리차를 좁히기 위해 시속 150마일 이상으로 급

* 주 낙하산과 연결된 끈.

강하하고 있음을 알려주었다. 하지만 시속 120마일 이상의 속도로 땅으로 돌진하는 그들을 따라잡는 것은 영원히 불가능하게만 여겨졌다. 나는 팔과 다리를 펼쳐 높은 접근 속도를 줄이는 동시에 도킹을 위해 그들과의 거리를 좁혀갔다. 그러고는 천천히 딸의 손목을 잡았다. 비록 바람이 딸의 뺨을 위로 올려 베트맨 최고의 강적인 조커(Joker)처럼 치아를 드러내며 과하게 웃는 표정을 만들었지만, 그녀는 여전히 얼굴에 미소를 띠고 있었다. 나는 한쪽 무릎을 잡아당기면서 그것을 회전축으로 하여 안쪽으로 몸을 돌린 다음 딸의 뺨에 키스를 했다. 그 순간, 우리는 아까 고도가 올라갈 때 내가 알려준 7,000피트 위의 구름을 막 지나고 있다는 것을 알았다. 그래서 나는 대니시가 자신의 역할을 할 수 있도록 손을 뗐다. 낙하산을 펼치는 중요한 순간이 막 시작되려는 참이었다. 대니시가 개산(開傘)줄*을 잡아당기고, 그의 검은 백에 들어 있던 낙하산이 펼쳐질 때까지 나는 가까이에 있었다. 더 이상은 다른 스카이다이버들이 그들을 도와줄 단계가 아니다. 지금은 잘 정비된 장비가 제대로 작동해야 하는 때인 것이다. 나는 뒤로 몸을 돌려 낙하산이 펼쳐진 다음, 공기를 빨아들여 팽창하면서 마침내 완벽한 사각형을 이루는 것을 지켜봤다. 케리와 대니시는 여전히 자유강하 중인 우리와 비교하여 위쪽으로 튀어 오르는 것처럼 보였다. 나는 몸을 다시 뒤로 돌려 두 명의 사진작가와 안전거리를 확보한 다음, 주 낙하산을 펼쳤다. 그 순간 바로 몸이 정지하듯 홱 움직였고, 검은색과 금색으로 이뤄진 친숙한 캐노피**가 위쪽 시야를 가렸다. 나는 조종 손잡이 하나를 잡고 아래로 힘껏 당겼고, 이로 인해 급하강 선회가 시작되면서 내 위에 있던, 낙하산 끝에 있는 지평선과 두 사람으로 이뤄진 팀(케리와 대니시)을 볼 수 있었다. 나는 원심력을 이용하여 회전하는 피겨스케이팅 선수처럼 머리를 홱 돌렸는데, 대니시와 케리가 공항의 노지(露地)***로 나아가기 위해 느릿느릿 움직이기 시

* 낙하산을 펼치는 줄.

** 낙하산의 갓.

*** 지붕이나 나무가 없는 들판이나 광야.

작하는 것을 볼 수 있었다. 나는 몸에 가해지는 중력 때문에 다소 어지럽고 숨이 찬 회전에서 빠져나와 생각에 집중하려고 했다.

나의 감정은 상대적으로 안전하게 펼쳐진 낙하산을 본 후 나타날 것으로 예상했던 직감과는 완전히 반대였다. 기쁨도 안심도 없었다. 그 어떤 강력한 감정도 느끼는 것이 불가능하다는 것을 발견했다. 아직 일은 끝나지 않았다. 땅에 도착해서 케리가 안전하게 착륙할 수 있도록 준비할 필요가 있었다. 나는 손을 뻗어 낙하산 오른쪽 앞줄에 있는 고리를 잡아 거의 허리까지 잡아당겼고, 그 순간부터 나의 낙하산은 속력이 줄어들면서 착륙지역과 거의 수평을 이루며 길게 땅에 접근하기 시작했다. 나는 두 명의 사진작가 사이에 착륙했는데, 오른쪽에서 대니시가 케리와 착륙하려 한다는 것을 알았다. 즉각 낙하산과 장비를 벗어두고 마지막 착륙 순간에 있는 그 팀을 살펴보았다. 30피트(약 9.1m)에서 케리는 훈련을 받은 대로 L자 모양으로 다리를 들어 올렸고, 이로 인해 강사의 다리가 먼저 1차로 지면에 닿았다. 대니시는 전문가답게 낙하산을 수평으로 유지하면서 강하했고, 착륙지점으로부터 20피트(약 6.1m)도 채 안 되는 곳(잔디가 있는 곳)에 부드럽게 엉덩이부터 착지했다. 케리는 안전했다.

어린 딸이 거의 5분 동안 비행기 밖 공중에 있다가 안전하게 돌아온 것을 본 후 엄청난 안도와 감정의 물결이 쇄도하기를 초초하게 기다렸다. 하지만 그런 감정은 찾아오지 않았다. 나는 스카이다이빙을 시작하기 전에 처음부터 끝까지 모든 요소를 세심하게 살폈다. 모든 것이 잘 맞았고, 잘 처리되었으며, 잘 계획되었고, 잘 진행됐다. 나는 딸을 끔찍이 사랑한다. 기쁨과 안도감을 느끼기를 얼마나 간절히 원했던가! 하지만 그런 감정들은 내 손이 미치지 않는 곳에 있는 듯했다. 그럼에도 불구하고 나는 쾌활하게 다가가 딸이 바로 서는 것을 도왔고, 그녀를 힘차게 안아주었다. 내 품에 안긴 딸이 이전에 그렇게 많은 맑은 날, 나를 집 밖으로 나오게 했던 자유강하의 매력을 더 잘 이해할 것이라고 생각하니 기분이 좋았다.

심리학자로서 나는 인간행동을 이해하기 위해 자료를 분석하곤 했다. 아버지이자 스카이다이버로서 나는 하나의 강력한 경험이 수천 개 데이터 이상의 가치가 있을 수 있다는 것을 배웠다. 뉴욕 주 북쪽의 꽤 높은 상공에서, 8월의 차가운 아침에 딸과 함께 극한 상황에서의 리더만이 경험할 수 있는 감정의 역동을 배웠다.

며칠 후, 나는 그때 왜 그렇게 느낌이 냉랭했는지, 왜 케리가 점프하는 동안 그리고 그 후에도 그렇게 감정이 없었는지를 분석했다. 그리고 이 책을 준비하는 과정에서 그 답을 찾았다.

2
왜 극한 상황이 감정을 누그러뜨리는가?

필자의 주요 연구 결과 중 하나는 극한 상황의 경우 그 환경에 내재된 위험이라는 요소가 리더의 신경을 외부로 향하게 한다는 것이다. 이런 현상은 많은 사례에서 확인할 수 있다. 예를 들어, 부상을 입은 군인은 사격이 멈출 때까지 자신의 부상을 인식하지 못한다. 높은 위협이 있는 사건은 일시적인 왜곡을 만든다. 마음과 신경이 위협에 너무나도 강렬하게 집중하기 때문에 주변 상황을 마치 슬로모션처럼 인식하게 된다. 예를 들어 자동차가 충돌했을 때, 몇 초가 마치 몇 분처럼 느껴질 수 있다. 이런 외부 지향의 순간에 감정을 경험하는 것은 불가능하지는 않겠지만 대단히 어렵다. 감정을 경험하려면 내적 지향, 즉 자아에 대한 인식이 요구되며 자신이 어떻게 느끼는지를 알아야 한다. 감정이란 자신의 심박수, 호흡 그리고 주변 사건에 대한 여타의 생리적 · 심리적 반응을 알아차려야 생기는 것이다. 이러한 내적 지향 또는 내적 초점과는 달리, 위험한 상황은 우리의 내면세계가 아닌 우리를 둘러싼 외부세계에 대한 높은 관심을 요구한다. 그리고 극한 상황에서의 리더는 이러한 외적 초점(학습 성향, 생존 성향)에 익숙해지게 된다. 일부 익스트림 리더(또는 팔로어)들이 보이는 놀라운 자기희생은 이런 맥락에서 설명할 수 있을 것이다. 그들은 자아를 인식하지 못하기 때문에 극한 위험의 순간에 기꺼이 위험을 감수하거나 심지어 희생까지 하려 한다. 즉, 극단적인 환경으로부터 배우거나 살아남기 위해 자아나 감정을 외면하고 외부 환경에 집중한다. 그래서 이런 것들이 감정의 경험, 특히 불안과 공포를 느끼는 것을 거의 불가능하게 만든다.

물론, 훈련과 후천적으로 습득한 능력(competence)이 도움이 된다. 1970년대에 행해진 공포 심리에 대한 고전적인 연구에서, 스카이다이버들은 고도가 높아질 때 또는 점프하기 전에 그들의 생리적 흥분 상태와 불안의 정도를 측정하기 위해 심박수, 호흡 그리고 피부 전도율(skin conductivity)을 확인하는 장비를 착용했다.

경험이 적은 스카이다이버의 경우 생리적 증상을 나타내는 지표는 고도가 높아질수록 계속 올라갔고, 점프 직전에 최고점을 찍었다. 하지만 반대로 숙달된 스카이다이버들은 지표가 약간 올라갔지만, 항공기가 1,000피트(약 305m) 이상이 되면서부터는 오히려 수치가 줄어들기 시작했다. 연구자들은 이런 현상을 스카이다이버들은 1,000피트부터는 뛰어내릴 수 있고, 낙하산을 펼쳐 생존할 수 있는 시간을 충분히 가지고 있기 때문이라고 보았다. 자신만만하고 숙달된 스카이다이버들의 경우에는 초기의 고도 상승 부분이 스카이다이빙에서 가장 위험한 시기라고 인식한다. 개인적으로는 스카이다이빙용 항공기보다 상업용 항공기를 탔을 때, 특히 착륙할 때 더 염려가 되는데, 그 이유는 항공기를 타고 이륙한 경험보다 착륙한 경험이 훨씬 더 적기 때문이다.

극한 성향은 이 현상에 대해 다르게 설명한다. 즉, 숙달된 스카이다이버들은 외부 또는 극한 환경에 초점을 두는 것에 더 익숙하기 때문이라는 것이다. 그들은 외부에 더욱 초점을 두면서 몸이 보내는 생리적 단서들에 점점 더 관심을 두지 않기 때문에 점프가 가까워질수록 또는 다른 예상 가능한 위협적 사건이 다가올수록 불안이 점점 더 줄어든다. 마찬가지로, (아마도 안전한) 상업용 항공기를 탔을 때 내가 가진 불안을 자세히 분석해보면 그런 환경에서는 외부에 초점을 두는 필자의 능력이 아무런 의미를 갖지 못하는데, 그 이유는 항공기를 내가 조종할 수도 거기서 뛰어내릴 수도 없기 때문이다. 따라서 합리적인 통계적 증거가 있음에도 불구하고 잘 정비되어 비행 중인 상업용 항공기는 종종 착륙 지점에 있는 고물 항공기보다 필자를 더욱 불안하게 만든다. 대안이 있다는 것은 익스트림 리더에게 정말 중요하다.

3

감정 통제하기: 고위험 상황에 있는 리더에게 나쁜 전략

흥미롭게도 환경에 내재된 위험이 증가할수록 숙달된 리더의 내적 초점은 감정의 경험과 마찬가지로 줄어든다. 이 얼마나 멋진 선물인가! 또한 얼마나 엄청난 삶의 기술인가! 극한 상황이 되면 리더들은 나타나는 감정을 극복하려고 애쓴다기보다 단지 감정을 경험하지 못하는 것이다.

리더십 시사점

이 방식을 고위험, 정예 사업(elite businesses) 또는 다른 (생명을 위협하지는 않지만) 위험한 상황에 적용해보자. 사람들은 높은 위기 기간 동안에 감정에 몰입하고 역기능적으로 흥분하며 자아에 빠지기보다는 자신들의 초점과 기술을 첨예하게 하여 외부 환경을 더 잘 이해해야 한다고 교육받는다. 고위험 사업은 역경에 직면했을 때 더욱 차분히 집중하는 리더를 절실히 원하며, 그런 리더십의 개발을 엄청나게 필요로 한다. 리더가 자신의 감정을 통제하는 법을 배워야 한다는 데는 이견이 없다. 하지만 감정을 통제하려 하면 때로는 리더로 하여금 위협을 지속적으로 다루게 하기보다 내부적인 감정 자체를 향하게 할 수 있다. 그리고 일단 인식된 감정은 통제하기가 매우 어렵고 부하들에게 숨기기란 더욱 불가능하다. 감정은 드러나면 경험할 수밖에 없다. 따라서 리더들은 고위험 상황에서 감정을 느끼는 것은 충분히 외부에 초점을 두지 않기 때문이라는 것을 알아야 한다. 그것은 내적 초점 대신 환경을 재결합하고 위협을 다룰 시간이 되었다는 것을 의미한다. 이런 현상을 극한 전문가 중 일부도 직관적으로 알고 있다. 내 자유강하 멘토이자 친구인 유타 스티브 웹(Utah Steve Webb)은 이런 순간을 '과감해지기'라고 부른다.

4 자신을 희생하기

또한 익스트림 리더의 외적인 성향과 자기 폐기는 삶의 모든 영역에서 리더십의 핵심인 윤리적 요소와 무관하지 않다. 우리 문화에서 선장은 배와 함께 가라앉아야 하며, 산악 가이드는 자신의 마지막 남은 산소병을 고객에게 주어야 하고, 소대장은 전투 시 앞에서 이끌어야 한다. 하지만 덜 위협적인 환경에서는 리더가 자신에 대해 더 많은 관심과 이기심을 가져도 된다고 생각해왔으며, 심지어 그렇게 하기를 기대하기도 했다. 예를 들어, 칼리 피오리나(Carly Fiorina)가 휴렛팩커드(Hewlett-Packard)의 최고경영자 자리에서 물러났을 때, 그녀는 퇴직금으로 4,200만 달러를 받았다(그녀의 재임 기간 동안 해고된 약 1만 5,000명의 퇴직금에 대한 정보는 알기 어려웠지만). 또한 인터넷 검색 엔진에 '6,000달러짜리 샤워 커튼'을 입력하면, 타이코(Tyco International, Ltd.)*의 전 회장인 데니스 코즐로프스키(Dennis Kozlowski)와 그의 퇴직금 6,200만 달러가 뜬다는 것을 알 수 있을 것이다. 고위 관리직이 특권과 결합되면서 리더의 이미지는 과도한 수준의 보호 및 보상과 연계된 것이 사실이다. 하지만 대부분의 고위직이 가진 피할 수 없는 직업적 책임과 부담을 넘어 개인적인 이득이 상상을 초월한다는 것은 참으로 아이러니하다. 지난 10년 동안 우리는 조직보다 개인의 이익을 챙기는 몇몇 기업 간부의 부도덕하고 불법적인 행동을 통해 리더십은 개인적인 성공 및 보상과 직결된다는 편견에 힘을 실어주는 고통스러운 장면을 많이 목격했다. 보통 리더들 중 최고의 리더는 여전히 겸손을 유지하고, 조직을 개인적 욕구와 안락보다 우선시하며, 부하들에게 충실함으로써 엄청난 신뢰와 충성을 양산한다. 다음 이야기에서도 살펴볼 수 있듯이, 어떤 선장들은 다른 사람 같으면 내팽개치고 달아날 재난 앞에서 배와 함께 가라앉기도 했다. 리더의 위험 감수와 확신을 불어 넣어주는 능력 간의 관계는 매우 강력

* 방호와 보안 분야를 주력으로 하는 세계적인 미국 기업.

하지만, 이것은 역동적인 기업 환경에서 상반된 결과를 가져오기도 한다. 관련된 좋은 사례 중 하나는 몰든 밀스(Malden Mills)의 재건과 재파산에 대한 이야기이다.

어떻게 리더가 회사의 수익보다 구성원의 욕구를 더 가치 있게 여기는가?

몰든 밀스(Malden Mills)는 매사추세츠 주 북동부 로렌스(Lawrence)라는 도시에 있는 폴라텍* 및 여러 가지 피혁을 만드는 가족 소유 기업이다. 성공을 위한 회사의 고군분투 스토리에는 CEO인 아론 포어스타인(Arron Feuerstein)이 종업원들과 자신의 가족 재산 모두에 대한 도덕적 책무로 인해 얼마나 많은 심리적 갈등을 겪었는지, 그와 동시에 갈피를 잡을 수 없고 불확실하며 복잡한 재정적 난관에 부딪혀 얼마나 심한 개인적 위험과 압박을 느꼈는지 잘 드러내준다.[4] 로렌스에 있던 몰든 밀스의 제조 공장은 1995년 12월 11일에 화재로 전소되었고, 31명의 사상자를 냈다. 포어스타인은 신속히 공장의 재건을 결정했고, 공장의 전소로 일이 없어진 종업원들에게 앞으로 3개월간 급료를 지속적으로 지급하겠다고 약속했다. 이 외에도 그는 자신의 노동자들과 지역사회를 위한 다수의 의사결정을 했고, 위기 상황 속에서 보여준 그의 모습으로 종업원들과 지역사회로부터 많은 신뢰와 충성을 얻게 됐다. 인터뷰에서 포어스타인은 "CEO는 3가지 책임, 즉 수익을 안겨줘야 할 주주, 노동자 그리고 사업을 하는 지역사회에 대한 책임이 모두 있습니다. (…) CEO가 힘든 의사결정을 할 때 주주, 노동자, 지역사회 모두를 고려해야 합니다. 그래서 그 일은 지혜와 지성을 필요로 합니다"라고 했다.[5] 포어스타인은 이 일로 인해 엄청난 충성과 관심을 얻었

* 몰든 밀스 사에서 개발한 등산 의류 소재 원단 중 하나.

으며, "우리는 이 일로 인해 승리할 것"이라고 믿었다. 아울러 그는 은행, 공급업자, 충성스런 고객, 그리고 자신의 헌신에 관심을 기울이는 사람들 간에 상승효과(synergies)가 나타나고 있음을 알게 되었다. 그는 위기 상황에서 윤리적으로 또한 도덕적으로 탁월한 방식으로 회사를 이끌었다.

하지만 몰든 밀스가 리더십 및 경영 면에서 좋지만은 않았다. 포어스타인의 가족과 일부 주주들은 자신들에게 과도한 위험으로 여겨지는 의사결정에 분노하며 그의 사직을 주장했다. 부채와 자산의 현실적인 비율도 노동자들의 사기 진작보다 중요하지 않았다. 노동자들과 고통을 함께하려는 포어스타인의 의지가 멈춘 때도 있었다. 1997년, 뱅크보스턴*은 몰든 밀스의 의류 상표의 재건을 위해 투자를 희망했다. 협상 과정에서 은행은 포어스타인에게 그의 회사 주식을 포함한 개인 자산을 대출 담보의 보증으로 요구했다.

그는 그런 위험의 공유를 반대하여 거절했으며, 마침내 그가 운영하겠다고 약속했던 공장의 일부는 문을 닫았다. 하지만 포어스타인은 결국 최고등급이었던 공장을 재건했고, 현금흐름이 없는 동안에도 종업원들에게 임금을 지급했으며, 보험담보 범위를 상당량 초과했다. 그렇지만 결국 그는 파산 신청을 하기도 했다.

리더십 시사점

극한 상황에서 도출되는 리더십 교훈의 가치와 한계를 보다 잘 이해하기 위해 사업상 위험과 극한의 위험에 존재하는 역학관계를 비교하는 일이 도움이 될 수 있다. 진짜 위험한 환경에서의 역학관계는 대부분 리더와 추종자 사이에 있으며, 산속에서

---

* 매사추세츠 주 보스턴 시에 있는 은행.

든 전장에서든 그들이 직면한 죽음의 위협은 도덕적 및 윤리적 인 목표를 재설정하게 한다. 거기에는 아무도 포함되지 않는다. 심지어 후원자의 경우에도 죽음의 위협은 거래적 의무를 중단시켜버린다. 하지만 사업은 항상 방정식에 제3개체(entity)인 고객 또는 주주를 보탠다는 점에서 본질적으로 보다 복잡하다. 이 제3개체의 욕구를 맞추기 위해 리더는 일부에게는 차선, 그 나머지에게는 만족을 주는 의사결정을 하도록 강요받게 된다.

5
리더는 공포를 어떻게 다루고 어떻게 극복해야 하는가?

심리학자이며 모험가이자 익스트림 리더인 브라이언 저메인(Brian Germain)은 공포에 대해 언급하면서 "그대로 두는 것이 새롭게 무언가를 만드는 것보다 쉽다"고 말했다.[6] 이것이 의미하는 바는 "일단 공포나 다른 감정이 업무 수행능력에 영향을 미치기 시작하면 그것을 통제하기가 매우 어려워 오히려 통제하려 하기보다는 그냥 내버려두는 것이 더 낫다"는 것이다. 일단 아드레날린이 흘러넘치면 심박수와 호흡이 급등하고, 긴장이 시작되며, 감정에 가속도가 붙는다.

그대로 두면 기분은 일반적으로 분노(싸움) 또는 공포(도주)로 발전한다. 이는 누구라도 알 수 있는 너무나도 뻔한 현상이다. 조직에서도 마찬가지다. 공포는 전염되며, 확산되고 커지는 루머는 점차 강화된다. 이런 상황에 대한 극한 관점의 해석은 "일단 감정이 커지고 초점이 내향적이 되면, 공포를 없애려 하기보다는 그것을 그대로 두는 동시에 이완과 초점을 통해 외부를 지향하는 것이 더 수월한 방법"이라는 것이다. 외부로의 지향을 유지하는 것이 관건이다. 외적 성향은 자아를 무너뜨리는 공포와 공황을 부채질하는 자기보존적인 심리생물학적 반응과 양립할 수 없다.

윌리엄 제임스(William James) 같은 초기의 고전 심리학자뿐 아니라 현시대의 치료 전문가들도 만약 우리가 내부에 이완 같은 어떤 상태를 만들면 이 상태는 공포와 양립할 수 없다고 주장한다. 불안과 공포를 치료하는 행동요법의 대부분은 점진적 이완에 근거를 두고 있다. 공포로 인해 주의가 산만해지고 있다는 것을 알게 되면, 익스트림 리더와 팔로어들은 하나의 단어를 의식해야 한다. 바로 '숨을 쉬어라'이다. 아드레날린의 분출로 인해 자동적으로 나타나는 반응들, 즉 심박수, 가빠진 호흡, 피부 전도율, 그리고 근육 긴장 중에서 우리가 의식적으로 가장 잘 통제 및 조절할 수 있는 것이 호흡이다. 깊고 절제된 호흡은 공포에 대한 다양한 반응적 요소들과 대개 양립할 수 없다. 물리적 이완은 당신으로 하여금 회복과 유지를 가능토록 해주는 심리적 이완을 도우며, 그에 따라 외적 지향을 가능하게 해준다.

최대한 깊은 숨을 쉬고, 공기를 최대로 압축하여 허파에 받아들인 다음, 다시 천천히 공기를 내뱉도록 하라. 요가에서 '웃자이(ujaia)'라고 부르는 이런 호흡은 혈중 산소농도를 높임으로써 심신안정에 도움을 준다. 공포나 불안을 느낄 때, 또는 일정 수준의 스트레스를 받을 때마다 이것을 습관화하라. 위협의 강도가 어떠하든지 이를 자동적으로 시작하게 되면 익스트림 리더십을 거의 완성하게 될 것이다. 공포는 정상적인 기능과 공존할 수 없다. 느린 호흡과 이완은 공포와 양립할 수 없다. 숨을 쉬어라! 위급 상황에서 침착함을 유지하는 것이 중요하다는 것에 대해서는 모두 잘 안다. 리더가 침착하게 자신들의 팔로어들을 안전한 곳으로 이끈 효과적인 사례를 소개한다.

침착성의 유지와 여유가 삶을 위협하는 상황에서 당신의 생존을 어떻게 도울 수 있는가?

나는 최근에 플로리다 주 레이크웨일스(Lake Wales)의 지방 공항에서 활주로 끝을 막 벗어나려던 소형 항공기에서 사고가 난 것을 목격했다. 그 비행기에는 많은 스카이다이버들이 타고 있었고, 수천 번의 스카이다이빙을 포함하여 거의 50년의 경험을 가진 비범한 익스트림 리더인 짐 웨스트(Jim West)가 조종하고 있었다. 세스나(Cessna)* 206이 활주로 끝의 약 400피트(약 122m) 떨어진 곳에서 막 상승하는 순간, 고도가 너무 낮아 비상 탈출이 불가능한 곳에서 갑자기 엔진이 멈췄다. 귀가 먹먹하고 소름끼치는 침묵이 이어졌다. 추락하는 비행기의 고도가 높으면 추락사고 시 생존하기 어렵지만, 너무 낮아도 낙하산을 펼 수 없다. 탑승했던 모든 스카이다이버들에게는 악몽이었으며, 절체절명의 순간이었다. 무슨 일이 벌어질지 모르지만 그냥 비행기 안에서 안전벨트를 꽉 매고 앉아 살기만을 기다려야 할까? 아니면 일단 급히 탈출하여 빨리 낙하산이 펼쳐지기를 바라야 할까? 결론적으로 스카이다이버들은 비행기 안에 있었고 불시착하여 모두 살아남았다. 착륙지역으로 돌아온 후 그들은 익스트림 리더가 어떻게 즉각적으로 침착함을 유지하고 그들을 통제했는지에 대한 믿을 수 없는 이야기를 들려주었다. 엔진이 정지한 그 순간, 선글라스를 쓴 짐 웨스트는 자기 자리에서 뒤를 돌아보고는 스카이다이버들을 보며 미소를 띠었다. 그러고는 옛 오하이오 주 특유의 느린 말투로 "여러분은 계속해서 이 상황에 관심을 가지고 싶어 할 겁니다. 왜냐하면 이번 일은 아주 멋진 사례가 될 것이기 때문입니

---

* 미국제 경비행기.

다"라고 말했다. 그 순간 스카이다이버들은 짐의 확신과 생사가 오가는 상황에서 던진 진지한 유머로 인해 자기 초점(즉, 내적 초점)으로부터 빠져나왔다. 이것은 진성 및 즉각적인 변혁적 리더십이었으며, 외부에 초점을 둔 것이었고, 다소 희극적이고 여유로운 방식으로 전달되었다. 비록 그 비행기는 불시착으로 인해 완전히 파괴되었지만, 짐은 자기 자신을 포함해 모든 사람을 살렸다. 그는 나에게 그것이 일곱 번째 비행기 사고라고 말했는데, 이는 우리 대부분에게는 충격적인 수치이다. 하지만 이 활기 넘치는 비행사는 평생 동안 열심히 일에 매진하면서도 실험적인 비행을 마다하지 않았다. 일곱 번의 불시착에서 살아남은 것은 유능함의 흔적이 아니라 떨리지 않는 손을 가지고 있다는 것과 프로펠러의 회전이 멈춘 항공기에서조차 최후의 수단을 끌어낼 수 있는 능력의 보유자라는 증거이다.

리더십 시사점

교훈은 명확하다. 리더는 위협에 직면했을 때 부하들 사이에서 이완과 안정을 유지해야 하며, 특히 즉각적이어야 한다. 우리 대부분은 짐 웨스트의 능력과 선견지명을 놀라운 것으로 여기는 경향이 있다. 하지만 그는 위기가 발생했을 때 자신이 가진 내적 두려움이 아닌 외부 사람들에게 초점을 두었으며, 비행기가 날아야 한다는 필요성에 초점을 두었기 때문에 그렇게 할 수 있었다. 외부에 초점을 두면 공포는 없다. 하지만 많은 조직에서 사람들은 마치 긴장과 강함의 표현이 유능함과 헌신을 나타내는 것처럼 행동한다. 당신이 몸담고 있는 조직에서 가장 최근에 있었던 위기를 생각해보라. 연차 휴가가 취소되고, 골프가 연기되며, 점심 먹는 것이 무분별한 형태의 방종으로 비춰질 수 있는 그런 변화들이 있었을 것이다. 유머는 상황에 맞지 않는 부적절한 것으로 여겨졌을 것이다. 어떤 형태의 이완이나 사업에 대한 초점의 결여는 헌신의 부족, 열심의 부족, 위기의 중대성 인식 부족이라는 인상을 줬을 것이다.

긴장이 아마도 가장 적합한 상태로 인식되었을 것이다. 하지만 이런 극한 관점에서 이완은 이기적인 것이 아니다. 오히려 그 반대다. 즉, 외적으로 조직과 환경을 지향하고 있음을 보여주는 것이다. 사람들이 명확히 자기 초점의 지표를 보여주기 시작할 때, 가식, 비난, 방임 등을 통해 집단을 약화시킴으로써 리더의 통제력을 사라지게 한다. 익스트림 리더십의 관점에서 보면, 이것은 위기를 다루는 방식이 아니다. 짐 웨스트는 예상치 못한 환경에 놓였는데, 그가 살아남은 이유는 부분적으로나마 공포와 불확실성이 도사리고 있었을 자신의 내면에 초점을 두기보다는 외부 사람들에 집중했기 때문이다.

6 비난의 위험성: 남 탓은 효과적인 리더십이 아니다

일이 잘못되었을 때 분노와 비난은 모든 리더들의 가치를 깎아 내린다. 극한 상황에서는 특히 그렇다. 사실 '극한'이라는 말은 피터 스쿠메이커 장군(Peter Schoomaker)*이 2005년 뉴올리언스(New Orleans)**에서 있었던 허리케인 카트리나(Katrina)의 재앙 후 부시 대통령과의 TV 토론에서 사용했

* 미국의 35대 육군참모총장 역임.

** 미국 루이지애나 주에 있는 도시.

던 말이다. 전국 방송을 통해 방영된 처참한 비극에서 알 수 있듯이 멕시코 연안지역에 사는 거의 150만 명의 사람들이 집을 잃었고, 더 많은 사람들이 익사, 질병 그리고 혼란과 상실이 주는 참담함의 위협을 받고 있었다. 정부 리더가 나서야 할 때였다. 탐욕이 기업 리더들의 실패 원인이라면, 다음의 사례에서 볼 수 있듯이 비극적인 상황에서 비난과 남 탓을 하려는 성향은 정부 리더의 두드러진 실패 특성이다.

재앙에 어떻게 반응하면 되는가?:
비난은 단지 반응과 회복을 지연시킬 뿐이다

뉴올리언스 시장 레이 나진(Ray Nagin)은 허리케인 카트리나 전후 동안 시민의 대피 및 보호에 있어 적절치 못한 대응을 보인 루이지애나 주와 연방정부를 비난했다. 분노의 불길은 재난에 적절히 대응하지 못한 것뿐 아니라 그런 형편없는 대응의 근원에는 인종 차별이 있다는 시장의 암시로 인해 더욱 커졌다. 나진 시장은 다음과 같은 말을 인용했다. "만약 그것이 인종이라면, 좋습니다. 숨김없이 말해봅시다. 우리는 이런 일의 재발을 허용해서는 안 됩니다. 비록 당신이 흑인을 싫어하고, 또한 리더십을 발휘하는 지위에 있다 하더라도 이것은 누구에게도 도움이 되지 않습니다."[7] 그가 비난한 사람이 미국 대통령인지, 루이지애나 주지사인 캐슬린 블랭코(Kathleen Blanco)인지, 연방정부와 주정부가 효과적이지 않았다고 의회에서 증언한 미국 연방재난관리청장인 마이클 브라운(Michael Brown)인지는 명확하지 않다. 하지만 그는 비난을 자주 그리고 공개적으로 했다. '나진의 비난'이라는 제목으로 검색하면 검색 엔진에 따라 2,000~8,000건의 검색 결과가 나온다.

리더십 시사점

위험 또는 재난 상황에서 리더가 보이는 분노와 남 탓의 이면에 있는 진짜 비극은 그것이 리더의 권력 기반을 침식한다든가(일반적으로 그러하지만), 리더가 가진 통제력의 부족을 드러내기 때문이 아니다(실제로 늘 그러하지만). 진짜 비극은 그것이 추종자들의 확신을 약화시키고 활동과 회복을 더욱 어렵게 한다는 것이다. 또한 그것은 추종자들의 정신건강에도 해를 끼칠 수 있다. 1996년, 캔자스 대학의 에릭 베른버그(Eric Vernberg) 교수 연구팀은 허리케인 앤드루(Andrew)*에 대한 3~5학년 학생들의 정서적 반응을 연구했다. 그들은 생존자들이 사용한 4가지 대응전략(긍정적 대응, 분노 및 비난, 희망적 관측, 그리고 사회적 위축)을 양적으로 측정하는 방식을 택했다. 미국의 저명한 이상심리학회지에 실린 이 연구 결과에 의하면 분노 및 비난은 다른 대응전략보다 외상 후 스트레스 장애 증상과 더 밀접하게 관련되는 것으로 나타났다.[8] 따라서 추종자들에게 비난과 분노의 감정을 유발하거나 증폭시키는 리더는 증가하는 외상 후 스트레스 장애의 발생과 수반되는 인적 및 경제적 손실에 직접적인 책임이 있을 수 있다. 위험한 상황에서 리더가 보이는 분노, 남 탓 그리고 비난은 추종자들에게 명확한 메시지를 보낸다. "난 당신의 삶에는 아무런 책임이 없어. 나는 관리하지도 않아. 상황은 이제 당신이 통제해야 해." 일상적이며 전형적인 리더십에서도 비난과 남 탓은 정확히 같은 메시지를 보낸다. 반대로, 최고의 전략은 다음의 상황에서 볼 수 있듯이 보다 나은 방법으로 좌절과 분노에 집중하는 것이다.

---

* 1992년에 발생한 허리케인으로 2005년 카트리나, 2008년 아이크에 이어 미국 역사상 세 번째로 가장 많은 재산피해를 입힘.

좌절에 굴복한다고 해서 바로 문제가 해결되는 것은 아니다

이 교훈은 1980년대 후반에 독일에서 대규모 군사훈련을 하던 한겨울 밤에 깨달은 것이다. 110명의 병사와 40대의 장갑차로 구성된 필자의 포대는 시속 50마일로 신속하게 북상기동을 막 마쳤다. 기동의 목적은 대항군으로 하여금 우리 포대의 지원을 받는 대부대가 실제 주둔한 곳보다 더 북쪽에 위치한 것처럼 믿게 하기 위한 것이었다.

즉, 그 계획은 필자의 부대가 페인트 모션을 취하는 것이며, 그런 다음 어둠을 틈타 고속수송 트럭에 장갑차와 기타 장비(소총 및 화생방 보호 장구는 제외)를 싣고 다시 남쪽에 재배치하는 것이었다. 필자와 병사들은 상급부대에서 마련해준 버스를 타고 장갑차를 따라갈 예정이었다. 그것은 멋진 계획이었다. 새벽 1시경, 트럭은 이미 계획된 장소인 아우토반*에 있는 독일 휴게소에 나타났다. 장비를 실은 트럭이 떠났고, 우리는 버스가 도착하기를 기다렸다. 2시 30분경이 되었을 때 계획이 틀어졌다는 것을 알았다. 버스는 1시간 이상 늦었는데, 우리는 꽤 북쪽에 있었고, 주 통신장비마저 트럭에 실어 보내는 바람에 상급부대와의 교신은 거의 불가능했다. 병사들 모두 살을 에는 듯한 독일의 추위에 대비한 보호 장구가 없었기 때문에 상황은 매우 심각했다. 기온은 영하 12℃였고 계속해서 급격히 떨어졌다. 침낭과 두꺼운 옷들도 모두 트럭에 있었다. 필자는 병사들이 동상에 걸릴까 봐 걱정되었고, 이런 낭패를 유발한 상급부대 참모에게 무척 화가 났다. 선임하사인 스미스(Smith) 상사가 어떻게 할 것인지 물어왔는데, 그는 즉각 필자의 좌절과 분노를 알아차렸다. 필자는 병사들을 불러 모았고 그들에게 있는 그대로의 사실을 말했다. 상급부대가 계획을 망쳤고, 누군가의 실수로 이런 재앙과도 같은 상황이 발생했다고. 그것은 리더로서 크나 큰 실수였는데, 그 순간 선임하사가 필자를 구해줬다.

---

* 독일의 자동차 전용 고속도로.

"포대장님, 병사들까지 화나게 할 필요는 없습니다. 그 정도면 됐습니다. 오히려 이 추위가 막 발생한 또 다른 적입니다. 우리는 추위와 싸워야 합니다."

그러고는 병사들에게 가서 화생방 보호 장구(활성탄이 붙어 있는 외투, 방독면, 고무장갑 그리고 부츠)를 갖추라는 명령을 내렸다. 병사들은 화생방 보호 장구를 싫어하는데, 불편하고 덥기 때문이었다. 일단 복장을 착용하자, 3개 소대에 각각 임무를 하달했다. 그에 따라 한 소대는 땔감을 찾고, 한 소대는 병사들이 가지고 있는 얼어붙은 음식과 물을 모으고, 나머지 한 소대는 가벼운 운동을 했다.

이 모습이 독일인들에게 얼마나 이상했을지 상상해보라. 새벽 3시에 화생방 보호 장구를 갖춘 미군들이 체조를 하면서 휴게소에서 불을 피우고 있는 모습을. 하지만 그것은 효과가 있었다. 모두들 분주하게 움직였고, 아무도 동상에 걸리지 않았으며, 마침내 상급부대에서 보내준 버스가 도착했다. 먼동이 틀 무렵 우리는 복귀할 수 있었다. 도착 후, 필자는 운전병에게 돈을 건네며 가까운 마을에 있는 독일 빵집에 가서 갓 구운 뜨거운 롤빵과 버터를 충분히 사서 몸을 녹일 수 있도록 병사들에게 나눠주라고 했다. 특별히 스미스 상사에게는 두 개의 롤빵을 주었는데, 그 이유는 남에 대한 비난이 아니라 상황에 어떻게 대응할지에 집중할 수 있도록 해주었기 때문이다.

7
패배주의의 유해성: 포기는 좋은 리더십이 아니다

패배주의적인 태도 또한 분노와 비난만큼이나 리더와 팀의 능력을 약화시킨다. 최근 듀크 대학에서 한 무리의 임원들이 산악구조대와 컨설턴트 앨리슨 레빈(Alison Levine: 3장에서 소개됨)이 포함된 패널에 참여했다. 레빈의 리더십 메시지 중 하나는 위험한 상황에서 리더의 개인적인 책임은 절대적으로 요구되며, 그런 책임을 기꺼이 맡는 것은 보다 안정적인 환경인 기업의 경우에도 핵심이라는 것이다. 레빈은 골드만삭스*의 직원이었는데, 거기서도 그런 리더의 필요성을 보았다. 그에 따라 산악구조대에 대해 얘기할 때는 "사람들보다 한 발 더 위로 올라설 수 있어야 합니다"라고 표현했으며, 일반 기업 맥락에서는 "골드만삭스의 모든 직원들은 실제로 행동으로 보여주어야 하며, 말도 잘해야 합니다"라고 말했다. 레빈은 이 점에 대해서는 완강하다. 이것은 산 절벽에 매달리던 경험을 통해 생긴 완강함일 것이다. 세미나에서 뒤쪽에 앉아 있던 아프리카계 미국인 한 사람이 패널이 리더십에 대해 말하는 것을 듣더니 리더는 다양한 환경에서 리더십을 발휘하기 전에 인종차별주의자적 인식부터 고쳐야 한다고 주장했다.

즉, 그 사람은 인종 자체가 제한을 가하기 때문에 누가 어떤 문화권에 속해 있는가는 중요하지 않다는 말을 한 것이다. 그는 "나의 가족은 부자입니다"라고 하면서 자신은 「포춘」 지가 정한 500대 기업 중 하나의 이사라고 말했다. "당신의 배경이 무엇인지 또는 당신이 어디 출신인지는 중요하지 않습니다. 심지어 백악관에서 양복을 입고 있었는데도 몇몇 사람은 저에게 자기 차를 주차하라는 듯 키를 주더군요. 이곳 더렘(Durham)**에서는 제 아이들이 쇼핑을 할 때 보안요원들이 따라다닙니다."

레빈은 주저하지 않고 바로 소리쳤다. "그 사람들의 차를 가지

---

* 투자은행과 증권회사를 겸하는 국제금융시장을 주도하는 대표적인 기업.

** 미국 노스캐롤라이나 주 중북부에 있는 도시.

세요!" 불편한 웃음이 실내에 크게 퍼졌지만, 그녀가 전달하려는 요점은 명확했다. 좋은 리더는 자신의 운명에 대한 개인적인 책임이나 통제에 대해 결코 회피하지 않는다는 것이다. 패배주의적인 태도는 책임과 통제의 포기이다. 그것은 리더십이 아니다.

나중에 레빈은 상황을 극복하지 못한 사람들에 대한 불만을 다음과 같이 말했다. "사람들은 '우리 회사가 엉망입니다, 제 사업이 엉망입니다, 나의 가정생활이 엉망입니다'라고들 말합니다. 그러면 저는 그들에게 이렇게 말합니다. '아닙니다. 그것은 당신이 엉망이기 때문입니다.'"

리더십 시사점

위험 상황에서의 태도에 대한 교훈은 다음과 같다. 부정적 성향 또는 소극성은 안전하거나 안심할 수 있는 장소에서 보일 수 있는 사치다. 위험한 상황에서는 당신을 죽이려 하는 환경에 대해 불평할 시간이나 에너지를 사용할 수도 없을 만큼 너무나도 긴급하다. 당신은 그저 그 상황을 바로잡아야 한다. 그렇게 하는 유일한 방법은 당신 자신과 당신의 행동에 대해 책임을 지는 것이다.

8
맺음말: 극한 상황에서 당신이 감정을 어떻게 다루는지 생각해보라

『우리는 한때 군인이었다(We Were Soldiers Once, and Young)』에서 조 갤러웨이 기자는 이타적이고 고무적인 익스트림 리더와 함께 경험했던 엄청난 공포 상황을 회상했다.

그는 강인하고 전투로 단련된 상사가 보여준 거의 무모할 정도의 침착함에 고무되어 심지어 미군의 진지로 베트콩들이 몰려드는 순간에도 사진을 찍을 수 있었다.

> 후속 사격의 높이가 지면에서 몇 피트도 되지 않았고, 나는 군화의 앞부분이 갈비뼈에 닿을 만큼 땅에 최대한 바짝 엎드렸다. 그러고는 고개를 옆으로 돌려 위를 쳐다보았다. 거기에는 바질 플럼리(Basil Plumley) 상사가 서 있었다. 그는 몸을 숙이며 소리쳤다. "그렇게 땅에 달라붙어 있어서는 한 장의 사진도 찍을 수 없을 거요, 젊은이." 그는 침착했고, 조금도 두려워하지 않았으며, 심지어 씩 웃기까지 했다. 나는 생각했다. "그의 말이 맞아, 우리는 어쨌든 모두 죽을지 몰라. 그렇다면 지금 일어날 수도 있겠지." 나는 몸을 일으켜 몇 장의 사진을 찍기 시작했다. 플럼리는 구호소로 이동하면서 장전된 45구경 권총을 뽑으며 군의관 카라라(Carrara)와 의무병에게 다음과 같이 말했다. "여러분, 자체 방어 준비를 하세요!"[9]

리더는 일이 잘못되어갈 때 부하들로 하여금 파괴적인 인상관리를 하게 하거나 다른 형태의 가장(假裝), 공황, 마비 같은 것에 빠지도록 조장하지 말아야 한다. 그 대신 숨을 깊게 쉬고, 외부에 관심을 두며, 상황의 전개를 지켜보면서 환경에 따라 행동해야 한다. 무언가 잘못되고 있는 것처럼 행동하면 구성원들은 일이 틀어지고 있다고 느끼게 된다. 그렇게 되면 그 문제를 바로 처리하기가 더 어려워진다. 당신은 필자가 이 장에서 기록한 다양한 경험으로부터 배울 것이 있다. 10대 딸과 함께한 스카이다이빙 경험, 고장 난 항공기를 무사히 착륙시킨 짐 웨스트의 노련한 조종, 감정 대신 환경을 다루기 위해 외부에 초점을 두었던 군인과 종군기자. 이런 경험들이 주는 교훈은 "위험한 상황에서의 리더십은 다소 반직관적이지만 유용하다"는 것이다. 또한 당신의 조직이 공장 화재로부터 회복 과정에 있든, 계획이 실패해서 한밤중에 추운 고속도로에서 오도 가도 못할 때 부하들을 미치지 않게 하기 위해 고군분투하고 있든 점토가 도예 작품의 핵심이듯 감정이 리더가 가진 수단의 일부라는 것을 기억해야 한다. 익스트림 리더는 감정에 집중하려면 따로 시간과 장소가 필요하다는 것을 안다. 하지만 시간은 위기가 끝난 이후 그리고 장소는 안전한 곳이어야 하며, 그때까지는 초점을 외부로 향해야 한다. 다음 장에서는 리더의 확신이 다소 부적절한 상황, 리더의 행동이 팔로어들의 신체적 안녕이나 생존에 미치는 영향에 대해 팔로어들이 관심을 가지는 몇몇 상황을 살펴본다. 실제로 사람들이 죽을 때 무슨 일이 일어나는지 살펴볼 것이다.

핵심 Key point

1 먼저 자신의 공포를 다루는 법을 배워라. 그래야 다른 사람들의 공포를 다룰 수 있다. 공포는 대개 상황에 대한 화학적 반응이다. 거의 죽음에 가까운 상황에 직면하면 아드레날린이 분비된다. 하지만 원인이 무엇이든 공포는 사람을 사로잡고, 심신을 약화시키며, 위험한 상황에서 많이 나타난다. 리더는 공포가 어떻게 작용하는지, 그것이 팔로어들에게 어떤 영향을 미치는지, 극한 조건에서 외부에 초점을 둠으로써 어떻게 살아나야 하는지를 이해할 필요가 있다.

2 적절히 다룬 극한 상황은 종종 감정을 누그러뜨린다는 것을 기억하라. 필자는 이것을 딸과 스카이다이빙을 하면서 깨달았다. 필자는 딸이 부상을 당하거나 심지어 죽을지도 모른다는 생각으로 불안했고 두려웠다. 필자는 논리적 사고와 철저한 준비로 공포와 맞서 싸웠고, 스카이다이빙 중 딸의 장비와 동반자에게 아무런 일도 일어나지 않도록 할 수 있는 한 최선을 다했다. 케리의 스카이다이빙 시간이 다가올수록 불안이 점점 커질 것으로 여겨졌지만, 오히려 반대였다. 그것은 필자가 극한 상황에서 외부에 초점을 두도록 훈련해왔기 때문이다. 걱정이 많아지는 대신 오히려 경계심이 더해졌다. 그리고 딸이 안전하게 착지했을 때, 거의 아무런 감정을 느끼지 않는 스스로를 발견했다. 극한 상황이 감정을 누그러뜨림에 따라 안도감조차 느끼지 못했는데, 이것은 모든 리더들이 알아야 할 사실이다.

3 내적인 감정에 초점을 두지 말고, 외부 환경에 집중하라. 위험한 상황은 우리의 내면이 아니라 주위에 있는 세상에 관심을 두도록 만든다.

극한 상황에서의 리더는 이러한 외적 초점에 숙달되어야 한다. 이것은 학습 성향이며 생존 성향이다. 그리고 이것은 왜 어떤 익스트림 리더가 (또한 팔로어들이) 극한의 위험 순간에 기꺼이 위험을 감수하려 하며, 희생까지 하려 하는지에 대한 이유이다. 자아는 학습 및 극한 환경에서 생존을 위해 필요한 외적 초점에 의해 희생되며, 이것은 감정, 특히 불안과 공포의 경험을 거의 불가능하게 만든다.

4 감정을 통제하려고 애쓰지 말라. 그렇게 하는 것은 외적인 위협을 지속적으로 다루는 대신 내적인 감정에 더 집중하게 만들 수 있다. 일단 감정을 인식하게 되면 통제하기가 더욱 어려워지고, 심지어 팔로어들에게 숨길 수도 없게 된다. 매우 위험한 시기에는 감정에 사로잡히거나 비정상적으로 흥분하거나 자신에게만 몰두하기보다는 초점과 기술을 보다 첨예하게 하는 것을 배울 수 있게 되며, 외부에 초점을 두고 환경을 이해할 수 있게 된다. 고위험 사업은 역경에 직면했을 때 계속해서 차분함에 초점을 둘 줄 아는 리더의 개발과 그런 리더를 매우 필요로 한다.

5 자아(ego)를 배제하고 이끌어라. 배와 함께 침몰하는 선장처럼 위대한 리더는 팔로어들이 맞닥뜨린 역경에 함께 직면해야 한다. 그것은 직물 제조업체 CEO인 아론 포어스타인이 엄청난 공장 화재 이후에도 종업원 편에 섬에 따라, 또 다른 장애들이 그의 사업을 불가능하게 만듦에 따라 마침내 파산 신청을 했던 것처럼 당신이 일하는 조직의 종말을 의미하기도 한다. 하지만 리더가 자신이 이끄는 사람들보다 더 나은 보장이나 안락함을 누릴 권한을 가진 것은 아니다.

6 차분함을 유지하라. 그리고 심각한 역경 상황에서는 심호흡을 깊게 하라. 이것은 매우 사소한 충고로 들릴 수 있다. 하지만 그렇지 않다. 연구에 의하면 심호흡과 이완 기법은 사람들로 하여금 매우 어려운 상황을 극복하는 데 도움이 되는 것으로 나타났다. 마치 짐 웨스트가 자신의 일곱 번째 사고 항공기를 안전하게 비상착륙시켜 아무도 다치지 않고 무사했던 것처럼 말이다. 만약 당신이 차분함을 유지할 수 있다면, 당신은 놀라운 일을 할 수 있다.

7 위기 상황에서 다른 사람을 비난하거나 남 탓을 하지 말라. 그 대신 위험 상황에서 벗어날 수 있게 해주는 일에 즉각적으로 집중하라. 상황이 종료되고 모든 사람이 안전해지면 그때 무엇이 잘못되었는지, 누구 책임인지, 그런 상황이 재발하지 않도록 어떻게 예방해야 하는지에 대한 분석을 시작할 수 있다.

8 분노와 좌절을 드러내지 말라. 리더도 짜증이 나거나 심지어 화가 날 수도 있다. 하지만 좋은 리더는 그것을 팔로어들에게 보이지 않는다. 그것은 아무런 도움이 되지 않으며, 오히려 모든 사람의 불안을 가중시킨다. 부대가 살을 에는 듯 추운 겨울철 새벽에 독일에서 오도 가도 못하는 상황에 있을 때 필자를 일깨워준 현명한 선임하사처럼 상황에서 벗어나는 데 집중하라. 그는 우리 모두가 그 밤을 안전하고 무탈하게 지낼 수 있도록 도왔다.

9 패배주의적인 태도에 빠지지 말라. 다른 사람을 비난하는 것은 가혹한 상황에서 빠져나오는 손쉬운 방법이다. 하지만 그것은 올바른 리더십이 아니다. 거기에 굴복하지 말라. 좋은 리더는 인종차별적인 대우에 대한 반응이든 아니면 보다 위험한 상황을 다루는 것이든 문제 해결에 필요한 것은 무엇이든 즉각적으로 해야 한다.

5장

비극적 상황에서의 리더십

어려움을 극복하기 위한 학습

익스트림 리더십은 최악의 상황을 고려하기 때문에 도덕적으로 높은 곳을 지향한다. 위험한 상황에서 최고의 리더는 자신이 해야 할 임무를 잘 안다. 부하들에게 헌신함으로써 부하들 스스로 육체적으로 더욱 강인해지고, 회복력과 정서적 준비를 할 수 있도록 만든다. 덜 위험한 상황에서도 이러한 원칙들은 동일하게 적용된다. 이 책은 극한 상황에서의 리더십에 초점을 두고 있지만, 근본적으로 모범적인 리더십을 제시함으로써 인생을 살아가는 데 도움을 준다.

위험 상황에서 리더십을 발휘한다는 것은 때때로 리더와 구성원들이 자신들의 삶을 더 이상 지속하지 못할 수도 있다는 점을 받아들여야 한다는 것을 의미한다. 모든 리더들은 죽음에 대응하는 법을 배울 필요가 있으며, 가장 비참한 상황에 직면해서도 계속해서 구성원들에게 리더십을 발휘해야 한다는 것을 배울 필요가 있다. 리더에게 '죽음이라는 끔찍한 상황'에 직면하는 것은 엄청난 책임인 동시에 기회이기도 하다.

당신은 자신이 이끌고 있는 조직이 안전하며 구성원들의 죽음을 경험하지 않을 것이라 확신하는가? 만약 그렇게 생각한다면 당신의 팀 구성원들도 죽음이나 심각한 부상이 발생했을 때, 준비되어 있지 않을 것이다. 누군가는 뜻하지 않게 죽을 수도 있다는 사실을 회피하지 말고 직시해야 한다.

9.11테러 이후 전 세계는 특별한 위험에 처해 있다. 예상치 못한 테러리스트들에 의한 납치가 빈번히 발생하고 있다. 이런 상황이 리더

들에게는 중대한 도전이다. 위험에 처한 조직에 필요한 몇 가지 교훈이 있다.

익스트림 리더십은 죽음에 대처할 수 있는 생존기술이다. 그러나 각 상황마다 결론은 명확하지 않다. 하지만 위험한 상황에서 죽음에 대해 많은 것을 경험한 리더들을 통해 우리는 많은 것을 배울 수 있다. 육군 장교로서 복무한 필자는 40회 이상의 장례식, 화장터, 병문안 등을 통해 육군의 공식적인 대표로서의 임무를 수행해왔다. 누군가의 연인이 사망했다는 것을 당사자에게 알리는 힘든 임무도 맡았다. 사람들의 예기치 못한 사망 소식을 확인하고, 가족에게 전하고, 슬퍼해야 하는 임무를 계속해서 수행했으며, 그러한 상황에서 리더십과 책임감을 발휘했다.

물론 그런 경험은 개인의 삶에서도 적지 않은 일이다. 우리 자녀들이 자동차사고나 질병으로 친구를 잃게 될 때 그들을 도와주어야 한다. 어떤 가족이든 가까운 친척의 죽음을 접하게 된다. 우리 사회는 최근 NCAA(National Collegiate Athletic Association)에서 팀을 맡은 후 한 달도 되지 않아 심장 부정맥으로 사망한 28세의 농구 감독의 죽음을 받아들여야 했다. 필자의 가족은 최근 오랜 친구인 어머니를 여의고 슬퍼했는데, 그녀는 급성 암 판정을 받은 후 두 달 만에 사망했다.

위험한 상황에서는 리더와 팔로어들에게 늘 죽음의 그림자가 드리워진다. 오래된 스카이다이빙 티셔츠에는 머리를 45도 각도로 숙이고, 등을 감싸는 팔과 쫙 펼친 다리 모습을 한 죽음의 신이 그려져 있다. 거기에는 '파도타기(Surf's up!)'라는 글자가 새겨져 있다. 종종 유경험자들이 추락 직전에 간신히 탈출하거나, 착지하고 나서 장비의 결함을 발견하고는 미소 지으며 서로 "파도타기!"라고 말하는데, 이런 반음은 비숙련자나 무경험자들에게는 매우 당혹스러운 것이다. 학교, 사업, 공공서비스 등 여러 가지 상황에서 죽음의 신은 멀리 떨어져 있는 것처럼 보인다. 하지만 필연적으로 조직은 한 명 이상의 구성원의 죽음을 맞이하게 된다.

죽음이란 이익을 위해 조직에 영향력을 행사하려는 단견을 가진 리더에게는 치명적 순간이다. 기회를 영원히 잃게 될 수도 있기 때문이다. 이 장은 죽음을 포함하는 비극적 환경을 통해 리더가 나아갈 길을 되짚어보고, 그러한 상황에서 할 수 있는 몇 가지 실천적 지침을 제시한다. 그 길은 독자가 생각하는 만큼 그렇게 어둡지 않다. 왜냐하면 죽음을 다룬다는 것은 죽음 그 자체보다 살아 있는 것을 축하하고 생존에 관심을 갖게 하기 때문이다. 좋은 리더들은 삶을 축복하고 삶을 돌본다.

끔찍한 사고에서 얻은 교훈: 외부에 초점을 맞춰라

죽음에 대한 나의 첫 번째 이야기는 기념일과 관련된다. 나는 대한민국 서울에서 가족들과 1998년 할로윈을 즐기고 있었다. 사실 이런 기회는 나를 대신하여 전투지역에서 임무를 수행할 부지휘관 프랭크 빌라누에바(Frank Villanueva)가 있었기에 가능한 일이었으며, 한 달에 두 번 나에게 허용된 자유였다. 나의 아내 케이(Kay)와 딸들은 용산의 작은 아파트에 살고 있었고, 나의 부대에서는 약 2시간 거리에 있었다. 나의 부대는 적의 포격 범위 안에 위치한 포병부대였다. 아이들은 할로윈 놀이(trick or treating: 맛있는 거 주면 안 잡아먹지!)를 끝낸 후 사탕을 세고 있었다. 우리 부부가 와인 한 병을 다 비웠을 때쯤 전화벨이 울렸고, 리더십에 대한 나의 관점을 영원히 바꾸어버릴 일련의 사건들이 시작되고 있었다.

첫 번째 보고는 모호하고 혼란스러웠다. 우리 부대 1개 팀이 보병대대와 함께 경계지역을 관측하는 임무를 수행하고 철수하면서 화력지원 차량을 타고 강을 건너고 있었다. 상자 모양의 15톤 알루미늄 장갑차는 물 위에 떠서 갈 수 있지만, 때로는 위험한 상황에 처할 수도 있다. 내게 전화한 당직사관은 분명히 불운이라고 말했다. 군 지휘관에게 비전투적인 사유로 부하를 잃는 것은 가장 힘들고 비극적인 상황이다. 나는 일단 상관에게 상황보고를 한 다음 사고 현장으로 향했다.

서울의 북쪽 외곽을 지날 때쯤 휴대폰이 울렸다. 부지휘관 프랭크였다. 상황은 명확히 전달되었다. 중궤도 차량이 강을 건너던 중 4차선 교량 위에서 통제가 안 되었고, 콘크리트와 철강 옹벽과 충돌하면서 강물로 돌진했다. 16~20피트(약 5~6m)가량 튀어 오르면서 차량이 빙글빙글 돌았고, 얼마 후 시체 2구가 발견되었다는 것이다.

나는 정신이 아득했다. 이들은 '강철대대'에서 왔으며, 잘 훈련받은 요원들이었다. 이 같은 일은 보통 일어나지 않는 사고였다. 나는 사고 지점으로 헬기를 요청했다. 그동안에 다시 전화가 걸려왔는데, 세 명이 확실히 사망했고 최소 두 명의 생존자가 있다는 내용이었다. 대대에서 세 명의 사망자가 나온 상황에서 생존자에 대해 행운을 감지할 수 있을지 분간할 수 없었다. 그때 다시 전화가 왔고, 다섯 명이 죽고 두 명이 생존했다는 내용이었다.

헬기가 교량 가까이에서 착륙하기 위해 서치라이트를 번쩍이고 있을 때, 뒤따라온 의료용 헬기, 구급차, 분주히 돌아다니는 군인들, 그리고 그런 활동을 구경하기 위해 새벽 2시까지 잠을 설친 인근 마을 주민의 모습이 보였다. 콘크리트 벽이 갈라진 구멍을 통해 교량으로 걸어갔을 때, 사단 참모들을 볼 수 있었다. 그중에 2보병사단장인 밥 디스(Bob Dees) 소장이 있었다. 그는 1만 7,000명의 병사들을 지휘하는 책임을 가진 사람이다. 내가 경례했고, 우리는 사단 경례구호를 주고받았다. 나는 보고받은 대로 사단장에게 보고를 했고, 긴 심호흡과 함께 한숨을 쉬었다. 이 중대한 사건은 1시간 동안 CNN으로 방송될 것이다. 다섯 가족이 할로윈 이브날 문을 열어놓고 손에 손에 사탕을 들고 발걸음을 옮길 때쯤, 사상자 통보 장교와 군종 목사를 발견하게 될 것이다. 의심의 여지없이 그 순간은 지금까지 내 인생에서 최악이었다.

디스 장군은 나를 돌아보고 망설임 없이 말했다. "톰, 당신도 알다시피 나쁜 일이 지휘관을 만들 수도 망칠 수도 있는 게 아니오. 진짜 중요한 것은 그것을 다루는 것입니다. 그것이 중요해요." 그의 메시지는 과거에 부하를 잃어본 경험이 있는 리더의 특성을 보여주었고, 더욱이 미래에도 부하를 잃을 수 있다는 것을 알고 있는 리더의 모습이었다. 리더는 죽음을 존중하고 조직이 슬픔을 이겨내도록 도와주는 사람일 뿐, 자신이 어떻게 느끼는가는 중요하지 않다. 리더들에게 죽음이란 삶의 연속이다. 밥 디스 장군은 익스트림 리더이다.

1
죽음의 상황에서는 상징적 리더십을 발휘해야 한다: 존경심을 보여라

리더(특히 신뢰가 중요하게 여겨지는, 위험하거나 고위험군의 기업에 있는 리더)는 조직의 구성원들에게 그들을 존중하고 복지에 큰 관심을 보인다는 것을 이해시켜야 한다. 어떤 조직에서든지 죽음은 구성원들을 가장 취약하게 만들기 때문에 사람들은 죽음에 직면할 때 리더를 주의 깊게 바라본다. 그들은 스스로를 방어할 수 없는 상태이며, 더 이상의 자기방어를 위한 여력도 없다. 그들은 자신들의 처우와 관련된 특별한 거래를 생각하지 않는다. 따라서 리더가 생존투쟁을 벌이는 부하들을 다루기 위해서는 특정 상황에서 평상시에는 보여줄 수 없는 중요한 메시지를 동반해야 한다. 죽음을 다루는 당신의 방법이 고스란히 담긴 그 메시지는 조직의 모든 구성원에게 전달되어야 한다.

2
죽음을 대하는 방식

리더들이 자신의 부하들과 동료들에게 경의를 표하는 방법을 보이는 것이 중요하다. 사망사고를 준비하고, 비극에 대응하며, 죽음을 인식함으로써 삶을 지속해나갈 수 있는 구체적인 방법을 살펴본다. 원칙들은 다음과 같다. 자신을 리더의 상황에 몰입시켜라. 비극이 당신의 조직을 강타했고, 당신은 거기에 반응해야 할 필요가 있다고 가정하라. 이런 상황에 당신을 가시화시켜라. 그러면 당신의 리더십 능력은 향상될 것이다. 가장 우선적인 원칙은 구성원들의 삶과 생활에 대해 잘 알고 있어야 한다는 점이다. 리더가 구성원들의 삶과 생활에 대해 모른다면 리더십을 발휘할 수 없다.

조직 구성원들에게 당신이 무엇을 알고자 하는지 말하라

비극적인 상황에서 조직을 지휘할 수 있는 첫 번째 단계는 비극에 대해 보고받는 것이다. 죽음이나 입원을 둘러싼 사건은 빠르게 변화한다. 이러한 상황을 상상해보라. 4일간의 연휴 후에 사무실에 돌아왔고, 비서에게 사람들이 모두 어디 갔냐고 묻자, 그녀가 모두 장례식에 갔다고 답하면 얼마나 황당한 상황인가? 따라서 정보로서 필요로 하는 것과 그런 정보를 얼마나 신속히 필요로 하는지에 대해 명확히 해놓아야 한다. 군대에서는 지휘관 중요 첩보 요구(CCIR: commander's critical information requirements)라는 것으로 이러한 상황들에 대해 준비할 수 있다. 그럼에도 리더들은 다음의 상황이 발생했을 때는 언제든지 즉시 보고를 요구해야 한다.

- → 조직 구성원이나 그들의 직계가족의 사망이나 입원
- → 조직 내에서 발생한 생명을 위협하는 사건
- → 조직에서 저질러진 주요 절도나 중범죄
- → 조직의 핵심 임무에 대한 중요한 위협
- → 법적 조치 또는 그에 대한 확실한 노출(임무 수행상 구성원에 의해 발생하는 손실)
- → 조직의 대중매체 노출(조직을 언급하는 긍정적 또는 부정적 신문 기사, 신문 기자의 조직 방문)

아마도 당신은 "구성원이 3만 명이나 되는 큰 조직의 CEO가 이러한 사건들을 시시콜콜하게 실시간으로 알아야 하나?"라는 질문을 던지며 회의적으로 생각할 수 있다. 하지만 필자는 확실히 그렇게 해야 한다고 생각한다. 어떤 조직에서는 구성원들에 대한 중요한 정보를 직속상관만 알면 충분하고, 최고 리더가 알 필요가 없다고 생각할 수도 있다. 이는 매우 위험한 생각이다. 왜냐하면 필요한 정보가 최고위 리더에게 도달하지 않을 수 있기 때문이다. 육군에 복무하는 동안 필자가 접한 모든 장군들은 꼭 전시가 아니더라도 24시간 내내 개인적 사항들에 대한 중요 정보 목록을 가지고 있었다. 이러한 개인적 정보는 조직과 연결된다.

첫째, 이런 정보는 고위 리더들에게 사람을 책임지고 있다는 것을 상기시키는데, 이는 중 · 대규모 조직의 리더들이 반드시 실행해야 하는 수많은 관리적 책임에서 소홀히 여길 수도 있는 것들이다. 둘째, 예하 리더들이 올바른 행동을 하도록 만든다. 만일 예하 부대 지휘관들이 최고 지휘관의 부하 가족이 자동차사고로 아이를 잃게 되었다는 사실을 인지하면, 예하 부대 지휘관은 보다 적절한 책임의식을 발휘할 것이다. 최고 지휘관이 알고 있다면 모두가 알고 있다는 것이다. 바로 그 점이 개인적 비극에 대처하는 건강한 조직의 모습이다. 마지막으로, 조직에 영향을 미치는 결정이 최고위층으로부터 만들어져야 하는 시기가 있다. 모든 정보가 상급 리더가 행동해야 하는 심각하거나 중요한 상황이라고 말하는 것은 아니지만, 그런 결정은 상급 리더가 해야 한다.

진지한 리더들은 극한 상황에 있는 리더들로부터 교훈을 얻어야 한다. 비극 혹은 중요한 사건이 발생했을 때 개인적으로 보고받는 것이 세부적이고 구체적이어야 한다. 참모들이 리더에게 아침에 빠르게 읽을 수 있도록 요약된 정보를 제공하는 것은 쉽다. 결코 무관심하지 말라. 익스트림 리더들은 무관심하지 않으며, 큰 기업의 훌륭한 리더들 역시 그렇다.

뒤에 아무도 없는지 확실히 확인하라

육군참모총장인 피터 스쿠메이커(Peter Schoomaker) 대장은 군 복무 중 인연을 맺은 수많은 병사들에게 '도전(challenge)'과 '탁월함(excellence)'이라는 글자가 새겨진 동전을 준다. 필자도 하나 갖고 있다. 동전 뒷면에는 극한 상황에서 필요한 육군의 명언 4가지가 적혀 있다.

> **전사 정신**(*Warrior Ethos*)
>
> "내가 항상 앞장서서 임무를 수행하겠다."
> "나는 절대 패배를 용납하지 않을 것이다."
> "나는 절대 멈추지 않을 것이다."
> "나는 전사자나 낙오자를 남겨두지 않을 것이다."

전사 정신은 직업군인들에게 절대적 가치이다. 그들은 이 단어들 때문에 죽고 산다. 이러한 정신은 큰 위험에 노출되지 않는 군인들에게도 일상생활에서 극한 상황에서의 원칙을 적용하고 상징화한다.

제일 먼저 임무를 맡고, 절대 멈추지 않으며, 패배를 허용하지 않는 것은 어떤 직위의 어떤 사람인지를 막론하고 중요한 원칙이며, 리더들에게는 특별히 더 그렇다. 마지막 약속인 "나는 전사자를 남겨

두지 않을 것이다"는 아마도 가장 조직에 초점을 맞춘 정신일 것이다. 이 약속은 동료들과 부하들에게 "너는 죽더라도 소중하다"는 메시지를 던진다.

전투부대가 아닌 조직에서는 어떤 원칙이 동일하게 적용될까? 첫째, 부하직원이 죽거나 입원했을 때는 리더가 직접 위문해야 한다. 물론 개인적인 방문이 이상적이지만, 환경이 허락하지 않는다면 전화나 서신으로라도 위로를 표해야 한다. 조직 내의 누군가에게 죽음이나 입원 상황이 발생했을 때 조직의 대표자는 반드시 알아야 한다. 앞 장에서 필자는 사람들이 기대한 것 이상으로 행동한다면 감동을 줄 수 있다는 점을 지적했다. 기대를 뛰어넘는 행동을 하려면 구성원들이 슬퍼하고 있거나 그들의 인생에서 가장 슬픈 시기가 가장 효과적이다.

상황 인지와 조의 표명은 분명해야 한다. 죽음 앞에서는 최저임금 노동자든 전문직 종사자든 계급이 존재할 수 없다. 비극이 발생했을 때, 리더가 직급과 계급을 생각한다면 실패하게 되어 있다. 그것은 조직에 있어 독약과 다름없다. 극한 조건에서 위험은 공유된다. 우리가 일반적으로 생각할 수 있는 평범한 사람의 삶이 호화로운 삶을 사는 사람의 삶만큼 가치가 있다는 것을 의미한다. 당신의 조직을 상층에서 바닥층까지 함께 묶어라. 그런 리더십이라면 비극이 조직을 더 강하게 만들 수 있다. 전사 정신으로부터 배워라. 그러면 절대 전사자를 남기지 않을 것이다.

겸손하게 지휘하라

비극적 상황에서 부하들과 접촉할 때 매 과정과 순간마다 겸손한 자세와 주제를 넘지 않는 것이 결정적으로 중요하다. 우리 대다수는 조직의 임무를 중심으로 행동하는 데 익숙해져 있다. 다른 사람들이 죽거나 심각하게 부상당했을 때 그들의 명예와 복지에 초점을 두어야 하는데, 이러한 것은 대부분 제로섬 게임이다. 리더는 작아져야 하고, 행동의 초점이 사망자나 중상자를 크게 만들 수 있어야 한다. 필자는 이 교훈을 약 250명이나 되는 군인의 목숨을 앗아간 항공사고 장례식에서 확실하게 배웠다. 내가 아는 가장 큰 사람이 장례식장에서 만난 젊은 군인들의 가족 앞에서는 더없이 작아지는 것을 보았다.

장례식이 아니라 가족과 전사자들에게 초점을 맞춤으로써 비극을 대하는 방법

1985년 12월, 뉴펀들랜드 주 그랜더(Gander)에서 일어난 전세여객기 충돌은 미 육군 역사상 가장 큰 사고였다. 육군의 여객기가 급유를 위해 그랜더에 멈췄다. 여객기는 시나이에서 6개월 동안 평화유지임무를 수행한 248명의 병사들을 켄터키 주 포트캠벨(Fort Campbell)의 모부대로 수송하고 있었다. 여객기에 탑승한 병사의 3분의 1은 크리스마스 휴가 직전에 가족에게 돌아갈 예정이었다. 연료 주입을 마친 후, DC-8은 비행의 종착지인 포트캠벨로 출발했다. 비행기가 짧게 활주로의 끝을 선회한 뒤, 속도가 줄더니 오른쪽으로 격렬하게 흔들리다가 수풀이 우거진 곳에 충돌했다. 그 직후 기체가 분해되었고, 연료탱크가 폭발했으며, 캐나다의 눈 덮인 수풀 위로 기체와 파편들이 흩어졌다. 눈과 얼음으로 덮인 사고 지점에서는 하루 종일 불길이 지속되었다.

포트캠벨에서 병사들의 가족은 사랑하는 가족의 귀향을 환영하기 위해 이미 공항으로 가 있었다. 이 비극적 소식은 사고가 난 지 대략 1시간 후에 포트캠벨 부대의 상급 지휘관에게 보고되었다. 그 후 몇 시간 동안 참모들은 이집트에서 작성된 승객명단을 확인하기 위해 분주했다. 가족들을 부대 강당으로 모이도록 했고, 여단장이 "아직 공식 보고가 확인되지는 않았지만, 기체는 명백히 파괴되었고, 생존자가 없다"는 공지를 했다. 육군 사망자는 다른 부대로부터의 일부 지원 인력과 평화유지대대의 1/3 병력이 포함되었다. 사망자의 약 2/3는 미혼이었고, 36명의 아이들이 아버지를 잃었다.

그랜더 재난은 가장 강력한 익스트림 리더들로 구성된 조직인 101 공수사단에게는 엄청난 불행이었다. 희생자들은 서로 모르는 사이였고 다른 지역 출신들이었지만, 몇 년 동안 포트캠벨에서 함께 복무해왔다는 점에서 다른 비행사고와 달랐다. 육군 부대원 중 직업의식 공유, 가치관, 생활양식, 조직 몰입도 등을 고려할 때 그들은 보통 관계가 아니었다.

육군은 장례식의 시기와 장소에 관계없이 모든 병사들의 장례식에 장군들이 참석하도록 지시를 내림으로써 공동체 수준의 관심을 표명했다. 이러한 지시는 차후의 모든 행사와 의식에 기조를 제공했다. 그 임무는 어려운 것이지만, 이런 헌신은 극한 상황에서의 지휘관을 위한 것만은 아니었다. 비극을 경험한 모든 조직에서 유사하게 엄수되는 방법이었다. 절망의 시기에 리더의 존재는 필수적이다.

2001년 9월 11일에 일어난 세계무역센터 충돌 때 캔터 피츠제럴드(Cantor Fitzgerald)의 회장과 CEO는 35일 동안 매일같이 20번의 장례식에 참석했다.

펜타곤의 전상처리 장교는 그랜더 사고와 관련하여 원활한 장례식을 위해 장군들과 긴밀하게 협조했다. 그때 필자는 남서 오클라호마 주 포트실(Fort Sill)에서 야전 포병지휘관의 전속 부관으로 복무하고 있었다. 필자의 지휘관인 진 코팰(Gene Korpal) 소장은 텍사스 주 팬그랜들(Pangandle)의 작은 마을 교외에 안장될 젊은 보병 상병의 장례식에 참석하도록 요청받았다.

장군과 그의 아내 릴(Lil) 그리고 필자는 포트실을 출발하여 텍사스로 향했다. 육군 항공에서 장군의 부인에게 탑승 허가를 내리는 것은 매우 드문 일이었는데, 그것은 그랜더 사고의 희생자 가족에 대해 조직이 보여줄 수 있는 최선의 모습이었다. 우리가 남오클라호마 적란운 지대를 비행하고 있을 때, 탑승자 모두는 마음속으로 그랜더 사고의 악몽을 떠올렸다. 우리는 무사히 공항에 착륙했고, 장례 대원(funeral detail)*들과 예약한 차량을 만났다. 이들은 보통 지역 부대에서 파견되는 의식을 전담하는 부대를 대신하여 장례식을 수행하기 위해 파견되었다. 위대한 조직들은 조직 내에서 발생한 죽음에 대해 엄숙한 장례식을 치른다.

의식은 마을 교외의 화이트워시드(Whitewashed) 주 침례교회에서 조촐하게 진행되었다. 가족과 친구들이 교회 회당에 앉아 있었고, 열린 문으로 건조한 텍사스 바람이 불어 들어왔다. 기도하고 경전을 낭독하는 동안 참석자들의 조문은 잠시 중단되었다. 운구자들이 성조기가 덮인 관을 영구차에 옮기자 장례 음악이 다시 울렸고, 영구차는 가족 묘지를 향해 먼지와 자갈이 깔린 길을 천천히 달렸다.

군 장례식을 수행하는 인원들의 몸놀림은 매우 능숙했다. 의자에 앉아 슬퍼하는 가족을 위로하고, 장례 대원의 의상 유니폼을 꼼꼼히 점검하기도 하며, 의장 소총수들의 사격과 나팔수들의 연주, 성조기를 살피고, 친척들에게 공식적인 기의 증정까지 모두 완벽했다.

복무 중이거나 퇴역을 앞둔 죽은 병사들을 위한 군 예식이 행해졌다. 물론 동료들은 각지에서 복무 중이기 때문에 장례식에는 거의 보이지 않았다. 이것은 101부대에서 선발된 장례 병사(대원)들의 참석을 더 의미 있게 만들었고, 그들의 임무는 사망자의 가족과 친구들을 잘 대우하는 것이었다.

그러나 이날은 형편없었다. 관을 나르는 병사 중 한 명은 실수를 했고(관을 거의 떨어뜨릴 뻔했다), 장례 대원이 관 위에 기를 덮을 때 마무리가 깔끔하지 못해 깃발을 접고 처음부터 다시 시작했다. 접힌 기가 관을 통과했을 때, 소총 예포의 빈 탄알집을 건드리는 바람에 탄피가 움직이며 땡그랑 소

---

* 101부대에 소속된 여덟 명의 병사와 한 명의 장교 집단.

리를 냈다. 겁에 질린 병사는 얼어버렸고, 의식이 끝날 때까지 관의 위쪽에서는 2인치의 황색 탄피가 굴러다녔다.

필자는 지휘관을 쳐다보았는데, 그는 무표정했다. 식이 끝나고 101부대의 의식을 진행한 대원들에게 좋지 않은 일이 있을 것이라고 생각했다. 포병지휘관으로서 그는 방위각과 고각 등을 계산하는 데 일생을 바친 군인이었다. 세밀한 경향과 함께 실수에 대한 불관용이 아마도 그의 신조였을 것이다. 필자는 그가 의식에서 대원들이 저지른 잘못을 알고 있었고, 다시는 이런 일이 발생하지 않아야 한다고 다짐했을 것이라고 생각했다. 무엇보다 매우 언짢았을 것이라 생각했다. 그러나 코팰 장군이 보여준 모습은 의외였다.

그는 장례 대원에게서 기를 받아들고는 슬퍼하는 가족 앞에 무릎을 꿇었다. 그리고 다음과 같이 말했다. "이 깃발은 당신의 아들이 보여준 명예롭고 충실한 복무에 대한 답례이며 국가의 감사함을 대표하는 것입니다." 가족들은 장례식에서 저지른 대원들의 실수를 모르고 있거나 그것에 대해 관심이 없는 듯 보였으며, 교회에서 간단한 다과를 나눈 후 헤어졌다. 출발하기 직전에 장군은 내게 장례 대원들에게 기념주화(challenge coin)를 나눠줄 것을 지시했다. 필자는 당혹했다. 솔직히 의식에 대해 직설적이면서도 낮은 톤의 핵폭탄을 기다리고 있었다. 코팰 부인은 집으로 오는 길에 잠시 동안 조용히 그들을 애도하며 진실함이 깃든 눈물을 흘렸다.

우리가 사무실에 들어섰을 때, 나를 보고 주춤하는 비서의 모습이 보였다. "101사단의 참모장에게서 만족스럽지 않은 장례식과 관련하여 전화가 와 있습니다." 장례 대원을 책임지고 있는 중령이 자신의 대원들이 저지른 잘못에 대한 책임을 지고 켄터키에 있는 사단 본부로 적절히 전화를 걸어온 것이다. 장군의 집무실에 들어갔을 때, 그는 넥타이를 풀고 있었다. 필자는 101부대의 중령이 장례 대원들의 실수를 사과하기 위해 전화를 걸어왔다고 설명했다. 그는 나를 보고 말했다. "별 얘기할 필요 없다. 그에게 대대장과 그의 대원들은 직무를 완수했고, 가족들이 감사했다고 전해주어라.” 장군은 덧붙여서 “군인들이 동류 군인들의 죽음에 애도를 표할 때 실수 같은 것은 중요하지 않다”고 말했다.

리더십 시사점

나의 지휘관은 자신을 낮췄고, 그렇게 함으로써 101공수사단과 죽은 병사의 가족들을 애도하는 데 초점을 맞췄다. 일반적으로 기업의 CEO나 임원들이 자신을 드러내고 조직을 챙기는 방법으로 가족들에게 초점을 맞추기 위한 희생과 유사해 보일지도 모른다. 하지만 진실은 정반대이다. 힘든 곳을 찾아가고, 자신을 낮춤으로써 그가 얼마나 훌륭한지를 보여준다.

예식 등 조직의 상징적인 행위에서 리더가 함께 있어야 한다는 점을 인식한다면 조직은 치유되기 시작한다. 이는 중요한 순간이다. 어떤 일은 가족들끼리만 슬퍼해야 할 때도 있지만, 리더는 조직의 요구를 인지해야 한다. 때때로 조직 자체가 애도하기를 요구한다. 물론 조직의 아픔을 애도하는 기간이 필요하지 않을지라도 애도 기간은 결속의 방식, 사회적 응집력을 창조하는 방식에서 의미를 가진다.

죽음의 인지는 계속적으로 요구되는 것임을 받아들인다

죽음을 인지한다는 것이 핵심 단계이다. 위험한 상황에서는 애도를 표하기 위해 장례식을 치르는 것도 매우 어렵다. 해외로 파병되면 죽은 동료의 장례식에 참석하기도 쉽지 않다. 군의 전통은 사망자나 사망자 가족의 참석 없이도 진행하는 예식을 발전시켜왔다. 물론 그런 전통은 독특하고, 일반 대중에게는 익숙하지 않다.

그러나 죽음이 거의 발생하지 않는 다른 조직에서도 이와 같은 원칙을 고수할 수 있다. 직원들은 집에서 먼 곳에 매장될 수도 있을 것이며, 조직 내 다양한 특성으로 전통적인 애도 모임을 제한할 수도 있다. 그런 환경에서 리더들이 죽음을 인식한다는 것을 다양한 형태로 보여주는 것이 중요하다. 다음의 사례는 실제 장례식을 치르지 않거나 유족의 참석 없이도 사망자에 대한 조의를 표하는 다양한 방법에 대한 것이다.

죽음에 대한 애도 의식: 미 육군이 사망자를 존중하고 육군의 조직을 새롭게 하는 방법

850명으로 구성된 다국적 조직인 필자의 대대에서 다섯 명의 병사가 앞서 설명한 다리 사고에서 사망했을 때, 그들의 시신은 신속히 서울의 미군 병원으로 옮겨졌고, 사망자들을 알고 있던 병사들의 호위 하에 미국으로 보내졌다. 차량이 떠나기 전 예하 지휘관들은 대대의 병사들을 정렬시켰다. 소문으로 들은 병사들도 있었지만, 대부분은 모르고 있었다. 필자는 850명의 부대원들에게 다섯 명의 동지(네 명의 미국인과 우리에게 배속된 한 명의 한국군)를 잃었다고 설명했다. 주변에서 불평과 탄식이 들렸다. 사망자의 이름을 발표하는 동안 성조기와 연대기가 바람에 날리는 소리만 들렸고 분위기는 침울했다. 병사들로서는 자신들에게 닥친 죽음이라는 운명을 받아들이기 어려웠다.

전형적인 전투부대 전통에서 의식은 3가지 불변의 요소를 가지고 있다. 즉 사망자에 대한 회상(사망자에 대한 기억), 죽음의 수용, 극한 상황에서의 죽음 의식. 이 3가지 형식은 경찰관, 스카이다이버, 소방관, 등산가 등 다른 조직의 의식에서도 찾아볼 수 있지만, 우리의 강철대대 의식에서 명확하게 드러났다.[1]

유품을 통한 사망자 애도 의식

부대원들의 시신이 가까운 친족에게 즉시 인도되어야 했기 때문에 특무상사는 사망한 병사들의 소지품과 장비들을 사용하여 사망자에 대해 최대한의 애도를 표했다. 속이 빈 나무로 만들어진 단상은 야전포병의 특성을 대표하는 진홍색으로 칠해졌다. 착검된 소총이 수직으로 꽂혀 있었고, 소총 개머리판 끝에는 병사들의 이름이 적힌 헬멧들이 올려졌다. 깨끗하게 광을 낸 병사들의 전투화는 그 아래에 놓였다. 마지막으로, 병사들의 군번줄을 소총에서 전투화까지 늘어뜨렸다. 인식표는 한 쌍으로 붙어 다니는데, 두 번째 인식표는 운송 중에 유물들과 함께한다.

장례식장인 강당에 정성들여 진열한 물품들(전투화, 방탄모, 인식표, 개별적 방탄모 밴드, 그리고 소총)은 사망한 병사들을 대신하는 상징물이었다.

사망자에 대한 기억

의식을 위해 강당에는 대략 50명의 참석자가 앉아 있었고, 대대는 대형으로 서 있었다. 죽은 병사들은 다양한 방식으로 기억되었다. 조사는 직속상관, 부대장 그리고 몇몇 동료가 낭독했다. 내용은 감동적이면서도 비극적이었다. 그들은 병사들의 헌신성과 프로정신을 기억했고, 개인적 일화도 언급했다. 한 병사가 한국 사람인 것처럼 보이는 캐나다 아가씨와 한국말로 더듬더듬 대화를 나눴던 얘기, 전 분대원이 서울의 지하철에서 12시간 가까이 헤맸던 사실 등을 기억했다. 조사 낭독이 끝나자 참석자들은 찬송가 'Amazing Grace'를 불렀는데, 이 노래는 종교성이 없는 가사와 친숙한 곡조로서 균형을 맞추기 위해 선택된 곡이었다.

죽음의 수용

병사들이 동료의 죽음을 수용하는 것은 슬픔의 감정을 넘어서도록 하는 데 있어 중요하다. 사망자를 애도하기 위한 의식 중 하나는 점호이다. 모두가 일어서자 지휘관이 특무상사에게 점호를 지시했다. 병사들이 차례로 호명되었고, "예, 저 여기 있습니다, 상사님!"이라고 각각 대답했다. 대여섯 번 죽은 병사의 이름이 불렸고, 아무 대답이 없었다. 특무상사는 그들의 이름을 세 번씩 호명했으나, 매번 정적만 흘렀다. 이런 고통스럽지만 카타르시스적인 과정에 이어 "받들어 총!" 하는 구령과 함께 경례로 의식이 마무리되었다.

이후 사망자들에 대한 개별적인 작별인사가 있었다. 부대원과 방문자들은 한 사람씩 사망자를 상징하는 전시물에 거수경례로 작별인사를 했다. 사망자에 대한 친밀함을 담아 비격식적인 표현으로 애도를 표하는 부대원들도 있었다. 또 부대 지휘관의 명예주화 증정도 있었다. 대대와 영원한 상징들도 포함됐다.

장례식을 마치고 나서 애도하기 위해 부대 밖의 술집에서 다시 모였다. 내가 "강철(Steel, 대대 명칭)!"이라고 하며 잔을 들고 "영원히 집으로(going home forever)!"로 건배를 외쳤다. 우리는 매년 겨울 수호신인 세인트 바르바라(Saint Barbara)의 공식 행사도 한다. 그 기념식은 한국 의정부에서 250명 이상의 포병 장교를 위한 검은 넥타이 정찬이었다. 세인트 바르바라 정찬에서는 전통적인 와인 축배인 "우리의 전사한 동료들을 위해!"라는 건배사가 있다. 물론 사망한 병사들의 이름을 일일이 열거하지는 않는다. 공식적으로 술을 권장하지는 않지만, 죽은 동료들이 절대 잊히지 않길 바라는 마지막 행사이다.

리더십 시사점

사망자들을 기념하는 의식은 각 조직에 적합해야 한다. 가장 이상적인 의식은 다음의 3가지 특성을 갖고 있다. 사망자에 대한 회고가 있어야 하고, 사망자의 삶에 대한 찬양, 그리고 조직의 미래를 조용히 준비시켜야 한다. 예를 들어, 9.11테러 때 658명의 종업원을 잃은 캔터 피츠제럴드(Cantor Fitzgerald)는 사망한 종업원들을 위한 웹 사이트를 개설했고 현재도 유지하고 있다. 사망자들은 사진으로 재현되고, 그들의 삶을 축복하고 찬양하는 친구들과 가족들이 올린 글이 있다. 웹 사이트는 또한 가족들과 생존자들을 지원하기 위한 Cantor Relief 기금으로의 연계, 그리고 캔터와의 직접적인 연결 등의 방법으로 구조적이고 적절한 미래 지향성을 가지고 있다.

그랜더 재난과 2001년 9.11테러 때 펜타곤, 세계무역센터, 펜실베이니아 지역에서 발생한 대량의 인명 희생을 살펴보면 중요한 것은 무엇이든 출발점을 만들지 않으면 안 된다는 것이다. 어떤 조직은 시간이 흐름에 따라 많은 수의 구성원을 잃을 것이다. 시간이 지났을 때, 적절한 추모와 기념은 아무것도 하지 않거나 최소한의 인정만 하는 집단보다 훨씬 더 뛰어난 회복력을 갖는다. 고등학교나 대학교에서 젊은 구성원이 죽었을 때는 재현, 찬사, 미래 지향성이라는 3가지 특성을 포함한 의식으로 영구적으로 기억해야 하고, 졸업식에서도 묵념의 시간을 포함해야 한다. 회사들은 리더들이 진정으로 애도하고 있다는 분명한 메시지를 보내야 한다. 이런 리더의 메시지는 회사 내에서 충성과 응집력을 형성하는 데 매우 귀중하다.

3
비극의 순간에 발견하는 훌륭한 리더십의 가치

이런 가치는 극한 상황에 처한 리더들과 구성원들에게 대단히 소중하다. 육군 지휘관들에게 부대의 사기를 보존하는 데 있어서 병사를 위한 의식보다 더 중요한 것은 없다. 사단장에서 소대장까지 모든 지휘관들은 기념식에 참석해야 한다. 일반 병사들은 의심할 바 없이 사망자들과 일체감을 가진다. 전사한 동료들을 기억하고 소통하는 데 있어 장교는 중대한 임무를 가진다. 그가 해야 할 임무의 핵심은 생존한 병사들을 존중하고 그들에게 관심을 갖는 것이다. 단지 이미지 관리가 아니라, 지휘관이 인간적으로 참여하고 정서적으로 깊게 몰입하는 것이다. 눈물을 흘리는 것은 나약함의 표시가 아니다. 병사들은 겉으로 보이는 관심과 진정한 관심의 차이를 귀신같이 구별해낸다. 병사들은 또한 훗날 전장에서도 그러한 관심이 표현된다는 것을 알고 있다. 육군 리더의 책임이자 가장 중요한 리더십은 희생한 병사를 기억하고 애도하는 일이다.

그랜더 사고 나흘 후에 대통령이 주도한 기념식은 애도 리더십의 전형을 보여주었다.[2] 사망자에 대한 조의 표현과 행동을 효과적으로 하는 사회적인 리더는 애도과정에서 공동체를 통합하는 조치를 취한다. 한 예로, 대통령과 영부인은 포트캠벨에서 열린 기념식에 참석했다. 사단장은 "대통령이 슬픔을 공유하는 것"에 대한 가치를 말했고, 유가족들을 맞이하고 위로하기 위해 대통령과 함께 걸었다. 레이건 대통령은 "미국 국민의 대표로서 포트캠벨과 함께 온 나라가 애통해한다"고 말했다.

위기 상황에서 보여주는 효과적인 리더십은 통제 감각과 예측력으로 혼동, 혼란, 두려움 가운데서 희망을 재건하는 데 도움이 된다. 포트캠벨에서 리더들은 재난이 준 교훈을 통해 조직발전을 위해 다 함께 노력하기로 했다. 공통의 주제는 이러한 비극을 함께 겪음으로써 병사들과 그들의 가족이 더 강해지고, 나아가 국가 방위 임무를 더욱 견고하게 준비하리라는 것이었다.

공동체 위기 및 재난과정에서 긍정 리더십이 제대로 발휘되지 않을 수도 있다. 심지어 리더들이 자기 조직 내에서는 훌륭하게 발휘할 수 있는 리더십도 외부의 정치적 요인이 그들의 리더십 역할 수행을 어렵게 만들 수도 있다. 예를 들어, 소송에 대한 두려움은 대규모 재난 발생 과정에서 자유롭게 소통하는 것을 억누를 수 있다. 그러나 위대한 리더들은 두려움 속에서도 정면으로 맞서 싸워야 한다. 잭 보벤더(Jack Bovender: 2장에서 소개한 인물로, 카트리나 허리케인이 발생했을 때 툴레인 병원을 피난시킨 미국병원협회의 CEO이며, 재난 동안 많은 인터뷰를 한 사람)는 그해 10월에 "오히려 소송에서 져서 나를 존중하는 사람들과 HCA의 진심을 보여주는 것이 나을 것 같다"고 말했다. 이는 강력한 가치기반적 메시지이다. 솔직히 나는 소송에 기초를 둔 리더십에 대해서는 들은 바가 없다.

9.11테러는 수많은 효과적 리더십의 사례들을 보여준다. 현장에서 질서를 유지하고, 생명을 구하고, 사망자와 생존자를 대하는 효과적인 행동 등을 결정하는 데 있어 펜타곤 리더들의 중요한 역할을 공식적으로 증명해왔다.[3] 뉴욕 시장 루돌프 줄리아니(Rudolph Giuliani)는 세계무역센터에 대한 공격 후 대중매체로부터 효과적 리더십에 대해 광범위하게 칭찬받았다. 그는 관료주의를 타파하고, 전체 도시를 조망하고, 개인적으로 공격의 원점에 위치하여 뉴욕의 의지와 비전에 초점

을 맞췄다.

이런 리더들은 집단의 공유 가치들, 공동 목표, 희생과 죽음의 공동 경험에 초점을 둔다. 이런 시각은 통합과 단결의 감성을 촉진하고, 공동체를 통합하는 일련의 기념의식을 통해 강화되었다. 중요한 것은 회복하는 일과 그 조직에서 진행되는 업무 책임에 대해 집단 주의력을 집중할 수 있는 리더와 권한 관계를 명확히 하고 조화시킨 것이다.

최근의 잘 알려진 사례로는 대통령의 요청으로 카트리나 재난 현장에 나타난 러스 오노레(Russ Honore) 중장이었다. 러스 오노레 중장이 뉴올리언스에 도착했을 때, 레이 나진(Ray Nagin) 뉴올리언스 시장은 그를 가리켜 모든 것을 할 수 있는 '존 웨인'으로 지칭함으로써 CNN 전파를 탔다. 오노레가 한 구체적인 행동들로는 공격적으로 자원을 정렬하는 것, 인도주의적인 복잡한 임무에서도 부대를 강력하게 집중시키는 것, 그리고 예리하게 대중매체를 다루는 것도 포함되었다. 현장 취재의 노력을 줄이기 위해 건설적이지 않은 정보를 끊임없이 요청하는 기자에게 "보세요, 당신은 어리석음에 빠져 있습니다"라고 훈계하는 그의 모습은 삽시간에 전 세계로 퍼져나갔다. 이런 리더들은 혼란 상황 가운데서도 공동체에 적절히 통제력을 위임하는데, 이는 두려움 대신 희망을 갖게 하는 데 유효하다. 그들은 공동체의 에너지를 재난이 주는 도전에 향하게 하고, 경험을 통해 유용한 교훈을 배우도록 한다.

계속되는 재난 속에서 조급할지라도 진지하게 치러지는 의식은 애도 과정에서 공동체를 응집시킬 수 있다. 예를 들어, 그랜더 비행기 사고가 일어난 날 아침에 포트캠벨에서 여단 강당으로 가족들이 도착함으로써 첫 번째 의식이 이뤄졌다. 이로써 여단장의 지휘 아래 공동체로서 함께 애통해하는 것의 가치가 더욱 강화되었다. 같은 주제가 그 후 몇 주 동안 개최된 행사에서도 끝까지 유지되었다.

포트캠벨 공동체는 일반적인 조직에서 평상시 자신들의 기능을 수행하는 것 이상으로 유기적으로 움직였다. 예를 들어 심리학자, 변호사, 인사행정가, 목사 등 보통 개별적으로 일하는 조직들은 관료 주변에서 움직이는 게 도움이 되는데, 이를 위해 가족지원센터로 배치했다. 애도하고 후원하는 데 계급은 더 이상 의미가 없었다. 사람들은 그냥 다른 사람들을 도왔고, 보통의 군대사회 위계는 거의 인지되지 않았다. 지휘관들은 가족들을 이해시키거나 도울 수 있다면 자신들의 직권으로 육군 규정을 철회하거나 개정하거나 무시했다. 그 덕분에 친구들과 동료들에 의한 신속한 사망 처리 시에 받을 수 있는 혜택보다 더 오랫동안 관사에 거주할 수 있었다.

리더들은 단순한 허락의 범위를 넘어서서 비극을 애도하고 있거나 비극을 다루고 있는 조직에 가능하면 행정적 유연성이 작용하도록 장려하고 요구해야 한다. 그러한 유연성은 조직의 더 낮은 계급의 사람들이 옳은 일들을 하기 위한 자유를 허락한다.

그랜더 사고가 마무리된 후 재편성된 대대는 서서히 치유되었다. 대대는 단체 체력 훈련과 사격술에서 사단 내의 다른 부대들과의 경쟁에 승리했고, 여러 개의 상을 수상했다. 병사들에게는 다양한 문제들이 나타났지만, 단기간이었고 원만하게 해결되었다. 결국 부대와 공동체는 나쁜 효과를 지속하는 것으로부터 무사히 탈출했다. 뒤에 남겨진 사람들은 강화된 사회적 응집력과 집단 결속을 유지했다.

4
맺음말: 조직에 비극이 닥쳤을 때 리더십을 발휘하는 방법

극한 상황에서 리더들은 죽음과 함께하고, 사망자의 공로를 인정하고, 그들의 조직과 함께 애도하는 데 있어 전문가가 된다. 위험한 상황에서 사람이 죽는 것은 잔인한 사실이다. 운이 좋거나 능력 있는 사람들은 용케 죽음을 피했지만, 다른 사람들이 죽는 것을 보게 된다. 그 과정에서 리더들은 생명을 소중히 하고, 뒤에 남겨진 사람들에게 의미 있는 방법으로 생명의 가치를 배운다. 그럼으로써 죽은 사람이 아닌 살아 있는 사람을 존중한다. 사망자에 대한 리더의 인식, 공로에 대한 인정, 그리고 엄숙한 행동들은 생존자들을 더욱 강하게 응집시킨다.

리더들은 군인, 경찰관, 스카이다이버, 고위험 등산가 그리고 또 다른 프로들의 비극적 현실로부터 배울 수 있다. 죽음은 평등하다. 애통은 부자나 유명인이나, 가난한 사람이나 천한 자에게도 공평하다. 지휘는 사람에 대한 것이고, 죽음은 지휘하는 사람에게 의무와 기회 모두를 보여준다. 이런 상황은 갑작스레 발생하므로 리더들은 망설임 없이 나아가도록 준비되어 있어야 한다. 조직적 지원과 리더의 의지가 모두 필요하다.

필자는 병사들과 함께 육체적 · 정신적으로 강인함을 요구하는 훈련을 하는 동안 다음과 같은 표현을 접하게 되었다. "너를 죽이지 못하는 것은 너를 더 강하게 만든다." 이 말은 고통을 통해 발전한다는 뜻이며, 이는 다른 모든 조직에도 통용된다. 죽음, 손실, 비극은 조직의 규모나 역사에 관계없이 발생한다. 올바른 리더의 준비와 행동은 조직의 집단적 고통, 애통, 분노를 통해 응집력과 결속력을 향상시킨다. 당신의 충직한 팔로어들을 위해 이렇게 준비하라. 곧 당신 차례도 다가올 것이다.

핵심 Key point

1 비극이 일어나는 동안 외부에 집중하라. 생존자를 지휘하라. 필자는 병사 다섯 명이 비전투사고로 죽었을 때 이러한 교훈을 배웠다. 어떤 삶과 죽음의 상황이든 모든 리더에게 가치 있는 교훈이다. 위기나 비극을 처리할 때 자신의 감정에 휩쓸리지 말라. 지휘는 사망자들을 존중하고 당신의 조직에 닥친 슬픔을 돕는 것이며, 리더로서 당신이 어떤 감정을 갖느냐는 중요한 것이 아니다.

2 당신의 참모에게 비극에 대해 확실히 보고하도록 하라. 사람들은 리더들이 조직의 구성원과 직계가족의 질병, 부상, 죽음 등 세부내용으로 괴롭힘을 당하는 것을 원하지 않을 것이라고 생각한다. 그러나 위대한 리더들은 부하들의 삶에 깊은 관심을 갖는데, 특히 사람들이 삶과 죽음의 상황이나 애통함을 다루고 있을 때 더욱 집중한다. 반드시 기억하라. 당신은 사람을 지휘하고 있으며, 진실로 필요할 때 지휘해야 하고, 그곳에 있어야 한다.

3 당신의 조직에서 죽음을 대하기 위한 의식을 정하라. 당신이 위험한 상황에서 사람들을 지휘하고 있지 않더라도 죽음은 모든 조직에 발생한다. 자연적 원인들, 병, 사고, 심지어 범죄들로부터도 발생한다. 당신 조직의 사람들이 애도하고 생활하고 일할 수 있으려면 동료의 죽음을 인정할 수 있어야 한다. 군대는 그들의 직무적 성격에 적합한 장례의식이 확립되어왔지만, 모든 조직은 각 환경에 적합하게 비극을 다루는 그들 자신만의 방식을 발전시킬 수 있다.

4 조직에 닥친 비극에 잘 대처하기 위해 비극을 기다리지 말라. 죽은 동료들에 대한 존중과 추모는 당신의 조직에 회복력을 더해줄 것이다. 조직의 리더들이 진실로 구성원의 희생에 감정이 복받친다는 명백한 메시지를 보내라. 그런 리더의 메시지는 어느 조직에서든 충성과 응집력을 구축하는 데 크게 기여한다.

6장

리더를 양성하는 팀 만들기

익스트림 리더십 사례연구

극도로 위험한 환경에 자주 처하는 이들은 역경을 통해 그들의 리더십 역량을 개발시켜나가곤 한다. 위험한 상황은 리더들에게 진정성이나 투명성 같은 훌륭한 리더십 자질들을 요구하며, 실제로 이를 이끌어낸다. 위험한 상황에 대비해 리더는 구체적인 형태의 정신적, 물리적 그리고 감정적 준비를 해야 하며, 이를 통해 험난한 환경적 위협요소들에 대비하고 다양한 상황에서 신뢰할 수 있는 리더로 성장해 나갈 수 있다. 리더는 위험한 상황 속에서 훈련된 행동들을 통해 수많은 리더십 상황, 심지어 죽음에 둘러싸인 비극적 상황에서도 무엇이 바람직한 행동인지를 깨닫게 된다. 전문성을 갖춘 리더들이 위험한 취미나 직업을 통해 무언가를 깨닫게 될 때, 그들은 이것을 자기 고유의 리더십 브랜드에 적용시켜나감으로써 다른 사람들에게 영감을 불어넣고 동기를 부여하게 된다.

마지막 장에서는 미국 육군사관학교(웨스트포인트)의 스포츠 스카이다이빙 팀에 관한 사례연구를 통해 집단이나 팀을 극한 상황에 직면케 하는 것이 훌륭한 리더를 양성하는 데 어떠한 도움을 주는지를 살펴본다. 리더를 양성시키는 구체적인 환경, 다시 말해 무엇이 리더를 만들며 어떠한 과정을 통해 그것이 이뤄지는가에 대해 상당히 정교한 분석을 시도한다. 개인은 이러한 과업을 위해 어떻게 팀 구성원, 코치 그리고 조언자를 선택하는가? 위험한 환경이 팀 또는 팀 리더에게 미치는 영향은 무엇인가? 극한 상황이 실제로 리더 양성이라는 혜택을 가져다주는가? 이러한 리더들이 다른 리더십 환경에서도 뛰어날 것인가?

대학 스카이다이빙 팀은 매우 유용한 사례이다. 만일 당신이 경찰, 소방서, 군대 그리고 극기훈련학교와 같이 장차 위험 상황에 놓일 리더들을 양성하고 있다면, 이 사례가 제시하는 요소들을 훈련요건에 바로 적용시켜볼 수 있을 것이다. 또한 더욱 중요한 시사점은 극한 팀에 사용된 접근방식들 중 일부는 부서 간 작업집단, 청소년 집단, 이사회 등 다른 형태의 팀들에게도 적용될 수 있다는 점이다. 익스트림 리더십을 배우고 개발하려는 노력을 통해 위기 상황에서의 영웅들과 다양한 분야에 속한 위대한 공동체 리더들을 양성할 수 있을 것이다. 잘 정리된 이러한 아이디어는 공공부문이 우리의 조직, 공동체 그리고 정부를 위해 능력을 갖춘 헌신적인 리더를 양성하는 원천이 될 수 있는 가능성을 제시한다.

1
차세대 리더 양성에 팀은 매우 귀중한 역할을 한다

팀 그 자체로 반드시 리더 혹은 바람직한 개인적 속성들을 개발시킬 수 있는 것은 아니다. 연대라는 것은 범죄 조직처럼 잘못된 방향으로 발전해 나갈 수도 있다. 연대는 또한 정당한 이유로 형성되어 그릇된 가치를 기반으로 구축될 수도 있다. 예를 들어, 올스타 팀의 스포츠 마케팅 기법에 만연해 있는 개인주의의 추종으로 인해 좋지 않은 경기 모습을 보이는 경우가 종종 발생한다. 만일 리더가 제대로 리더십을 발휘하기 원한다면, 팀이나 조직의 명시된 목표를 개발하는 것이 무엇보다 중요하다. 조직의 핵심 사명이 장치를 생산하는 것이든, 라크로스(lacrosse) 경기에서 이기는 것이든, 범죄에 맞서 싸우는 것이든 일단 조직의 목표를 명시하는 것이 최선이다. 모든 집단, 팀, 조직 그리고 공동체는 앞으로 나아가고자 하는 사람들을 필요로 한다.

청소년 또는 성인 스포츠 프로그램 같은 모든 팀 활동들은 개별 리더들을 양성할 수 있는 잠재력을 보유하고 있다. 그러나 팀을 통한 리더십 개발 기능을 좀 더 정교하게 구축하고 거기에 위험 요소를 가미한다면 이는 더 이상 단순한 팀이 아니다. 리더를 양성하며, 구성원들이 핵심 사명이나 목표와 늘 함께하는 슈퍼팀(superteam)이 탄생하는 것이다. 리더를 양성함에 있어 이보다 더 좋은 방법은 없을 것이다.

미국 육군사관학교 스카이다이빙 팀의 경우 3월에 1학년 학생들을 대상으로 선발하기 때문에 스카이다이빙 팀의 생도들은 47개월의 생도생활 중 40개월을 이 팀에서 보내게 된다. 40개월 동안 일어나는 성장은 매우 심오하다. 강하할 때 기본적으로 수반되는 위험으로 생도들은 심각한 위기를 경험하게 되는데, 이를 통해 그들이 더 큰 성장을 이룬다는 것은 자명하다. 이러한 성장의 증거는 스카이다이빙 팀 생도들이 달성한 다음과 같은 리더로서의 업적을 통해 나타난다.

- → 지난 6년 동안 4학년이 되어 전체 생도대를 지휘하는 최고 지휘관 생도에 임명된 여섯 명의 생도 중 네 명이 스카이다이빙 팀의 구성원이었다.
- → 2006년과 2007년, 생도대 최고 지휘본부 직책의 대부분을 스카이다이빙 팀 구성원들이 맡았다.
- → 1학년 때 단지 10~12명의 생도들이 스카이다이빙 팀에 선발됨에도 불구하고 스카이다이빙 팀은 1999년 이래 두 명의 로드(Rhodes) 장학금 수상자와 다수의 트루먼(Truman) 및 마셜(Marshall) 장학금 수상자들을 배출했다. 2006년에는 찰리 이디(Charlie Eadie)라는 생도가 트루먼 장학금과 마셜 장학금을 동시에 수상했다.
- → 1978년 졸업생인 제프 윌리엄스(Jeff Williams)는 생도 시절 스카이다이빙 팀의 리더였으며, 현재 국제 우주정거장에서 근무하고 있다.
- → 매년 강하 경험이 전혀 없는 10명의 생도들이 선발되어 국가적으로도 경쟁력이 있는 낙하산 요원이 됨은 물론이고 세계적 수준의 리더들로 변신하고 있다.

이러한 현상은 절대 일시적인 것이 아니며, 스카이다이빙 팀 출신 졸업생들의 탁월한 리더십을 보여주는 여러 지표를 볼 때 더 이상의 통계적인 검증은 의미가 없어 보인다. 그럼에도 불구하고 이들의 선발과 발전 과정을 좀 더 살펴보고자 한다.

2
팀에서의 리더십 학습: 페어플레이를 넘어선 극한 경험이 주는 교훈

위험한 상황에서는 재도전이란 불가능하다. 심판에 의해 두 번째 기회가 주어지는 것이 아니라, 가능성이라는 허술한 규칙이 적용될 뿐이다. 만일 운명을 더 선호한다면 그것에 따라야 한다. 이와 같은 사실에 대한 인식과 선택 결과가 즉각적이며 회피할 수 없다는 위협으로 인해 위험 상황의 팀들은 위대한 리더를 양성하는 원천으로서의 역할을 수행할 수 있게 된다. 이전 장들에서 언급된 내용들을 봤을 때, 위험한 상황은 팀에 속해 있는 리더의 성장에 다음과 같은 특성들을 주입시키게 된다.

→ ***내재적 동기부여***: 상황 자체가 팀 리더 및 구성원들은 흥분하게 만들고 최대한의 집중을 요구하기 때문에 동기부여 요소에는 그다지 많은 관심을 갖지 않게 된다. 따라서 치어리더나 세일즈 스타일의 리더들에 의해 동기부여가 되는 것이 아니라 상황 자체에 의해 동기부여 되는 것을 배우게 되고, 이러한 점이 훌륭한 리더로 성장하는 데 도움을 준다.

→ ***학습 지향***: 위험 상황에서 살아남기 위해 에너지를 쏟아 부어야 하는 팀 구성원들은 신속하게 학습하며, 집중력을 잃거나 자신에게만 몰두하는 시간을 줄이게 된다. 팀은 공통의 위협요소인 위험에 대처하기 위해 뭉치게 된다.

→ ***공유된 위험***: 모두가 다른 모든 이를 보살펴야 한다. 그다지 심각하지 않은 위험이 내포된 스포츠에서도 개인적 공명심이나 이기심이 어느 정도 결과에 영향을 미치지만, 고도의 위험 상황에서 동료들과 위험을 함께하길 꺼려하는 이기적이거나 자기중심적 구성원은 즉시 배척받을 가능성이 높다. 극도로 위험한 팀에서는 그 누구도 뒤에 남지 않는다는 것을 배우게 된다. 서

로를 보살피는 일은 모든 팀원에게 주어진 직무이며, 이것이야말로 매우 강력한 교훈이다.

→ *공통적인 생활방식*: 위험 상황에서 팀 구성원들은 동일한 장비를 사용하고, 전 구성원이 최대로 동기화되는 삶에 전념하게 되는데, 이것이 '위험성의 법칙(the laws of chance)'이다.

미국 육군사관학교의 스포츠 스카이다이빙 팀은 리더 양성의 긍정적 측면들에 위험이라는 요소를 가미한 좋은 예이다. 스카이다이빙 팀의 구성, 개발 그리고 성과는 승자를 양성하기 위해 일반적으로 무엇이 필요한가에 대한 풍부한 시사점을 제공한다. 이 장에서는 먼저 스카이다이빙 팀의 역사 그리고 극한 상황과 관련된 특성들을 짚어보고, 이를 통한 리더 양성의 성과를 살펴본다. 아울러 스카이다이빙 팀의 생도 선발절차를 자세하게 분석한다. 이어서 리더십 개발자들에게 초점을 맞춰 단지 상호 경쟁적인 조직이었던 팀을 상호 발전적인 조직으로 변모시키는 코치, 팀장 그리고 다른 조력자들에 대한 논의를 전개한다.

3
대학의 스카이다이빙 팀: 익스트림 리더십 시험장

미국 육군사관학교의 스카이다이빙 팀은 1958년 생도 과외활동 부서의 하나로 창설되었고, 초기에는 단순히 레저를 위한 부서였다. 부서의 창설자인 헨머 가브리엘(Henmar Gabriel)은 1961년 졸업생으로, 현역 병사의 신분으로 육군사관학교에 합격했다. 1년간 생도시절을 보낸 그는 자유강하 방법을 배워 육군사관학교에 전수하기 위해 1958년 여름 노스캐롤라이나에 위치한 포트브래그(Fort Bragg)로 향했다. 함께 교육을 받은 다른 공수부대원들은 교육적 혜택을 받기 위해 육군을 떠나 전문대학이나 종합대학들로 떠났고, 이들 예비역이 다수의 아이비리그 대학에 고공강하 클럽들을 만들었다.

육군사관학교에서 생도의 리더십을 개발하는 수단으로서 고공강하를 인식하게 된 것은 최근의 일이다. 실제로 육군사관학교에서 전략적 모델로서의 개인적 개발(individual development)을 고려한 것은 상대적으로 새로운 개념이다. 2002년, 육군사관학교는 '생도 리더 양성 시스템(the cadet leader development system)'이라는 접근방식을 공식적으로 채택했다. 이는 사관학교의 근간을 이뤄온 기존의 '도태(attrition)' 개념을 없애고, 입학 절차를 통과한 생도들이라면 우수한 소위로 발전해나갈 수 있는 충분한 역량을 지니고 있다고 보는 접근방식이다. 생도 입학절차에는 합격 통지 후 첫 번째 여름에 상급 생도들이 신입 생도들을 짐승처럼 혹독하게 훈련시켜 '짐승 막사(beast barracks)'라고 불리는 입학 전 교육이 포함된다. 생도 교육의 목표는 직업 장교 및 리더로서의 고유한 정체성을 확립시키고, 군인으로서의 삶을 살아갈 준비가 되어 있는 제대로 된 교육을 받은 성인을 양성하는 것이다. 이러한 교육을 받은 이들은 자신의 행동은 물론 자신을 위해 일하는 이들의 행동에 대해 자발적인 책임을 지고자 한다. 사관학교 스포츠 팀들은 각 종목에서 승리할 뿐만 아니라, 생도들로 하여금 바람직한 리더의 자아상을 내재화하는 데 도움을 주어 사관학교가 추구하는 생도 개발 시스템 접근방식을 강화하는 역할을 하고 있다.

스카이다이빙 팀에 소속된 생도들은 그들 자신뿐 아니라 서로에게 책임을 져야 하며, 이러한 사실을 잘 인지하고 있다. 하지만 이러한 특성이 다른 모든 과외활동 팀에게 적용되는 것은 아니다. 최근 들어 사관학교 과외활동 스포츠 부서들에 대한 안전과 예의에 대한 우려로 인해 학교는 생도들이 아닌 자원봉사를 하는 장교들에게 제도적으로 집중하고 있다. 이로 인해 장교들은 각 팀이 수행하거나 수행하지 못하는 모든 일에 책임을 진다. 만일 이러한 일들이 글자 그대로 적용된다면 생도의 리더십 개발을 저해할 수 있으며, 이는 개발 측면이 아닌 운영 측면의 사고방식일 것이다. 생도들의 리더십을 요구하지 않는 이러한 정책들은 장차 생도들이 이러한 팀의 리더십과 관리방식을 육군의 장교들에게 퍼뜨릴 위험성을 지니고 있다. 물론 스카이다이빙 팀의 장교 리더 역시 안전 문제에 대해 최선의 노력을 기울이겠지만, 스카이다이빙이 지닌 극한의 위험적 특성은 생도들 스스로에게 개인적인 책임을 강요하고 있다.

예를 들어, 연방항공법은 주 낙하산의 경우 반드시 인증된 낙하산 장비 전문가(스포츠 고공강하에서는 현실적으로 불가능한 기준) 또는 그 낙하산으로 다음에 강하할 사람이 꾸리도록 강제하고 있기에 생도들은 자신의 낙하산을 본인 스스로 꾸려야 한다. 따라서 당연히 강하하는 사람은 자신의 목숨과 관련된 장비에 대해 개인 스스로 책임을 져야 한다. 팀에 소속된 장교들은 생도들이 독립적으로 행동토록 허락하기도 하지만, 생도들의 행동에 대한 책임을 받아들여야 한다. 따라서 개인적으로나 직업적으로 비판받을 위험을 감수해야 하며, 어떤 경우에는 실패를 맛보게 된다. 극도로 위험한 상황에서는 실패가 발생할 경우 오로지 감독, 장비의 디자인 또는 비상훈련만이 재앙을 예방할 수 있다. 다시 시도한다는 것은 불가능하다.

스카이다이빙의 일반적인 안전수칙은 항공기에 탑승하기 전에 어느 개인(흔히 '점프마스터'라고 불림)이 개별 스카이다이버들이 착용하는 장비를 검사하도록 요구하고 있다. 생도들은 이러한 검사를 상호간에 하도록 되어 있으며, 팀을 돕는 부사관이나 장교들은 수행절차를 가르쳐 줄 뿐 실제로 생도들이 하는 것을 멀리서 관찰하기만 한다. 그리고 스카이다이빙 팀은 생도들이 개인적으로 그리고 정기적으로 학과 동료이자 친구의 끔찍한 죽음을 예방하는 일에 대해 책임을 맡을 기회를 부여한다. 이것이 바로 큰 곤경에 처할 수도 있는 팀에 내재한 리더십 개발의 마술이다.

만일 코치나 다른 리더십 양성자들이 개별적 안전에 대한 책임을 생도들에게만 짊어지게 한다면 리더의 양성이나 학습은 거의 이뤄지지 않을 것이며, 그러한 운영방식이 더 유의미하게 안전하지도 않을 것이다. 코치나 리더십 양성자들의 역할은 생도들이 적절한 절차를 인지하고 있는지 확인하고, 필요한 절차를 강화해나가도록 이를 무작위로 점검하되, 그러한 기준과 기준을 충족시키는 절차에 대한 책임은 여전히 생도들에게 부과하는 것이다. 이러한 방식을 통해 생도들은 육군의 부대, 특히 전투부대에서 리더로서의 책임감을 더 잘 이해하고 받아들일 준비를 갖추게 될 것이다.

이러한 과정에서도 실수가 발생하지 않는 것은 아닌데, 다음에 제시된 사례를 살펴보자.

죽을 뻔한 경험이 준 소중한 리더십 교훈

2004년에 점프마스터의 직책을 맡은(항공기에 탑승하는 자기 자신과 다른 여덟 명의 강하 인원들을 감독할 책임이 있는) 한 생도가 항공기에 탑승하기 전에 다른 인원에 대한 검사는 완료했으나 미처 자기 자신의 장비는 검사하지 못했다. 다른 스카이다이버들이 뛰어내린 후 그 경험 많은 생도 역시 헬기에서 뛰어내려 일련의 뒤집는 순환 동작을 준비했다. 자유강하를 하며 일련의 동작 중 첫 전환을 시도했을 때, 평소와 다르게 그의 몸 좌측을 무언가가 치는 느낌이 들었다. 그것은 그의 낙하 장비 안전멜빵의 가슴 끈이었고, 버클 안으로 끈을 채우지 않아 느슨하게 펄럭거리고 있었다. 생도는 자신의 가슴을 따라 안전멜빵이 풀리는 것을 인지하는 순간, 엄청난 아드레날린이 솟구치는 것을 느낄 수 있었다. 가슴 끈 없이 낙하산이 개방되면 그의 어깨로부터 후방 배낭이 잡아당겨지면서 낙하 장비로부터 분리되어 시속 120마일로 날아가게 될 것이다. 지상에서 0.5마일(800m) 높이에서 그가 할 수 있는 것이라고는 공기를 긁으며 땅에 부딪치기를 기다리는 것뿐이었다.

아직 끈이 펄럭이고 있어 자신을 살릴 수 있는 마지막 한 가지 가능성이 남아 있었다. 그는 간신히 끈의 끝을 잡을 수 있었고, 자신의 몸을 따라 끌어당겨 낙하 장비의 반대쪽을 따라 투박하게 고리를 만든 후 끈의 나머지 쪽을 힘 있게 잡은 상태에서 낙하산을 개방시켰다. 낙하산이 펼쳐지고 끈에 상당한 힘이 전해졌으나, 간신히 매달려 있을 수 있었다. 낙하산 밑에서 그는 버클 안으로 가슴 끈을 다시 바로잡아 무사히 강하를 마칠 수 있었다. 하지만 지상에 내려선 그의 동공은 크게 열려 있었고, 입을 벌린 상태였으며, 여전히 가슴이 쿵쿵 뛰면서 온몸은 땀으로 젖어 있었다. 가치와 개인적 책임에 대해 수천 장의 파워포인트 슬라이드를 가지고 수백 번 강의하는 것보다 거의 죽음의 문턱을 밟았던 단 한 번의 경험이 그러한 개념들의 중요성을 더 잘 설명해주었다.

리더십 시사점

문제는 우리의 인생이 일상의 위험으로부터 단절되어 있기에 잘못된 일이나 무책임한 일을 반복적으로 저지르고, 아마도 그것에 대해 결코 책임지지 않는다는 것이다. 솔직해져보자. 만취한 상태에서 운전해본 적이 있는가? 당신이 손상된 중앙선을 따라 운전하는 동안 '사고를 내거나 사고를 당할 가능성이 얼마나 되지?'라는 생각을 얼마나 자주 해보았는가? 하지만 극도로 위험한 상황에서는 실수를 하는 바로 그 순간에 그에 대한 대가를 치를 가능성이 높다.

그러한 위협이 리더들로 하여금 무모함에 빠져 무턱대고 무분별하게 행동하는 것을 막고, 규율을 지키거나 책임을 지는 습관을 기르게 해준다. 쓸데없는 기회를 잡은 사람들은 자신들에게 유리하고 확률적으로 책임질 일이 결코 없을 것이라는 잘못된 교훈을 얻는 반면에, 의도적으로 위험을 감수하는 것이 절제력과 책임감을 개발시켜준다는 것은 매우 역설적이다.

4 미국 육군사관학교의 리더 생도 선발 방법

스카이다이빙 팀을 통한 생도들의 발전에 대해 의심하는 사람이라면 과연 스카이다이빙 팀 소속 생도들이 생도대의 리더 생도로 선발되는 데 어떠한 이점을 갖는가에 대해 즉각적인 의문을 가질 것이다. 먼저 스카이다이빙 팀 소속 생도들은 행정적으로는 어떠한 혜택도 받지 않는다는 것을 알 필요가 있다. 그러면 리더 생도 선발의 구체적인 절차를 살펴보자. 잠재력이 있는 리더를 선발하기 원하는 조직들은 웨스트포인트의 생도 선발 시스템을 통해 교훈을 얻을 수 있을 것이다. 미국 육군사관학교 생도대의 리더 생도 선발절차는 장교들의 신중한 판단, 상당한 양의 동료 평가, 후보자들의 학교생활 기록, 그리고 직접 관찰 등을 통해 매우 정교하고 공정하게 이뤄진다.

매년 입학하는 천여 명 이상의 생도 중 대략 10여 명의 생도가 스카이다이빙 팀에 선발된다. 다른 모든 자질이 동일하다고 가정한다면, 스카이다이빙 팀의 생도가 사관학교 핵심리더 생도 선발위원회에서 선발하는 48명의 생도 중 한 명이 될 비율은 대략 2년에 한 명꼴이다. 최고 지휘관 생도는 48명 중 가장 높은 지위이다. 따라서 스카이다이빙 팀의 생도가 최고 지휘관 생도가 될 확률은 96분의 1이 될 것이다. 그러나 과거 6명의 최고 지휘관 생도 중 네 명이 스카이다이빙 팀에서 선발되어 성장한 인원들이다. 2006~2007년에는 높은 지위 순서대로 위로부터 다섯 명의 생도 중 세 명이 스카이다이빙 팀 소속이었는데, 이 역시 일반적 확률보다 훨씬 높은 수치를 보여주는 예이다. 이는 스카이다이빙 팀의 생도 선발이 엄청나게 선견지명이 있거나, 이 팀에서 무언가 발전이 가능하다는 추론이 가능하다(아니면 둘 다).

선발 및 양성 과정에서의 이러한 성공들은 다음과 같은 상식적인 질문들을 제기한다. 핵심리더 생도들은 1학년 우수 생도들 중 우연히 선발된 것인가? 그렇지 않으면, 훌륭한 생도를 양성하는 데 있어 스카이다이빙 팀의 훈련과 양성, 특히 극도의 위험 상황과 연관되어 무언가 특별한 것이 있는가? 다시 말해 리더는 태어나는 것이 아니라 만들어지는 것인가? 이러한 질문에 대한 대답은 사관학교의 입학사무처가 왜 지속적으로 군대에 우수한 자질을 갖춘 리더들을 공급해 줄 수 있는가를 묻는 이들에게도 들려줄 수 있는 대답일 것이다. 사관학교는 우선 미래가 촉망되는 잠재적 리더들을 선발하고, 극도의 위험 상황에서 병사들을 이끌 의지와 능력이 있는 특별한 리더를 체계적으로 양성시켜나가야 할 것이다.

리더 생도 후보자 인터뷰

리더 생도 선발은 매년 2월에 소집되는 사관학교 훈육요원들로 구성된 장교단회의를 통해 공식적으로 이루어진다. '핵심리더위원회(the key leader board)'라고 공식적으로 알려진 본 위원회에는 생도대를 책임지는 육군 대령(민간대학의 부학장에 해당)이 포함된다. 이 직책의 공식 명칭은 '여단 전술 장교(BTO: Brigade Tactical Officer)'이다. 생도대는 각기 약 천여 명의 생도들로 구성된 4개 연대로 나눠져 있기 때문에 각 연대를 책임지는 장교들 역시 이 위원회에 참석한다. 위원회는 최고 지휘관 생도뿐만 아니라, 웨스트포인트의 최고참 부사관인 두 명의 주임원사로 구성된다. 핵심리더위원회에 앞서 각 연대는 간부와 생도가 비슷한 형태로 혼합된 위원회를 개최하여 핵심리더 생도 후보자 수를 각 연대당 12명 정도로 압축한다. 따라서 핵심리더위원회는 약 48명의 생도들 중에서 최고 지휘관 생도, 네 명의 연대장 생도, 그리고 기타 중요 참모 생도를 선발하게 된다.

리더위원회가 열리기에 앞서 각 위원들은 위원장에게 질문을 하나씩 제출한다. 위원회를 총괄하는 대령 위원장은 이 질문들을 검토하여 중복되는 질문이 없도록 확인한다. 위원장은 자신의 참모를 통해 각 생도의 기록이 담긴 바인더를 미리 준비토록 한다. 바인더에는 학과 성적, 체력검정 점수, 다수의 동료들로부터 받은 부하 또는 리더로서의 성과평가가 포함된 군사적 역량 평가 점수, 그리고 각 후보자가 직접 작성한 선호 직책 및 포부에 관한 설문지가 들어 있다. 핵심리더 위원회는 각 후보별로 인터뷰를 진행하며, 모든 후보에게 동일한 질문이 주어진다.

야외훈련: 새롭게 임명될 리더 생도들에 대한 검증

후보 생도들의 인터뷰가 끝나면, 위원들은 표준화된 점수표에 근거하여 작성한 후보 개인별 점수를 위원장에게 제출한다. 이 점수들을 토대로 생도들의 하계 야외훈련 기간에 봉사하게 될 핵심리더 생도들이 결정된다. 학교는 이러한 하계 야외훈련을 통해 생도들의 리더십 역량을 직접적으로 살펴볼 수 있는 좋은 기회를 갖게 되며, 역동적인 훈련 상황에서 리더에게 필요한 훈련 및 개발의 기회를 추가적으로 제공하게 된다.

장교들은 하계 훈련기간 동안 1차 핵심리더위원회에 참석했던 후보 생도들이 어떻게 다양한 리더십 역할을 수행하는지 살펴보게 되며, 이 기간 동안의 수행 점수를 토대로 차후 1년간 활동하게 될 최종적인 생도 지휘체계를 결정하기 위한 2차 핵심리더위원회가 7월에 소집된다. 2차 핵심리더위원회에는 1차 위원회 때 참여했던 최고 지휘관 생도는 참여하지 못하는데, 이는 그해 여름에 이미 졸업하여 육군 장교로서 군 복무를 시작하기 때문이다. 따라서 장교들로 구성된 위원회에서 생도들의 이전 기록, 인터뷰 그리고 하계 훈련기간 동안에 발휘한 리더십 성과를 종합하여 생도 지휘체계를 결정하게 된다. 위원회 검토, 실제 수행평가, 그리고 또 다른 위원회로 이어지는 이러한 '위원회-수행-위원회(board-perform-board)' 형태의 접근방식이 어떠한 생도들이 생도대를 이끌지에 대한 보다 정확하고 객관적인 의사결정을 할 수 있게 해준다.

리더 생도들을 구성할 때는 성과뿐만 아니라 다양성도 고려된다. 위원회는 성별, 인종, 미국대학체육협회(NCAA) 소속 선수 생도, 사관학교 입학 선 예비학교 출신 생도, 그리고 생도대를 구성하는 4개 연대로부터 골고루 리더 생도들이 선발될 수 있도록 배려한다. 선발 명단이 결정되면 웨스트포인트를 지휘하는 준장과 중장의 승인을 거치게 된다.

스카이다이빙 팀원들에게 기대되는 이상적인 최종 상태는 바로 이러한 선발 과정을 거쳐 생도들을 지휘하는 리더 생도가 되는 것일 것이다. 실제로 스카이다이빙 팀 구성원들이 리더 생도가 되는 비율은 이례적으로 높다. 따라서 당연히 스카이다이빙 팀원들이 성공하는 이유를 그들 자체가 좋은 자질을 가지고 있기 때문이라고 생각할 수 있다. 즉, 장래가 촉망되는 유능한 생도들이 1학년 생도시절에 스카이다이빙 팀에 선발된다는 것이다. 이어서 기술할 스카이다이빙 팀 선발 과정은 리더십 자질을 갖춘 새로운 리더를 찾고자 하는 모든 조직에 좋은 모델이 될 수 있을 것이다.

5 고성과 팀을 구성하는 방법

탁월한 성과를 창출해내는 고성과 팀(High-Performing Team)을 구성할 훌륭한 인재를 선발하는 것이야말로 모든 조직의 성공에 핵심적 선결조건일 것이다. 선발의 중요한 원칙 중 하나는 당신이 찾을 수 있는 가장 우수한 개인들로 팀을 구성하는 것에만 몰두하지 말라는 것이다. 개인적인 기량 위주로 팀을 구성하다 보면 평범한 팀을 슈퍼팀으로 변모시키는 데 필요한 핵심적 요소들인 응집력, 집단의 안정감, 긍정적 팀 문화, 그리고 다양성이라는 요소들을 간과하거나 경시하기 쉽다. 함께 일하는 데 뛰어난 잠재력을 가진 사람들이 실제로 높은 성과를 내는 발전적 팀의 핵심을 형성한다. 나머지는 리더십과 열심히 일하는 것이다.

높은 잠재력을 가진 사람을 찾아내는 일은 상대적으로 쉽다. 단지 다양한 형태의 역량이 탁월한 사람을 찾으면 되기 때문이다. 육군사관학교 괴외활동 팀 중 생도들이 입학하는 가을에 공개 테스트를 하지 않고, 한 학기를 보낸 다음 늦은 겨울에 팀원을 선발하는 팀은 스카이다이빙 팀이 유일하다. 이처럼 시기를 늦춰 생도들을 선발하면 사관학교의 3가지 개발 프로그램인 학업, 체력 그리고 군사 영역에서 그들이 보여준 실적을 참고할 수 있다. 가을에 선발할 경우, 대부분의 생도 자질은 고등학교 시절의 기록을 통해 평가할 수밖에 없을 것이다.

스포츠 스카이다이빙 팀은 겨울에 생도 평가를 진행함으로써 학업 능력, 체력 검정 및 체육 수업, 그리고 군사적 개발 프로그램을 성공적으로 수행할 수 있는 역량을 평가할 수 있게 된다. 위험하고 부담이 큰 스포츠에 높은 잠재력을 가진 이들은 언제나 3개 영역에서 모두 높은 점수를 기록한다. 이는 단지 육체적인 역량이나 능력만으로는 충분치 않다는 것을 보여준다. 위험한 상황에 처하는 정예 팀에서 높은 성과를 내기 위해서는 올바른 판단과 상황을 신속하게 분석할 수 있는 능력이 요구된다.

생도 스카이다이빙 팀에 들어가기 위한 여정은 통상 10~12명 안에 선발되기 위해 100여 명 이상의 생도들이 경쟁하는 안내 보임부터 시작된다. 각 생도들이 첫 학기부터 이미 의무적으로 교내 혹은 미국대학체육협회 팀에 속해 있다는 점을 감안하면, 이는 매우 놀라운 숫자이다. 생도들은 스카이다이빙 팀인 '블랙 나이츠(Black Knights)'에서 점프할 기회를 얻기 위해 현재 자신들이 하고 있는 활동을 그만둘 의지가 있는 것이다.

리더십 시사점

결정적인 여건에서 실제로 얼마나 임무를 잘 수행하는지에 대한 확실한 평가 없이 고성과 팀을 구성해서는 결코 안 된다는 교훈을 모든 리더 양성자들에게 주고 있다. 또한 고성과 조직은 조화, 영리함 그리고 내재적 동기부여 등과 같이 다방면에 걸쳐 역량 있는 사람들을 선발해야 한다. 한 가지 요소에만 지나치게 집중하다 보면 성과를 내는 사람을 찾을 수는 있겠지만, 그것이 반드시 진정한 리더 재목을 발굴하는 데 기여한다고 보장할 수는 없을 것이다.

지원 절차

안내 모임 이후에 지원을 희망하는 생도들은 팀 규정에 맞는 지원 서류를 제출한다. 지원 서류는 후보자의 전 과목 성적, 지금까지의 체력검정 점수, 현재 활동 및 관심분야를 보여주는 표준화된 정보들로 구성되며, 동료나 상급자, 기타 지지자에게 받은 추천서 3통이 포함된다. 현 스카이다이빙 팀원이나 코치에게 추천서를 받을 수 없다. 역량과 적합도에 대한 객관적인 평가를 방해하는 "무엇을 아는 것이 아닌 누구를 아는가(who you know, not what you know)?" 효과를 최소화하기 위함이다. 마지막으로 강하나 스카이다이빙 팀에 관심을 갖는 이유에 대한 진술서도 지원 서류에 포함된다.

리더십 시사점

당신의 조직 또는 사업체는 지원자가 '무엇'을 아는가가 아닌 '누구'를 아는가에 따라 인원을 선발하고 있지는 않는가? 스카이다이빙 팀은 그 자체로 도전적이고 위험하기에 지원자의 역량에 중점을 두지만, 다른 많은 조직 또는 사업체는 이러한 비중이 대부분 리더의 재량에 좌우된다. 당신은 지원자들에게 왜 팀 구성원이 되고자 하는지 자세하게 설명하라고 요구하는가? 만일 그렇지 않다면, 그러한 요구는 지원자가 단순히 하나의 일을 얻고자 하는 것인지, 아니면 당신의 팀에 필요한 일을 얻고자 하는지를 밝혀내는 데 도움을 줄 수 있을 것이다.

잠재적인 팀 구성원들에 대한 평가

일단 지원자가 모든 지원 서류를 제출하면, 각 지원자는 기존 팀원 중 한 명과 짝을 이루게 된다. 기존 팀원은 지원자를 만나 지원 과정과 관련된 모든 행정적인 측면을 조언해주고, 서류로 알 수 없는 지원자의 특성을 최대한 알아내려 노력한다. 동료나 지인들에게 지원한 생도에 대해 질문할 수도 있다. 짝을 이룬 팀원이나 다른 팀원들은 지원자가 다른 사람들을 어떻게 대하는지, 특히 민간인 지원 스태프나 하급 생도들을 어떻게 대하는지를 살피기 위해 신중하게 관찰한다. 그들은 다양한 상황에 대한 지원자의 판단력과 자기 자신에 대한 표현력을 평가하기 위해 지원자들과 충분한 시간을 함께 보낸다. 여기서 무엇보다 중요한 평가요소는 과연 지원자가 기존의 팀원들 및 팀 문화와 얼마나 잘 어울릴 것인가 하는 점이다. 지원자 적합도에 대한 이러한 평가는 매우 주관적이나, 지속적으로 응집력이 있는 팀을 구축하기 위한 중요한 부분들 중 하나이다. 이와 관련된 질문들은 매우 다양하다.

→ 지원자는 스카이다이빙 팀원이 되기 위해 어떠한 희생을 해야 하는지 알고 있는가? 예를 들어, 매주 6회 점프해야 하며, 휴일에도 8시간을 투자해야 하며, 크리스마스 기간에 전국의 대학들이 참가하는 스카이다이빙 대회에 참여해야 한다는 것을 알고 있는가?

→ 지원자는 망설이는 경향이 있거나, 어설프거나, 세세한 것에 부주의하지는 않은가?

→ 지원자는 지나칠 정도로 말을 많이 하거나(특별히 자기 자신에 대해), 욕설을 하거나, 무언가를 바라거나, 술을 마시거나, 불평하거나, 그렇지 않으면 허풍

을 떨지는 않는가?

→ 지원자는 상급자에게 비위를 맞추거나, 개인의 이익을 위해 하급자를 이용하지는 않는가?

→ 지원자는 나의 형제자매로서, 혹은 나의 생명과 관련하여 신뢰할 수 있는 사람인가?

이는 극도로 개인적인 질문들이지만, 팀은 개인들로 이루어져 있다.

리더십 시사점

당신이 일하고 있는 조직의 구성원들을 대상으로 위의 질문들을 당신 스스로에게 던져보라. 당신의 팀원들은 위의 테스트를 통과할 수 있는가? 그렇지 않다면 왜 그런가? 스카이다이빙 팀은 극도로 위험한 상황을 강조하기에 미래의 팀원들에 대해 "이 사람에게 내 생사를 맡길 수 있는가?"를 질문하게 된다. 만일 당신이 기대를 저버리지 않을 만한 팀 구성원을 받아들이고자 한다면, 이것은 보다 일반적인 맥락에 놓여 있는 조직의 지원자에게도 적용될 수 있는 유용한 기준이다.

체력과 준비상태에 대한 평가

몇 주에 걸쳐 지원자들을 알아가는 시간을 가진 뒤, 스카이다이빙 팀은 2분간 푸시업(push-ups), 2분간 싯업(sit-ups), 그리고 2마일 오래달리기로 구성된 육군 표준 체력검정을 실시한다. 테스트는 스카이다이빙을 하기 위한 체력적 적합성을 시험하기 위한 것이 아니다. 스카이다이빙은 육체적으로 그렇게 힘든 스포츠가 아니다. 다이빙과 유사하며, 소요되는 힘이나 체력 측면에서 기계체조나 축구보다 훨씬 쉬운 종목이다. 그러나 체력검정은 지원자의 의지를 측정하는 데 도움이 된다. 체력검정은 객관적이며, 몇 개월 전에 미리 알려주기 때문이다. 또한 점프가 많은 시간을 차지하기 시작할 때, 지원자가 지속적으로 체력적 조건을 유지할 수 있는가를 살펴보기 위해 활용된다. 마지막으로, 체력검정은 점프가 계획대로 이뤄지지 않아 공중에서 충돌이 있거나, 이상하게 착지하거나, 착지가 어렵거나, 다른 형태의 신체적 무리를 주는 작은 사고가 발생했을 경우, 부상을 입을 가능성이 가장 적은 생도들을 선발할 수 있도록 해준다.

리더십 시사점

대부분의 조직이 신체적 능력과 관련하여 지원자들을 검증할 수 있는 자원을 제한적으로 갖고 있지만, 조직 내부에서 조직을 이끄는 리더로 선발된 인원들에게 투지, 절제력 그리고 체력은 의심할 나위 없이 모든 리더에게 요구되는 특성이라는 교훈을 주고 있다. 이러한 자질들을 지니고 있는지를 판단하는 방법은 푸시업 개수를 세는 것 말고도 많다. 신체적 장애가 있는 이들도 이러한 자질을 지닐 수 있다. 요점은 모든 조직의 리더를 평가할 때는 이러한 특성들을 반드시 고려해야 하며, 이러한 주장을 반영한 평가방식을 도입해야 한다는 것이다. 당신이 조직의 리더라면 성심을 갖춘 사람을 고용하고 싶을 것이다.

후보자의 범위 압축

체력검정 점수, 전 범위 추천 및 정보와 함께 지원 서류가 완료되면 각 기수의 대표자를 포함하는 6인의 팀원으로 구성된 위원회가 소집된다. 그들은 서류를 검토한 후에 1학년 멤버가 될 후보자로 대략 30명 정도의 생도들을 인터뷰 대상자로 선발한다. 인터뷰 대상자들은 팀에 가장 잘 어울리는 이들이며, 여성과 소수집단이 포함될 수 있도록 세심한 주의가 기울여진다. 일부 행사의 경우에는 남성과 여성의 구분이 있으나, 대학 수준의 스카이다이빙은 기업체나 대부분의 다른 조직들과 마찬가지로 남녀 공동으로 교육이 가능하다. 팀의 목표는 팀 문화의 기조를 구축하는 핵심요소로서 최종 선발명단에 여성과 소수집단 생도들을 포함시킨다.

팀 구성에서 다양성의 가치를 인지하고, 팀 선발에 여성과 소수집단 생도를 포함하는 것이 왜 중요한 부분인지를 이해하는 것은 중요하다. 주로 백인 남성으로 구성된 사관학교에서 스카이다이빙 팀은 주목을 받고 있고, 여성이나 소수집단 생도를 포함하는 것이 정치적으로 유리한 점이 있다는 것은 사실이다. 하지만 내가 아는 한 어떠한 학교 리더나 대리인도 팀이 다양성을 갖춰야 한다고 주장하거나 제안하지는 않았다.

발전을 중시하는 팀에게 다양성은 정치적인 정당성의 문제가 아니다. 스카이다이빙 팀이 여성과 소수집단에 관심을 갖는 것은 그러한 다양성이 분명히 팀 문화에 균형을 맞추고, 팀 활동의 창의성과 폭을 넓혀주었기 때문이다. 스카이다이빙 또는 다른 극한 활동들은 남성 지배적인 경향이 있으며, 허세와 남자다움의 과시라는 전통을 지니고 있다. 팀 구성원들이 어울리게 되면, 강함과 빼김이 최고조인 경쟁적 환경이 지배하는 것을 막고, 경쟁적인 활동들의 맥락에서 쉽게 빠져 나올 수 있다. 성에 배타적인 운동 팀들이 섹스, 알코올, 마약 또는 다른 형태의 범죄행위와 관련된 스캔들로 무너지는 것을 흔히 볼 수 있다. 반면 다양성을 갖춘 팀들은 그러한 재앙적 자기파괴에 대해 강력한 내성을 지니고 있다. 소수의 정예 팀은 알코올 또는 다른 위법행위로 구성원을 잃거나, 파벌이 형성되거나, 다른 파괴적인 집단 역학을 감당할 능력을 가지고 있지 않다.

인터뷰 절차

인터뷰를 하는 생도는 사전에 규정된 군복을 착용하고 팀 위원회에 보고하도록 되어 있다. 위원회는 제복 규정에 어긋나거나 엉성한 점이 없는지 생도들을 세세하게 점검한다. 위원들은 스카이다이빙을 "세세한 것에 대한 주의가 삶과 죽음의 문제와 직결되는 스포츠"라고 인식하며, 팀이란 "자기 자신의 시간과 노력을 희생해야 할 대상"으로 간주한다. 인터뷰를 할 때 어떠한 형태의 노력 부족도 그 생도의 몰입도가 떨어진다는 것을 보여주는 것이라 여겨진다. 따라서 이러한 공개적 테스트 자체가 생도들을 발전시켜나가는 과정이다. 구직 인터뷰를 하는 경우, 모든 조직의 리더들에게 동일한 원리가 적용될 수 있다. 즉, 외모에 대해 세심하게 신경을 쓰는 것이 의사소통의 한 가지 방식이 된다.

리더십 시사점

조직의 리더들에게 주는 거의 일반적이라고 할 수 있는 교훈은 다양성을 갖춘 멤버를 구성하는 것이 팀이 수행하는 모든 일에 공손함과 상호 존중의 정도를 높여준다는 것이다. 다양성을 갖춘 팀은 안정적이다.

생도가 얼마나 잘 준비되어 있으며 긴장된 상황에서 어떻게 행동하는지를 보기 위해 각 생도에게 잘려나간 4개의 자유강하 대형이 주어진다. 생도는 그것들을 연결된 대형으로 구성해야 한다. 인터뷰를 준비하는 생도들을 위해 사전에 16개의 대형이 그려진 종이가 분배된다. 이러한 과업을 통해 자유강하라는 엄청난 긴장 상황에서 네 명 또는 여덟 명이 만드는 대형의 복잡한 연결동작을 수행해야 하는 강하자들에게 매우 중요한 특성이라 할 수 있는 기억 및 공간 능력을 점검하게 된다.

그런 한편 생도들에게 농담을 해보도록 하고, 도전적인 상황에서 역할극을 수행하게 한다. 예를 들어 위원들을 데이트하고 싶은 상대라고 가정하고, 어떻게 상대를 유혹할지 역할극을 하도록 요구하는 방식이다.

팀 구성원 선발

모든 인터뷰가 끝나면, 간단한 평가지에 기입된 평가점수에 따라 서류들을 정리하여 뛰어난 순서대로 배열한다. 코치들은 정확히 몇 명을 훈련시킬 것인가에 대한 의사결정에 참여한다. 누가 팀에 참여하게 될지는 팀 구성원들 스스로가 결정한다. 언제나 점수가 높은 순서대로 새로운 구성원이 결정되는 것은 아니다. 처음부터 끝까지 전체로서의 팀에 과연 누가 가장 적합할 것인가에 대한 판단이 선발절차를 지배하게 된다. 스카이다이빙이든, 사업체이든, 아니면 다른 어떤 형태의 조직이든 하나의 팀이 리더 양성의 실험실 — 다시 말해 팀 구성원들이 서로 편안하게 배울 수 있는 실체 — 로 작동하기 위해서는 구성원들이 함께 있어야 한다.

또한 팀에게는 지원자에게 합격 여부를 알려주는 절차가 매우 중요하다. 팀원 중 한 명이 직접 선발되지 못한 지원자를 만나 경쟁이 얼마나 치열했는지를 설명하고, 지원자의 관심에 고마움을 표시한다. 이러한 노력을 하는 이유는 스카이다이빙 팀이 오만한 엘리트들의 집단이 아니라, 소규모의 생도대를 대표하는 뛰어난 집단임을 보여주기 위해서이다. 극한의 위험 상황은 부하들을 향한 자기희생적 존중을 요구하며, 스카이다이빙 팀에게 이러한 존중은 선발되지 못한 생도들에게도 해당된다.

6
고성과 팀을 위한 리더 양성자

슈퍼팀에서 뛰게 될 선수들을 결정하는 것이 절차에 필요조건이긴 하지만 충분조건은 아니다. 구성하고자 하는 고성과 팀이 특수부대나 경찰을 위한 작전 팀이건, 익스트림 스포츠 팀이건, 중요한 사업체나 공학 프로젝트를 위해 일하게 될 집단이건 그 팀이 발전하고, 하나의 실체로서 학습하며, 리더들을 길러내기 위해서는 코치와 리더 양성자가 모두 필요하다. 단지 취미, 오락이 아닌 리더를 양성하는 엔진으로서 팀을 변형시킬 수 있는 양성자와 코치가 지니는 특성들은 무엇인지 살펴보자.

리더십 시사점

당신의 조직은 채용이나 입회에 선발되지 못한 지원자들을 어떻게 대하고 있는가? 이 질문에 대한 대답이 바로 당신의 조직이 사람에게 두는 가치를 반영한다.

위대한 팀에는 항상 팀을 책임지는 뛰어난 리더 혹은 리더들이 있음을 발견하게 된다. 가장 일상적으로 관찰되는 두 명의 리더는 수행 코치(performance coaches)와 팀장(team captains)이다. 그러나 가장 중요한 사람은 바로 리더 양성자(leader developers)이다. 최고의 팀들은 리더 양성자들을 보유하고 있다. 스포츠 분야에서는 스포츠 심리학자 또는 기술 컨설턴트들이 그 역할을 맡는다. 어떤 경우 그들은 팀에 대해 큰 책임을 지지는 않지만, 코치나 팀원들에게 조언을 해주는 전직 팀원인 '노장들(greybeards)'이다. 팀을 지원하거나 팀 문화에 깊이 관여하는 팀원의 부모들도 리더 양성자가 될 수 있다. 코치, 팀장, 아니면 그저 자주 방문하는 사람이건 상관없이 요점은 누군가 고성과 팀의 경쟁적 활동을 팀 구성원들의 개발에 집중시켜야 한다는 점이다.

현재 듀크 대학 농구팀 감독이자 미국 남자 올림픽대표팀 코치인 마이크 슈제스키(Mike Kzryzewski)와 그의 이전 코치이자 멘토인 바비 나이트(Bobby Knight)는 개발에 초점을 맞춘 고성과 팀들을 만들어내는 대가들이다. 그들이 이끄는 팀들은 농구경기에서 승리를 거뒀을 뿐만 아니라, 대학 스포츠에서 예외적으로 높은 4년 졸업 성공률을 창출해 냈다. 그들은 농구 자체에 대한 근시안적이고 일차원적인 관심에서 벗어나 선수들이 학업적으로도 승리자가 되고 코트 밖에서의 행동 역시 팀의 기준을 따라야 한다고 주장했다. 두 사람 모두 웨스트포인트 코치직을 수행했으며, 그들의 스타일은 팀의 경계를 넘어서서 균형을 이룬 탁월함이라는 전통의 일부로서 스카이다이빙 팀에도 분명히 나타나고 있다.

이러한 주장은 폭넓게 적용될 수 있다. 코치, 팀장 혹은 다른 어떤 사람이든 상관없이 팀의 누군가는 개인의 발전에 주의를 기울여야 한다는 것이다. 익스트림 스포츠 역시 이 주장에 적합한데, 이는 부상과 사망이 개인적 수준에서 나타나기 때문이다. 심지어 농구나 축구 같은 일반적인 스포츠에서도 발전에 초점을 맞추는 것은 큰 이득을 주며, 누군가는 팀의 관습과 운영 스타일에 이러한 초점을 불어넣어야 한다. 개인적으로 익숙한 사람들이 속해 있는 고성과 집단을 생각해보라. 많은 경우 팀의 성과보다 발전에 더욱 초점을 맞추는 사람들이 있음을 볼 수 있다. 그들이 바로 팀의 리더 양성자들이다.

수행 코치

수행 코치들은 팀의 기량과 승리에 대한 욕구를 개발하는 데 중점을 둔다. 그들의 초점은 팀이 경기에 참여하고 있거나 목표를 달성하고 있을 때, 또 능력을 개발하고 있을 때 가장 강하게 나타난다. 성과에 대한 실적과 승리의 전통이 수행 코치를 선발하는 핵심 기준들이다. 다음의 예를 살펴보자.

재능 있고, 경험이 풍부하며, 성과 창출에 크게 기여하는 수행 코치 모델

2004~2007년 웨스트포인트 스카이다이빙 팀의 수석 코치였던 에릭 하인스하이머(Eric Heinsheimer)는 모병사령부 소속 육군 스카이다이빙 팀 '골든 나이츠(Golden Knights)'의 경쟁력 있는 스카이다이버로 9년간 복무했으며, 1만 회 이상의 대형 구성 점프를 수행했다. 그의 책임은 재능과 경험이 부족한 이들에게 자신의 기술과 능력을 전수하는 것이다. 그는 스카이다이빙 산업 내의 수많은 연줄을 통해 도움을 줄 코치들을 많이 초빙했고, 최고의 장비 제조사와 판매업자를 팀에 연결시켜주었다. 경쟁력을 갖춘 팀에 성공적이고 열심인 수행 코치를 대체할 것은 없다.

그러나 에릭 하인스하이머 역시 일개 육군 부사관이며, 공식적으로 팀 감독에 책임을 지는 다른 코치들도 마찬가지이다. 그들은 팀 훈련이라는 상황에서 생도들을 높은 성과를 내는 장교들로 양성할 수 있도록 지속적인 노력을 기울인다.

리더십 시사점

팀을 통해 리더를 양성하기 위해서는 다른 팀, 집단, 조직들에게도 동일한 원리가 적용되어야 한다. 수행 코치는 팀 성과와 리더 양성을 혼합해야 한다. 이러한 일이 당신의 딸이 속한 축구팀이나 당신의 아들이 소속된 청소년 단체에서 일어나고 있는가? 이러한 일이 관제탑의 항공교통 통제사들이나 제품 판매상들 사이에서 일어나고 있는가? 만일 그렇지 않다면 리더를 양성할 매우 중요한 기회를 잃고 있는 것이다.

팀장

팀장들은 팀 내에 존재하는 동료들 간의 관계에 초점을 맞추며, 종종 일상적인 팀 활동은 감독하는 데도 주의를 기울인다. 그들은 코치가 팀을 운영해나가는 것을 돕고, 성과와 몰입에 중점을 두어 팀이 유지될 수 있도록 동료들 간의 상호관계를 구축한다. 대부분의 팀장들은 선출을 통해 그 직위에 오르며, 어느 정도의 준거적 권위와 권력을 부여받는다. 항상 그런 것은 아니지만, 팀장들은 각 팀에서 가장 뛰어난 선수들이다. 대중적인 권한과 인정받은 역량이 혼합되어 팀장들에게 더 나은 팀을 만들 수 있는 리더십의 우위가 발생한다. 웨스트포인트 스카이다이빙 팀장들 중 한 명의 사례를 통해 이를 살펴보도록 하자.

숙련되고, 사랑받으며, 영리하고, 성숙한 팀장 모델

웨스트포인트 스카이다이빙 팀의 팀장은 동료들이 '케이티(Katie)'라고 부르는 캐스린 힐레거스(Kathryn Hillegass)이다. 그녀는 매우 뛰어난 역량을 지니고 있으며, 모두가 좋아한다. 그녀는 어려운 아랍어와 프랑스어를 복수전공 했음에도 불구하고 평균 평점이 3.9 이상이다. 그녀는 사려가 깊고 성숙하여 이 스물한 살 여성과 대화하다 보면, 마치 무언가를 이룬 서른 살이나 서른다섯 살 정도 되는 여성과 대화하는 것처럼 느껴진다. 그녀의 성실성, 인격 그리고 판단력은 나무랄 데가 없다. 힐레거스의 육군 체력검정 점수는 330점 이상인데, 전 육군에 걸쳐 일반적으로 보고되는 최고 점수는 300점이다. 그녀의 점수가 최고 점수보다 높은 이유는 웨스트포인트가 예외적으로 매우 뛰어난 운동성과를 보이는 생도들의 능력을 측정하기 위해 확장된 측정척도를 만들었기 때문이다.

힐레거스는 4인으로 구성된 스카이다이빙 팀에서 세 명의 남성 동료와 경쟁한다. 네 명의 구성원들은 한 덩어리가 되어 점프를 실시하는데, 이는 그들 네 명이 헬리콥터 문에서 팔과 다리를 서로 낀 채로 단위당 650파운드(약 295kg)의 기류가 흐르는 공중으로 뛰어내린다는 것을 의미한다. 1만 4,000피트(약 4,267m) 상공, 시속 120마일의 속도에서 남자 동료들과 함께 스카이다이빙을 할 수 있는 힐레거스에 대해 동료들은 존경심을 표한다. 그녀의 성실성, 인격 그리고 판단력은 팀 문화 및 팀 분위기의 발전에 의미 있는 기여를 한다. 팀장으로서의 힐레거스는 팀에 적합하다는 것이 무엇인지를 명확히 보여주는 예이다.

리더십 시사점

위의 예에서 보듯 팀에 적합하다는 것이 무엇인지를 보여주는 케이티 힐레거스는 웨스트포인트 스카이다이빙 팀을 위해 중요한 발전적 기능을 수행한다. 만일 코치들과 같은 외부인들이 팀의 기준은 어떠어떠해야 한다고 단순히 설교만 한다면 그러한 메시지에는 아무도 귀를 기울이지 않을 것이며, 더 나쁜 경우에는 팀 구성원들 사이에 반항심이나 저항을 불러올 수도 있다. 반대로 설교가 아닌 솔선수범을 통해 팀을 이끈다면, 메시지에 진정성이 생기고 구성원들에 의해 더 쉽게 받아들여질 것이다. 익스트림 스포츠의 특성으로 인해 스카이다이빙 팀에는 진성 리더십(authentic leadership)이 요구되지만, 진정성 있는 역할 모델들은 다른 형태의 모든 조직이나 팀에도 기여할 수 있다. 이러한 역할 모델을 찾아라. 그리고 그들을 조직에 있게 하라. 그렇게 하면 그들이 자신들과 닮은 더 많은 리더들을 육성시킬 것이다.

리더 양성자

수행 코치나 동료가 선출한 팀장은 분명히 감사를 받을만한 역할을 수행한다. 수행 코치는 원초적인 능력과 경험을 토대로 팀의 성과를 더욱 개선시키기 위해 끌어당기는(pull) 리더십을 발휘한다. 반면에 팀장은 응집력과 집중력이 있는, 최선을 다해 헌신하는 팀을 유지하기 위해 동료들과 함께 일하면서 독려하는(push) 리더십을 발휘한다. 그러나 하나의 팀이 리더 양성이라는 잠재력을 최대한 발휘하기 위해서는 코치나 팀장의 노력만으로는 충분하지 않다. 예를 들어, 에릭 하인스하이머와 케이티 힐레거스는 각기 코치와 팀장으로 매우 훌륭한 역할을 수행하지만, 그들의 직책이 팀을 하나의 맥락으로 활용하여 모든 구성원 각각의 발전을 도모하는 것에 초점이 맞춰져 있는 것은 아니다. 그 대신에 그들은 주로 안전하고 승리하는 팀을 만들어내는 일에 책임을 진다. 따라서 명시된 리더 양성자들이 필요하다. 리더 양성자들은 리더십 경험이 있어야 하며, 가시적인 역할 모델이 되어야 한다. 또한 리더에게 요구되는 태도와 행동을 강화시키는 훈련을 받아야 하고, 진정으로 발전을 추구하는 팀의 스태프가 되어야 한다.

그러한 개인별 리더 양성의 관점을 팀의 일원으로서 경쟁하는 구성원들에게 주입시킬 수 있는 능력이 바로 그 팀을 리더십 실험실, 다시 말해 리더 양성의 엔진으로 변모시키는 원동력이다. 리더 양성자들은 이처럼 특별한 리더 양성의 역할에 자신의 시간과 개인적 안전을 희생하며 헌신해야 한다. 청소년 단체들에서 이러한 역할을 감당하는 부모들을 알고 있는데, 그들은 팀 구성원들의 동기를 부여시키고, 바람직한 태도를 가질 수 있도록 도와주며, 서로 잘 지내는 방법을 가르쳐준다. 이러한 역할을 공식화할 수도 있는데, 웨스트포인트의 운동 팀들이 그렇게 해오고 있다. 공식적이건 비공식적이건 간에 팀을 통해 개인이 발전하는 것을 돕고 싶은 모든 이들에게 미국 육군사관학교 스카이다이빙 팀이 어떻게 그것을 이뤄냈는가를 생각해보는 것은 큰 도움이 될 것이다.

지도 간부 미국 육군사관학교의 참모와 교수진들은 학교의 미국대학체육협회(NCAA) 소속 운동 팀들은 물론이고 더 많은 비공식 클럽 스포츠 팀들을 위해 이 특별한 역할을 맡고자 자원한다. 일반적으로 지도 간부(ORs: Officer Representatives)라 불리는 이들은 헌신적인 코칭스태프들과 또 다른 리더 양성 기능을 수행한다. 스카이다이빙 팀의 경우 지도 간부들은 웨스트포인트에 근무하는 부사관 또는 장교들이며, 스카이다이빙 팀에 속한 생도와 병사들의 역할 모델이 되고자 자원한 이들이다. 그들의 임무는 자원을 통해 이뤄지지만, 학교 규정에 의해 승인받게 된다. 리더 양성자이자 역할 모델인 그들은 훈련을 관리하는 데 특별한 책임을 부여받지는 않는다(코치들이 이를 담당한다). 그 대신에 지도 간부는 훈련 및 운영을 용이하게 하고, 여행을 하는 동안 팀을 이끌고 조언하며, 팀 구성원들과 함께한다. 또한 팀 운영과 관련하여 생도들을 지도한다. 이러한 방식을 통해 지도 간부들은 팀에 합류하여 리더 양성 기능을 시작하게 된다.

리더 양성이라는 맥락에서 볼 때, 참여한다는 것은 크나큰 이점을 준다. 이를 통해 지도 간부들은 접근 허가, 신뢰 가능성, 그리고 지상과 공중에서 생도들을 지도할 수 있는 능력을 부여받게 된다. 따라서 스카이다이빙 경험이 있는 지도 간부들은 이 스포츠에만 특별히 적용되는 도움을 줄 수 있다. 짐 꾸리기, 강하지역 작전, 공중 또는 지상-공중 간 비디오카메라 촬영, 그리고 기능훈련 등이 그러한 예들이다.

스카이다이빙 팀에서 수행하는 임무는 학교 내의 지원 역할 중 가장 많은 시간이 소요되고, 육체적으로 힘든 역할이다. 스카이다이빙 팀은 일주일에 6일을 훈련하며, 크리스마스와 새해 첫날을 포함해 다수의 휴일기간 동안 시합을 위해 이동해야 한다. 그러나 팀을 위해 봉사하고자 헌신할 의지와 능력이 있는 이들에게는 매우 보람 있는 일이기도 하다. 이전의 군대 및 민간에서의 점프 경험이 스카이다이빙 팀의 환경에서 가치가 있겠지만, 어떠한 형태의 점프 경험이나 횟수도 선발과 참여를 보장해주지는 않는다. 또한 지도 간부로 임명하기 위해 이전의 점프 경험을 요구하지도 않는다.

책임 장교 선발

책임 장교(OIC: officer in charge)는 군의 지도 간부들, 팀장 그리고 참모들로 구성된 팀을 이끌고 이를 조직한다. 이론적으로 봤을 때, 팀이 공동의 노력을 용이하도록 하기 위해 리더 양성자들을 책임지는 한 사람을 임명하는 것은 이치에 맞는 일이다. 다른 조직에서는 나이가 많은 훈련 개발자 혹은 단순히 그 조직에 가장 오래 있어서 사람들이 안내와 지시를 기대하는 한 사람이 있을 수도 있을 것이다. 웨스트포인트 스카이다이빙 팀에도 리더 양성자들 사이에서 분위기를 주도하고 형성시키는 역할을 하는 누군가가 있다.

스카이다이빙 팀과 함께 일하는 간부들 중에서 최상급자임과 동시에 경험을 갖춘 스포츠 강하자가 스카이다이빙 팀의 책임 장교

역할을 맡게 된다. 수석 코치가 팀을 책임지므로 '책임 장교'라는 말은 사실 부적절한 명칭이다. 실제로 책임 장교는 단지 조언자이자 리더 양성자로서의 역할을 수행한다.

능숙함은 상당히 중요한 요소이다. 원칙적으로 책임 장교는 웨스트포인트에 복무 중인 자들 중에서 계급 또는 학문적 측면에서 리더여야 하며, 미국낙하산협회에서 발급한 D급(전문가) 자격증을 소지해야 한다. 기타 교육 성적과 장비 전문가 자격취득 여부도 중요한데, 극한 상황 속에 존재하는 권력이란 권한이 아닌 능숙함에서 나오기 때문이다.

개발에 중점을 두는 조직에는 개발을 중점적으로 담당하는 감독자들 사이에 공식적인 위계가 존재한다. 하지만 대부분의 조직에서는 그러한 책임을 기존의 지휘부가 담당하는데, 이는 위계적일 수 있으며 심지어 동료들 사이에서도 그렇다. 스카이다이빙 팀 책임 장교의 예에서 보듯, 좀 더 넓은 관점에서 보면 리더 양성자들은 조직과 지휘부로부터 도움을 받을 수 있다. 중요한 것은 팀의 활동들에 양성 기능이 나타나게 하는 것이다. 이는 일반적으로 집단적인 노력을 요구하는데, 집단들은 약간의 지휘를 받을 때 자신의 기능을 더 잘 수행한다.

추가적인 지도 간부 선발

지도 간부가 되어 참여하기를 희망하는 참모와 교수들은 보통 스카이다이빙 팀에 연락을 취해 인터뷰에 대한 정보를 얻고, 공식적으로 임명을 요청한다. 책임 장교와 수석 코치는 함께 지도 간부를 추가로 뽑을 필요가 있는지를 판단하며, 지원자의 리더십 능력, 스카이다이빙 자격,

그리고 열망을 고려한다. 지도 간부는 수석 코치가 추천할 경우, 1년에 두 번 책임 장교가 작성한 문서를 통해 임명된다.

능숙한 스카이다이빙 기술은 지원자에 대한 신뢰도를 높인다. 다른 익스트림 스포츠에서와 마찬가지로 공중에서의 무능력은 리더십을 해치는 독이며, 생도들에게 직접적으로 가해지는 물리적 위협이 된다. 차후에 지도 간부가 되고자 하는 이들이 점프에 참여할 것인지 아닌지를 결정하는 데 도움을 주기 위해 스카이다이빙 팀은 그들에게 적합한 역할을 보여주기 위한 2단계 절차를 시행한다.

1단계: 팀 활동을 준비하고 익숙해지기. 팀에서의 첫 4개월간 새로운 지도 간부들은 일부 여행에서 리더 양성자의 역할을 수행하며, 만일 점프하기를 희망한다면 스카이다이빙 자격증을 취득하게 된다. 이미 스카이다이빙 자격증을 가지고 있는 예비 지도 간부들은 생도들과 함께 점프할 수 있으며, 점프를 위해 투자해야 하는 시간을 파악하고 그들 스스로를 팀의 특성에 맞춰나가기 위한 수단으로 함께 여행을 한다. 스카이다이빙은 익숙하지 않지만 뛰어난 리더 양성 기술을 지닌 이들에게는 신뢰도 그리고 생도들과 함께할 수 있는 합법성을 부여하기 위해 코칭스태프와 경험 있는 지도 간부들이 훈련 기회를 제공한다. 육군사관학교에서의 훈련 이외에도 열망이 있는 지도 간부라면 스카이다이빙 능력을 유지하고 스카이다이빙에 보다 익숙해지기 위한 방법으로 민간 낙하센터에서 스카이다이빙 경험을 더욱 키워야 한다. 생도들에게 리더 양성자 스스로 위험 속으로 들어갈 의지와 능력이 있으며, 생도들만큼 스카이다이빙이라는 스포츠를 사랑한다는 것을 보여주는 것 외에 다른 대안은 없다.

4개월의 기간이 끝나갈 무렵 장래의 모든 지도 간부들은 점프를 위해 투자해야 하는 시간과 팀의 특성을 이해하게 되며, 앞으로 점프에 참여할지, 점프를 하지 않는 조력자로 남을지, 아니면 다른 생도 개발 활동을 지원하기 위해 팀을 떠날지 등을 결정하게 된다. 이 시점에서 책임 장교와 수석 코치 역시 새로운 지도 간부들이 팀과 팀의 사명에 얼마나 적합한지를 함께 판단하고, 팀에 계속 남게 할 것인지를 결정할 수 있다. 계속하여 생도들과 점프하기를 희망하는 지도 간부들은 1단계가 끝나기 전에 스카이다이빙 자격증을 취득해야 하며, 뛰어난 리더십 양성 기술과 다른 모든 취미나 관심에 앞서는 스카이다이빙에 대한 열정을 보여주어야 한다.

리더십 시사점

리더 양성자를 선발하기 위해서는 그 역할에 적합한 사람인지를 살피기 위한 테스트 기간을 갖는 것이 가장 좋은 방법이다. 높은 성과를 내고 헌신적이지만, 리더를 개발하는 일에는 서툰 자원자들이 많이 있다. 그들이 그것을 잘하는지 알기 위한 가장 좋은 방법은 실제로 해보도록 하는 것이다.

2단계: 스카이다이빙 팀을 위한 헌신과 봉사. 이 단계에서 책임 장교 또는 부책임 장교가 새로운 지도 간부를 팀에 남게 할 것인지를 판단하게 되며, 정기적으로 점프를 할 것인지, 아니면 점프를 하지 않고 단순히 자원으로 남을 것인지에 대한 결정과 함께 시작된다. 두 가지 역할 모두 팀에게는 고마운 일이지만, 상당한 개인 시간의 희생을 요

구한다. 점프에 참여하는 지도 간부는 스카이다이빙을 즐길 수 있어야 하며, 이 스포츠가 요구하는 시간과 돈을 투자할 의지가 있어야 한다. 리더 양성자로서 모든 지도 간부들은 생도 개발에 열정적이어야 하며, 팀을 구성하는 생도 개개인을 개발하기 위해 휴일과 주말이 포함된 상당히 많은 시간들을 할애할 의지가 있어야 한다.

리더십 시사점

팀을 통해 리더를 양성하는 비결은 일부분 구성원들을 개발하고자 하는 이들이 팀에 가져온 헌신과 목표의식에 기인한다. 소규모 리그를 위해 봉사하는 지역 공동체, 보이스카우트나 걸스카우트, 개발에 중점을 두는 다른 청소년 단체들, 또는 교회나 사회봉사 단체에서 다른 이들을 개발하기 위해 자신의 시간과 에너지를 아낌없이 투자하는 영웅들을 쉽게 발견할 수 있다. 개발 정신은 다른 자원봉사자들 사이에서도 조성될 수 있다. 중요한 것은 사업체나 다른 직업적 맥락에서도 조성될 수 있다는 것이다. 원론적으로 보면 단지 경쟁을 추구하는 스포츠 팀만이 아니라 모든 팀에 코치, 팀장 그리고 리더 양성자들이 존재할 수 있다. 광범위한 조직들에 속해 있는 리더들은 그들의 팀과 작업집단이 운영 및 훈련에 이러한 특성을 구축할 수 있도록 관심을 가져야 할 것이다.

지도 간부와 선임 코칭스태프와의 관계

익스트림 스포츠의 지도 간부로 봉사할 때 가장 흥미롭고 보람 있는 요소는 훌륭한 자질을 갖춘 장교와 부사관이 한 팀으로 함께 일할 것을 요구한다는 점이다. 계급에 상관없이 지도 간부들과 선임된 코치들(코치들은 통상 부사관들이다)은 통상 계급을 존중하기는 하나, 주로 전문성과 능력에 근거하여 상호 지원적인 관계를 유지한다. 민간 조직들은 극한 상황에서 흔히 나타나는 이러한 능력 중시의 사고에서 교훈을 얻을 수 있을 것이다. 심지어 위험이 거의 없는 경우에도 단지 경험과 전문성을 존중하는 것만으로 조직을 발전적인 방향으로 수평화할 수 있다. 위험한 일을 시도하는 경우, 판단에 있어 계급보다는 전문성을 앞세우는 것이 필수적이다. 비록 까다로운 균형 상태를 요구하지만, 사람의 목숨과 관련된 의사결정을 할 때는 조금도 이상하지 않을뿐더러 오히려 당연한 것이다.

예를 들어 축구경기장에서 강하 시범을 보일 때 바람이 너무 심하게 부는 것이 아닌지를 판단하는 경우, 스카이다이빙 경험이 가장 많은 현직 코치가 점프를 할지 하지 않을지를 결정하게 된다. 상급자들을 포함한 다른 사람들은 이러한 결정을 지지하여 작전을 수행하거나 취소에 동의한다. 통상 지도 간부들은 부사관인 코치들보다 계급이 높지만, 지도 간부들의 역할은 코칭스태프의 결정을 지지하고 강화시키는 것이다. 더 나아가 지도 간부 계급이 하는 기능은 결정에 대한 책임을 지는 것, 그리고 일이 잘못됐을 경우에는 'top cover('부하를 보호하다'라는 의미의 군대 은어)'의 역할을 한다. 그러나 한 가지 분명히 해둘 것은 안전과 관련된 사안에 있어서만큼은 작전에 참여한 어느 누구라도(장교, 부사관 또는 생도) 불필요한 위험 요소가 해결될 때까지는 작전을 중단시킬 의무가 있다는 것이다.

스카이다이빙 팀에게 장교 및 부사관들의 공식적인 계급이 중요하지 않다는 것은 아니다. 예절과 군인적 자세는 실제로 매우 중요한 부분으로 남아 있으며, 생도들에게 가르쳐야 할 중요한 덕목이다. 단지 위험한 상황에서는 계급과 권위 역시 따라야 할 리더십과 의사결정의 측면들이 있다는 것이다. 결국 팀을 감독하는 모든 이들에게 가장 중요한 것은 그들 스스로 리더와 팀은 어떠해야 하며(be), 무엇을 알아야 하고(know), 어떻게 행동해야 하는지(do)를 반영해주는 태도, 의지 그리고 행동을 생도들에게 보여주어야 한다는 것이다. 육군의 리더십 원칙인 'Be-Know-Do'의 틀은 단순한 지식이나 능력을 지닌 리더가 아닌 인격을 갖춘 리더를 양성하는 것('be' 요소)에 초점을 맞춘다.

→ ***인격**(Be)*: 팀을 통한 리더 양성을 수행함에 있어 리더들은 임무를 수행 중이거나 그렇지 않거나 관계없이 바람직한 행동을 보여주는 역할 모델이 되어야 한다. 예를 들어 스카이다이빙 팀에서 함께 점프하는 리더들은 직업 군인과 스카이다이버로서의 정체성을 모두 지녀야 한다. 연방항공법은 물론 미국강하협회의 규정 및 지침을 철저히 준수하는 것이 바람직한 행동이다. 또한 생도들의 태도, 행동 그리고 의사결정을 지도할 의지가 있어야 한다. 스카이다이빙 팀의 관리자들은 생도들이 닮고자 열망하는 사람이 되어야 한다.

→ ***지식**(Know)*: 지도 간부들은 스카이다이빙 팀의 생도들은 물론 팀에 관심을 보이는 부모 및 지원자들과 개인적인 친밀함을 유지해야 한다. 점프를 하는 리더들은 미국강하협회의 기본 안전규정과 팀의 표준 운영절차를 보지 않고도 알아야 한다. 또한 강하와 관련된 여러 책자에 나열된 교육 절차들은 물론 점프와 관련된 연방항공협회 규정을 숙지해야 한다. 또한 점프 장비에 대해 충분히 익숙하여 생도들의 장비를 안전하게 검사할 수 있어야 한다. 그렇지 못하면 작전 중 안전에 문제가 생길 수 있다.

→ *행동(Do)*: 리더들은 말한 것을 실천해야 한다. 슈퍼팀에서 리더를 양성하는 역할은 엄청난 시간과 헌신이 필요한 일이다. 점프에 참여하기로 결정한 지도 간부들은 스스로 미국강하협회 자격증 소지자로서의 평판과 숙련도를 유지해야 할 책임이 있다. 점프의 형태와 방법, 그리고 강하자의 경험 및 자격증의 수준이 평판에 영향을 미친다. 모든 경우에 일정 수준의 평판을 얻기 위해서는 1년에 50회 이상 점프를 해야 한다. 특히 뉴욕 주의 날씨를 고려할 때, 충분한 평판과 숙련도를 얻기 위해서는 팀이 제공하는 제한된 점프 기회 이상의 스카이다이빙에 참여해야 한다.

더불어 코칭스태프로부터 입문 수준의 교육을 이수한 이들은 반복적인 보수교육 없이 지속적인 발전을 이뤄내야 한다. 보수교육에 대한 지나친 의존은 팀의 자원을 낭비하고, 생도들에게 잘못된 리더십 메시지를 전할 수 있으며, 스카이다이빙에 대한 몰입이 부족하다는 것을 보여준다. 가장 중요한 것은 자원자 자신에 대한 위험을 크게 증가시킨다. 점프를 새롭게 시작하는 간부들은 민간 강하지역에서 추가적인 훈련을 해야 하는데, 여기에는 자비를 들여 겨울 동안 상당한 거리를 이동해야 하는 수고가 수반된다. 슈퍼팀에서 리더 양성자의 직위를 유지하는 것이 쉽다고 말하는 이는 아무도 없다. 이러한 헌신의 특성이 맨발 수상스키를 즐기는 사람들의 신조 속에 잘 나타난다. "우리는 수상스키가 쉬웠다고 말하지 않았다. 우리는 단지 그것이 멋진 일이었다고 말했다!"

추가로 생도부터 대령까지 모든 스카이다이버들은 자신의 장비를 공중에서 제대로 작동할 수 있는 상태로 유지하고, 스스로 장비를 꾸리며, 120일마다 예비 낙하산을 다시 꾸려야 한다는 연방 규정을 준수해야 한다. 120일은 공인된 연방항공협회 장비 전문가에 의해 예비 낙하산을 다시 접어야 하는 의무적 기간이다. 역할 모델들은 자신의 전문기술을 통해 낙하 활동에 기여할 수 있도록 기량 연마에 매진할 것을 요구받는다. 이러한 기량은 교육 성적과 전문적인 낙하 수행에 대한 점수를 통해 검증받게 된다. 공중 또는 지상-공중 간 비디오 기술 역시 팀에 의미 있는 기여를 한다. 그러나 무엇보다 중요한 것은 그러한 평가에 상관없이 생도들과 함께 점프를 하기 위해 항공기에서 활동하거나 자유강하를 하는 동안에는 철저히 스스로 판단하고 보살펴야 한다는 사실이다. 간부에게 가장 끔찍한 시나리오는 생도에게 부상을 입히거나 사망에 이르게 하는 충돌이나 사건에 연관되는 것이다.

리더십 시사점

대학 스카이다이빙 팀에서 리더 양성 업무를 돕는 사람이 아니라면 이러한 조건들이 벅차고 너무 많은 헌신을 요구하는 것처럼 보일 수 있다. 위험한 상황이 아닌 곳에서 발전해나가는 대부분의 조직들은 이러한 노력을 요구하지 않을 수도 있다. 어떤 조직이건 스스로 타인을 양성하는 직위에 오른다는 것은 실제로 상당한 결단과 노력이 필요하다. 그러나 최고의 조직이라면 그 정도 수준의 헌신을 구축하고 있다. 3장에서 다뤘던 초과 기대를 통한 영감 일으키기 기법을 되새겨보자.

집단 구성원들의 기대수준을 넘어서는 양성 노력은 조직의 효과성에 강력한 영향력을 미칠 수 있다. 위험한 상황에 놓여 있든 그렇지 않든, 때때로 이러한 노력은 그것이 무엇을 필요로 하건 발전하고자 하는 용기와 결단이 있는 개인을 팀 구성원들에게 하나의 실체로 다가오게 한다. 이것은 의무에 대한 헌신 그 이상의 것이다. 이것은 다른 이들에게 그들의 의무가 무엇인지를 보여주기 위한 헌신이다. 생사가 결정되는 환경에서 개발 대상이 젊은이들이라면 리더 양성을 위해 다른 사람의 심금을 울릴 수 있는 자질이 필요하며, 이러한 헌신을 요구하고 있다. 육체적 및 정신적 용기, 개인적 희생, 그리고 다른 모든 것에 앞서 개발을 중시하겠다는 의지가 필요하다. 그러한 용기와 헌신을 보여주는 사례 중 필자가 가장 좋아하는 것은 보병 장교이자 군 리더십 교관이었던 스티브 루스(Steve Ruth)의 이야기이다.

팀에 대한 당신의 헌신을 증명하라: 그곳에 가기 위해 무엇이 요구되건 당신이 있어야 할 그곳에 가라

어떻게 보면 스티브 루스는 미국 육군사관학교 스카이다이빙 팀에 도움이 될 것 같지 않은 사람이었다. 그가 팀에 참여하기를 요청했을 때, 그는 실제로 강하 경험이 전혀 없었고, 사관학교에서 근무할 기간도 1년밖에 남지 않았다. 체지방이 거의 없이 단단하고 어깨가 떡 벌어진 이 사나이는 텍사스A&M 대학을 졸업할 당시 학생회장을 역임했다. 그는 텍사스 토박이였는데, 전화를 받을 때는 "텍사스 출신, 스티브 루스입니다. 무엇을 도와드릴까요?"라고 응답했고, 연락처 밑에 적힌 그의 이니셜은 'SRT(Steve Ruth from Texas)'였다. 그는 천성적으로 카리스마 있는 리더로서 학교와 생도들 사이에서 유명했고, 핵심 과목인 '군 리더십'을 가르쳤다. 체육관에서 운동할 때는 늘 자기 몸무게의 두 배에 이르는 벤치프레스를 들었다. 그가 팀에 와서 리더 양성자로서 참여하고 싶다고 했을 때 우리는 그러라고 했지만, 그를 훈련시키는 일이 쉽지 않을 것임을 알고 있었다.

루스가 받은 훈련은 단지 고된 일일 뿐이었다. 그보다 더 담대하고 적극적인 스카이다이빙 훈련생은 없었다. 그는 늘 배울 준비가 되어 강하지역에 나타났고, 더 잘하고자 질문을 퍼부었다. 그러나 스티브는 헬리콥터의 활주부에서 이탈한 뒤 공중에서 균형을 잡는 데 어려움을 겪었다. 때때로 그는 고개를 숙인 채 앞으로 굴러 떨어져 낙하산이 펴지면서 그의 몸을 심하게 잡아채곤 했다. 어떤 경우에는 뒤로 떨어져 펴진 낙하산 줄이 그의 다리 사이로 감겨 주 낙하산을 위험한 경로로 끌고 갔고, 낙하산이 펴지면 의도와는 달리 심하게 앞으로 홱 뒤집어지면서 그를 잡아당겼다. 교관이 보기에 이 스포츠가 루스에게는 만만한 일이 아니라는 것이 분명했다. 그러나 그는 자신의 낙하 기량과는 상관없이 리더로서 팀에 기여했다.

우리는 팀 구성원들을 강하지역으로 이동시키는 문제에 어려움을 겪고 있었다. 생도들은 매일 두 대의 트럭을 이용해 12마일(약 19.2km)에 이르는 허드슨 산악지대 능선을 따라 장비와 팀원들을 프레드릭 호수까지 수송해야 했다. 그 지역은 웨스트포인트에 속한 1만 7,000에이커(약 69km^2) 넓이의 울퉁불퉁한 토지 가장자리에 위치한 30에이커 넓이의 개활지였다. 생도들은 종종 트럭을 놓쳐 훈련에 참석하지 못했는데, 웨스트포인트에서 무단결석은 큰 문제였다. 사전에 승인되지 않은 결석은 수석 코치를 매우 화나게 했다. 전국적으로 경쟁력이 있는 스포츠 팀의 일원이 된다는 것이 왜 그렇게 힘들어야 하는지를 이해하지 못하고 있는 것처럼 보이는 생도들로 인해 훈련 불참이나 지각은 심각한 문제로 작용하고 있었다.

어느 날, 루스는 강하 기술을 연마하기로 결심했는데 공교롭게도 그날은 아내가 차를 사용해야 했다. 그는 40파운드(약 18kg)에 달하는 장비를 어깨끈이 달린 큰 가방에 넣고 프레드릭 호수로 출발했다. 1~2마일 정도 가다 보면 다른 생도나 간부가 자신을 발견하고 강하지역으로 가는 트럭에 태워줄 것이란 생각에 그는 편안한 마음으로 걷고 있었다. 오후 훈련은 3시간 동안만 진행되기 때문에 훈련장까지 걸어서 간다는 것은 이치에 맞지 않을뿐더러 그 무거운 장비를 메고 이동한다는 것은 웬만한 사람이라면 엄두도 내지 못할 만큼 진을 빼는 일이었다.

불행하게도 생도들은 안전을 위해 중간에 사람을 태우지 않도록 교육

받았고, 필자를 포함한 두 명의 장교는 스티브를 보지 못하고 지나쳤다. 그는 태워줄 것이라 기대했던 트럭이 순식간에 자신을 지나쳐 아직도 10마일(16km) 이상 떨어진 강하지역으로 가는 것을 보았다. 그 당시 그는 2마일 정도를 걸었지만, 그의 집까지는 단지 1/4마일(400m) 정도 거리였다. 휴대전화를 갖고 있었기에 전화를 했다면 아마도 그의 아내가 데리러 왔을 것이다. 그러나 스티브는 이러한 상황이 리더이자 역할 모델로서 생도들에게 소중한 교훈을 가르칠 기회라고 생각했다.

우리는 훈련 준비에 여념이 없었고, 격납고 바닥은 검정색과 금색 나일론으로 뒤덮여 있었다. 부지런한 생도들은 절차에 따라 나중에 자신을 지켜줄 낙하산을 낙하장비에 조심스럽게 넣고 있었다. 아이팟(iPod)의 외부 스피커를 통해 얼터너티브 음악이 쿵쿵 울리고 있었고, 생도들은 옆 사람과 끊임없이 수다를 떨고 있었다. 그러다가 필자와 수석 코치는 생도들이 갑자기 장비 꾸리기와 수다를 멈추는 것을 보았다. 이어 모든 사람의 표정이 얼음처럼 굳었고, 카운팅 크로스(Counting Crows)의 음악 말고는 침묵만이 흘렀다. 머리에서 발끝까지 땀으로 범벅된 루스가 격납고 문지방을 넘어 성큼성큼 걸어오더니 장비가 든 가방을 바닥에 내려놓았다. 수석 코치가 그를 바라보며 물었다. "본부에서 여기까지 걸어오신 겁니까?" 생도들은 완전히 어리둥절해 있었다. 루스는 느긋하게 1리터짜리 생수를 들이켜고 나서 대답했다. "아니요, 만일 걸었다면 훈련에 늦었을 겁니다. 평지와 내리막길에서는 달렸습니다. 어느 누가 정해진 항공기 스케줄을 조정할 수 있겠습니까? 나에게는 훈련이 꼭 필요합니다."

바로 그 순간, 트럭을 놓쳤다는 둥 훈련에 참여하지 못한 온갖 변명들은 설 자리를 잃고 말았다. 루스는 완벽한 스카이다이버가 되기 전에 학교를 떠났지만, 나는 그가 이제껏 스카이다이빙 팀과 함께했던 리더 양성자 중에서 가장 훌륭한 사람 중 하나라고 생각한다. 훈련이 끝나고 아내인 베티나(Bettina)가 그를 태우러 왔다. 그들이 운전해서 가는 동안 생도들은 격납고를 떠나 구불구불한 자갈길을 지나가는 그 차를 응시하고 있었다. 적색-백색-청색의 텍사스 지역 표시가 있는 자동차 번호판이 보였다. 번호판에는 '의무(DUTY)'라는 네 개의 철자가 새겨져 있었다. 텍사스 출신 스티브 루스는 이렇게 자신의 주장을 입증했다.

---

7 팀 개발과 제도적인 저항

슈퍼팀을 통해 리더를 양성함으로써 얻는 이득에 대해 단체는 늘 고맙게 생각하고 그렇게 받아들이게 될 것이라고 생각할 수도 있다. 그러나 실제로는 자금 모금과 자원봉사자의 부족으로 대부분의 팀이 오로지 팀장 또는 코치에 의해 운영되고 있다. 순수하게 리더를 양성하는 목적만을 위해 누군가를 팀에 있게 한다는 것은 경쟁적인 운동을 하는 환경에는 불필요할 수도 있다. 종종 팀들은 팀 구성원들 또는 그들의 부모를 통해 행정적으로 지원받곤 하는데, 이는 오늘날 미국 청년 문화에서는 흔히 찾아볼 수 있는 사커맘(soccer mom)의 역할이다. 문제는 팀을 돕는 이들이 팀 구성원들을 위해 어떻게 해야 하는가를 보여주는 대신에 팀 자체만을 위해 일한다는 것이다. 지원이 반드시 발전과 연관되는 것은 아니다.

비록 우리 모두가 한순간 몹시 흥분한 부모들로 인해 좋지 않은 스포츠 정신(심한 경우에는 폭력)을 보는 것에 익숙하지만, 부모의 참여는 지원과 양성이라는 두 가지 측면 모두에서 건설적일 수 있다. 자기 팀을 응원하거나 심판을 비판하는 경우, 또는 도전자를 폄하하는 경우에 팀 승리의 영광을 누리기 위해 호소하다 보면 때로 적절한 선을 넘게 된다. 종종 패배에 반해 승리는 부모들에게 엄청나게 중요한 문제이다.

하지만 개인의 발전에서 실패는 승리만큼이나 중요하고 건설적일 수 있다.

팀 내의 역학관계나 승패의 기록보다는 개인이나 리더십의 발전에 중점을 두기에 리더 양성자의 역할은 팀의 성취를 넘어서는 개념이다. 팀에 속한 각 개인별로 맞춤형 코칭을 제공하는 것은 상대적으로 매우 독특한 역할이라 할 수 있다. 맞춤형 코칭은 많은 수의 코칭 스태프를 감당할 능력이 있는 미국대학체육협회(NCAA)에서 순위가 높은 팀들로 구성된 디비전 1(Division 1)이나 프로 구단에서 흔히 찾아볼 수 있다. 이러한 맞춤형 트레이너나 코치들이 각 개인에게 초점을 맞추기는 하지만, 그들의 관심은 보다 나은 팀 구성원 그리고 경쟁력 높은 선수를 만드는 것이다.

반면, 발전에 중점을 두는 고성과 팀은 사관학교의 지도 간부 같은 리더 양성자들을 필요로 한다. 그들은 단지 더 나은 운동선수가 아닌 더 나은 리더를 양성하는 데 초점을 맞춘다. 다음의 내용들이 이러한 활동에 포함된다.

- → 한 번에 한 명씩 초점을 맞추고, 팀 구성원들의 삶과 관련된 모든 측면에 주의를 기울인다.
- → 경기장 안팎에서의 모든 삶에 관여한다.
- → 선수가 추구하고자 하는 가치들에 주의를 기울이고, 이러한 가치들이 행동으로 나타나는지 살핀다.
- → 발전해나가는 젊은 리더를 이끌려 하는 대신에 다른 사람을 이끄는 방법을 배울 수 있도록 리더십 역할 모델이 되어 어떠한 사람이 되어야 하며, 무엇을 알아야 하고, 무엇을 해야 하는가에 대해 조언을 한다.

전국대학대학운동선수협회(NAIA: National Association of Intercollegiate Athletes)는 스포츠가 인격개발 기능을 수행할 필요가 있음을 인식하고 있다. 이 협회의 '인성 챔피언(Champions of Character)' 프로그램은 선수들이 스포츠에서 인성의 가치를 이해토록 하기 위해 설계되었다. 또한 이 프로그램은 학생 선수, 코치 그리고 부모들이 모범적인 인성 특성들을 모델화하는 데 이용할 수 있는 실용적 도구들을 제공하지만, 리더십만이 아니라 인성에 중점을 두고 있다. NAIA가 이러한 프로그램을 제도화한 이유는 스포츠와 팀 활동 그 자체가 반드시 인성이나 리더십 자질을 개발시키는 것은 아니라는 중요한 메시지를 전하기 위해서이다. 따라서 더욱 많은 노력이 요구된다. 집단이나 팀에서의 리더 양성자, 그리고 사관학교에서 지도 간부의 활용은 동일한 기본적 가정에 기반을 두고 있다. 스포츠가 리더를 양성하지는 않는다. 리더가 리더를 양성하며, 스포츠는 이러한 과정을 촉진시켜주는 훌륭한 방법 가운데 하나이다.

2000년 NAIA에 의해 시작된 인성 챔피언 프로그램은 다른 어떤 전국 규모의 청소년 단체들보다 인성의 문제를 좀 더 포괄적으로 다룰 것을 주장하고 있다(더 강한 표현을 한다면 아마도 보이스카우트와 걸스카우트 프로그램이 동의하지 않을 것이다). 프로그램의 범위가 어찌되었든 거의 300여 개의 전문대학 및 종합대학 캠퍼스가 이 프로그램을 도입했다. 프로그램의 특성은 선수들 사이에서 가치에 대한 공감을 강화시키는 노력에 외부의 지역 공동체가 참여하는 것이다. 존중, 책임, 성실, 서번트 리더십, 그리고 스포츠 정신이 신봉되는 가치들이다. 이 프로그램은 스포츠에서의 인성개발 기능을 우연에 맡기는 대신 코치, 부모, 관리자 그리고 공동체 파트너들에게 개발의 역할과 책임을 부여하고 있다.

8
맺음말: 극한 모형을 통해 발전하는 팀 만들기

이번 장에서는 두 가지 핵심적인 주장이 제기되었다.

첫째, 집단이나 팀은 리더를 양성하기 위한 아주 좋은 토양이 될 수 있다. 비록 이런 형태의 조직들이 원래부터 발전적인 특성을 지니고 있는 것은 아니지만, 적합한 사람이 적절한 변화를 시도함으로써 모든 팀을 리더 양성 실험실로 변모시킬 수 있다. 단지 직무에만 충실할 집단에 리더 양성 기능을 위한 인원을 제공하고 조직화함으로써 리더 양성을 가능케 하고 수확할 수 있는 것은 지휘부의 노력에 달려 있다.

둘째, 위험 상황은 하나의 팀이 더 높은 수준의 개발을 성취할 수 있는 동력을 제공한다. 이러한 효과는 개인이 가진 가치를 초월하는데, 위험 상황은 개인들로 하여금 외부에 집중케 하고, 내재적인 동기부여를 가능케 하며, 그렇지 않은 경우에는 매우 몰입하게 만든다. 팀이라는 측면은 리더십에 있어 대인관계적 요소들에 집중하게 만들며, 이러한 요소들에는 타인에 대한 책임, 조직에 대한 기여자 또는 위협으로서의 타인 인식, 그리고 리더의 모든 행동을 철저하게 살피는 사회적 양심으로서의 타인의 존재가 포함된다.

이러한 핵심적 주장들은 경찰, 소방서, 마약단속반이나 FBI와 같은 정부 기관, 그리고 군대 같은 조직에 속해 있는 공공 부문 트레이너나 리더 양성자들에게 상당한 의미를 부여한다. 비록 이러한 조직들은 항상 팀 단위의 훈련을 실시해왔지만, 안전 문제와 사고에 대한 책임소재를 강조함으로써 위험 상황에서 훈련을 통해 이득을 얻는 것을 상당히 제한해왔다. 냉전 시대에 한 육군 사령관은 "평시에 우리가 하는 어떠한 일도 한 병사의 죽음이나 심각한 부상을 방지하는 것만큼 가치 있지는 않다"고 말했다. 사고는 비극적일 수 있고 반드시 피해야 하는 것은 사실이나, 위험한 상황은 훈련의 일부이기에 없애기보다는 조심스럽게 다루고 발전시켜야 한다. 익스트림 리더십을 안전하고 예측 가능한 환경에서, 즉 모든 위험요소를 제거시킨 상태에서 학습할 수는 없다. 위험한 상황에서 훈련하는 것은 리더 양성에 확대된 가치를 만들어내며, 그러한 가치의 정도에 대한 적극적이고 확대된 연구가 필요할 것이다.

리더십 시사점

좀 더 광범위하고 일반적인 상황들에 적용해본다면, 실제로 리더 양성은 노력을 필요로 하며 팀에 소속되거나 팀 활동을 한다고 해서 부수적으로 얻어지는 것이 아니다. 지원하는 부모들이 자녀들의 팀과 다른 집단에 어떠한 역할을 가져오는지, 그리고 사업체들에서 어떠한 특성을 지닌 팀 리더들을 선발하고 양성하는지를 생각해보아야 한다. 만일 아무런 노력 없이 리더 양성이 이뤄졌다면, 모든 사람이 탁월한 리더십 자질을 가졌을 것이다. 이러한 자질을 더 나은 리더십을 간절하게 원하고 있는 사람, 조직 그리고 세상에 가져다주는 일은 리더이자 양성자인 우리 자신에게 달려 있다.

핵심 Key point

1 차세대 리더를 양성하는 것을 당신 조직의 목표 중 하나로 설정하라. 팀 자체가 반드시 리더를 양성하거나 긍정적인 개인 자질을 개발시켜 주는 것은 아니다. 따라서 강력한 리더십이 원하는 결과라면, 리더 양성이 당신의 팀 또는 조직의 명시된 목표가 되어야 한다. 또한 당신 조직의 핵심 사명이 장비를 생산하는 것이든, 라크로스(lacrosse) 경기에서 이기는 것이든, 혹은 범죄에 맞서 싸우는 것이든 그 목표를 명시하는 것이 최선이다. 모든 집단, 팀, 조직 그리고 공동체는 나서서 일할 사람들을 필요로 한다.

2 당신이 찾을 수 있는 가장 우수한 개인들로 팀을 구성하지 말라. 탁월한 고성과 팀을 구성할 훌륭한 인재를 선발하는 것이야말로 모든 조직의 성공에 있어 핵심적인 선결조건일 것이다. 그러나 만일 당신이 단지 개인적 기량 위주로 팀을 선발하다 보면 평범한 팀을 슈퍼팀으로 변모시키는 데 필요한 핵심적 요소들인 응집력, 집단의 안정감, 긍정적 팀 문화, 그리고 다양성이라는 요소들을 간과하거나 경시하기 쉽다. 함께 일하는 데 있어 뛰어난 잠재력을 가진 사람들이 실제로 고성과를 내는 발전적 팀의 핵심을 형성하고 있다. 나머지는 리더십과 열심히 일하는 것이다. 또한 위험한 상황에서 실제로 얼마나 임무를 잘 수행하는지에 대한 확실한 평가 없이 고성과 팀의 구성원들을 구성해서는 안 된다. 마지막으로 조화, 영리함 그리고 내재적 동기부여 등과 같이 다방면에 걸쳐 역량 있는 사람들을 선발해야 한다. 한 가지 요소에 대한 과도한 집중을 통해 성과를 내는 사람을 찾을 수는 있겠지만, 그 사람이 반드시 리더의 재목은 아니다.

3 투지, 절제력 그리고 체력은 의심할 나위 없이 모든 리더에게 요구되는 핵심 특성이라는 것을 명심하라. 이러한 자질들을 지니고 있는지를 판단하는 방법은 푸시업 개수를 세는 것 말고도 여러 가지가 있으며, 심지어 신체적 장애가 있는 이들도 이러한 자질을 지닐 수 있다. 요점은 모든 조직이 미래의 리더 평가에 이러한 특성들을 반드시 고려해야 하며, 이러한 주장을 반영한 평가방식을 도입해야 한다는 것이다. 당신이 조직의 리더라면 감성을 가진 사람을 고용하고 싶을 것이다.

4 다양성을 갖춘 팀이 안정적이라는 사실을 인식하라. 다양화된 조직은 모든 일을 수행함에 있어 상호 배려와 존중의 정도가 높다.

5 당신 조직의 새로운 구성원이 잘 적응할지를 확실히 검토하라. 스카이다이빙이든, 사업체이든, 아니면 다른 어떤 형태이든 하나의 조직이 리더 양성의 실험실, 다시 말해 팀 구성원들이 서로 편안하게 배울 수 있는 실체로서 작동하기 위해서는 조직 구성원들이 함께 원활히 일할 수 있어야 한다.

6 당신의 조직에서 리더 양성자들을 찾아보라. 가장 위대한 조직은 리더 양성자들을 보유하고 있다. 그들은 스포츠 심리학자, 기술 컨설턴트, 또는 팀에 대해 큰 책임을 지지는 않지만 코치나 팀 구성원들에게 조언을 해주는 전직 팀원인 '노장들(greybeards)'이다.

7 일상적인 팀 활동의 감독에 중점을 두는 팀장들을 보유하라. 좋은 팀장은 코치가 팀을 운영해나가는 것을 돕고, 성과와 몰입에 중점을 둔 팀이 유지될 수 있도록 동료들 간의 상호관계를 구축한다. 다 그런 것은 아니지만, 팀장은 각 팀에서 가장 뛰어난 멤버이다. 만일 코치 같은 외부인들이 팀의 기준은 어떠어떠해야 한다고 단순히 설교만 한다면, 그러한 메시지에는 아무도 귀를 기울이지 않을 것이며, 더 나쁜 경우에는 팀 구성원들 사이에 반항심이나 저항을 불러올 수도 있다. 반대로 설교가 아닌 솔선수범을 통해 팀을 이끈다면, 메시지에 진정성이 생기고 구성원들에 의해 더 쉽게 받아들여질 것이다.

8 당신의 조직 내에 리더 양성자들을 지정하라. 이들은 리더십 경험이 있어야 하며, 가시적인 역할 모델이 되어야 한다. 또한 리더에게 요구되는 태도와 행동을 강화시키는 훈련을 받아야 하고, 진정으로 발전을 추구하는 팀의 스태프가 되어야 한다. 또한 리더 양성자의 역할에 적합한 사람인지를 살피기 위해 테스트 기간을 가져라. 높은 성과를 내고 헌신적이지만, 타인을 개발하는 일에는 서툰 자원자들이 많이 있다. 그들이 그것을 잘하는지 알기 위한 가장 좋은 방법은 실제로 해보도록 하는 것이다.

9 좋은 리더의 'Be, Know, Do'를 마음에 새겨라. 이것은 미국 육군의 리더십 원칙이며, 다른 어느 조직에도 적용될 수 있다. 좋은 리더는 직장 안에서든 밖에서든 바람직한 행동에 대한 역할 모델이 되어야 한다. 좋은 리더는 부하들이 그를 역량 있는 사람이라고 인식할 수 있도록 조직 내의 사람들, 시스템, 절차 그리고 장비에 대해 알고 있어야 한다. 좋은 리더는 직무를 잘 수행해야 한다. 다시 말해 말한 것을 행동으로 옮길 수 있어야 한다.

10 각 구성원들의 개인적 개발 및 리더십 개발에 초점을 맞춰라. 좋은 리더십 양성자들은 팀 내의 역학관계나 승패의 기록보다는 미래의 리더 양성에 중점을 두어야 한다. 조직 내에 이러한 요소들에 중점을 두는 사람들이 있어야 한다.

11 리더를 양성하는 것은 노력을 필요로 한다는 것을 인식하라. 리더 양성은 단지 팀이나 조직의 구성원이 된다고 발생하는 부산물이 아니다. 만일 아무런 노력 없이 리더 양성이 이뤄졌다면, 모든 사람이 탁월한 리더십 자질을 가졌을 것이다. 이러한 자질들을 더 나은 리더십을 간절하게 원하고 있는 사람, 조직 그리고 세상에 가져다주는 일은 리더이자 양성자인 우리 자신에게 달려 있다.

결론

익스트림 리더십 연구는 호기심 많은 사람들을 산기슭으로, 비행 중인 항공기의 문 밖으로, 전쟁 중인 국가의 사막 위로, 고양잇과 동물의 왕이 다스리는 정글로, 화재와 범죄 투성이인 도심지 아파트의 문 쪽으로 이끈다. 이 책은 지극히 예외적인 장소에 살며, 거기서 일하는 사람들에 대한 것이다. 사람들은 이런 예외적인 장소에서 죽기도 한다. 하지만 같은 장소에서 놀라운 리더가 태어나기도 하고, 생사의 기로에서 혹독한 시련을 받으며 리더로 다듬어지기도 한다. 극한이라는 도가니는 독특하고, 독특한 결과물을 만들어낸다. 진정한 도전은 진정한 리더를 만든다. 이기적인 사람들을 저버리는 상황은 이타적인 리더를 만들어낸다. 무능력과 부주의를 용납하지 않는 환경은 주의 깊고 유능한 리더를 배출한다. 물질적 풍요와 사회적 권력이 가치가 없는 곳에서는 도덕적 책무와 사회적 양심에 따르는 리더가 만들어진다. '재시도'가 허락되지 않는 세계는 처음부터 일을 바르게 하는 세상을 창조한다.

오늘날 리더 개발의 학문적 토대가 되는 사회과학 및 행동과학은 주로 그들 자신의 죽음을 서정적으로 거부하며, 또한 설령 있다고 하더라도 죽음의 위협이 거의 없는 상황에 있는 사람들에 대한 연구로부터 파생된 실증적인 증거대(證據臺)에 편안하게 자리 잡아왔다. 따라서 죽음을 품고 있는 환경의 힘을 명확히 설명할 수 있는 학자들은 거의 없으며, 여전히 그런 환경의 의미나 적절성을 심층적으로 살펴볼 수 있는 연구자들도 매우 희소하다. 그러나 극한이라는 개념은 위험한 상황에 있는 리더 및 팔로어 모두의 심리에 중대한 변화가 일어난다는 아이디어에 합법성과 형태를 부여한다. 좋은 학문의 원칙 중 하나는 리더십에 대한 연구 및 이론이 위험 상황에서도 반복과 확장이 가능해야 한다는 것이다. 그렇게 될 때까지 군인, 항해자, 경찰, 소방관, 익스트림 스포츠 선수, 그리고 유사한 장소에서 누군가를 이끄는 사람들의 극한 책임을 필요로 하는 환경에 실제로 연구를 적용하는 것은 한계가 있다. 하지만 이것은 리더십에 대한 새로운 배움의 문을 열어준다. 리더십 연구자들과 리더 개발자들의 용기 및 열정은 그들이 가진 주제에 대한 용기 및 열정과 일치해야 한다. 특별히 리더 개발자들은 위험과 극한 환경에 있는 리더에게 부과되는 독특한 부담을 인식할 필요가 있다. 고되고 위험한 공공서비스직에 있는 훈련 개발자들은 자신들이 하는 일이 특별하다는 것을 인식함으로써 동기와 목적, 영감을 가져야 한다. 훈련에서 현실주의는 바람직하지 않다. 극한 상황의 교훈은 훈련에서의 실제, 즉 진짜 도전이 개발적 이익을 극대화하는 핵심요소라는 것이다. 필자는 장차 육군 장교가 되어 위험한 상황에서 부대를 이끌 젊은이들에게 리더십을 가르치는 사람으로서 위험한 환경에서의 리더십에 대해 학습하는 것이 필자의 도덕적 책무라는 인식하에 이 책을 쓰기 시작했다. 2003년에 책을 쓰기 시작한 이래 50명 이상의 미 육사 졸업생들이 세계적인 테러와의 전쟁에서 죽었는데, 그들 중 20명은 필자가 학교에 근무할 때 가르친 학생이었다. 위험 상황 하의 리더십을 연구하고 이해하는 필자의 의무감은 이전에도 그랬듯이 여전히 확고하다.

리더십 시사점

익스트림 리더십을 이해하는 것의 가치는 삶에 대한 즉각적인 위협에 의해 나오는 도덕적 명령 이상으로 강력하다. 큰 도전 속에서 위대한 사람들이 나타나듯, 위대한 교훈 또한 큰 도전에서 나타난다. 따라서 위험 상황에서 팔로어들을 이끄는 데 관한 교훈은 모든 리더들이 숙지해야 할 핵심적인 교훈이다. 만약 당신이 신성성의 가치와 팔로어들을 보호하기 위해 위기로부터 나온 모든 것을 공유하는 일의 가치, 조직과 사익(私益)을 뛰어넘는 도전에 집중하는 것의 가치를 이해하게 되면, 리더십에 대한 기초는 갖췄다고 할 수 있다. 업무적인 관리 기법은 극한 상황에서 살펴본 리더십 유형의 토대에 기반을 두어야 한다. 오늘날 미국 기업들은 리더십이 일종의 조직적 또는 관리적 효과성의 도구인 양 리더십의 원리들을 근본적으로 관리적 상황에 집어넣으려 한다. 실제로 우리는 퇴보해오고 있었다. 조직에서는 관리자로 훈련시킬 수 있는 리더가 필요한데, 관리자를 리더로 훈련시키는 일이 훨씬 어렵기 때문이다.

이를 명확히 확인할 수 있는 사례가 있다. 2005년, 시티그룹(citigroup)*의 임원단이 미 육사를 방문하여 리더십 모임을 가졌다. 그들은 얼굴에 위장 크림을 바르고 리더십 장애물 코스를 성공적으로 통과한 후 그곳을 떠났다. 그 이후 2006년 가을, 시티그룹은 사관학교 출신의 MBA 학생들을(최소 5년의 의무복무를 마친 사람들, 여전히 많은 사람들은 군에서 복무 중임) 뉴욕 본사로 불러들였다. 시티그룹의 고위층들은 리더가 우선이

* 미국의 종합금융회사.

고 그다음이 관리자라는 순서의 가치를 알고 있었으며, 그런 사람들을 고용함으로써 얻을 수 있는 장점을 원했다. 우수한 인재들과 수준 높은 교육을 받은 장교들을 군에 남겨야 하는 군의 입장에서는 머리 아픈 일이겠지만, 주요 조직들은 리더십(특히, 익스트림 리더십)의 기초 위에 관리 훈련을 올려놓은 것이 강력한 이점이 된다는 것을 명확하게 인식하고 있다. 익스트림 리더십은 안전하고 확실한 영역에 있는 기업 및 조직에도 많은 것들을 약속한다.

위험 상황에서의 리더십이 조사할 만한, 연구할 만한, 명확하게 할 만한, 그리고 다른 영역에 있는 사람들에게 신중하게 가르칠만한 특별한 요소가 있다는 것은 새로운 아이디어이다. 하지만 이런 아이디어가 중요한 이유는 새로움보다는 현실성에 있다. 현재 당신이 리더이든, 동기가 부여된 팔로어이든, 호기심 많은 독립 행위자이든 극한 상황에서의 강력한 리더십 모형은 당신의 생명을 보다 안전하게 지키는 데 영향을 미칠 수 있다.

익스트림 리더십의 개념이 나온 곳

이기주의자 또는 천재는 새로운 아이디어에 대한 공을 독차지한다. 하지만 통찰력은 인간관계의 복잡성, 자유 그리고 기쁨에서 나온다. 다수의 익스트림 리더들의 경험, 통찰력, 특성들은 위험한 환경 하의 리더십과 관련된 예술과 과학에 대해 더 많이 이해할 수 있도록 도와주었다. 이들은 멘토, 연구 참여자, 동료, 포로, 방문자 등이었는데, 남자와 여자, 흑인과 백인, 평화주의자와 군인과 민간인, 회교도와 기독교도와 유대교도 등 아주 다양했다.

비록 다양한 집단이지만, 이들은 모두 죽음이 도사리고 있는 장소에서 사람들을 이끌기 위해 죽음을 무릅썼다. 미 육사 방문, '블랙&골드 리더십 포럼'*과 행동과학 및 리더십 학과에서 함께했던 논의, 오랜 시간의 통화, 경험을 나누려는 그들의 솔직함과 의지가 바로 극한이라는 개념과 육체적 위협 하에서 리더십을 발휘하는 일의 특별함을 보여주었다.

다음에 나오는 리더들에 대한 간략한 소개는 그들의 도움에 대한 감사를 표하기 위한 것이 아니다. 감사의 글은 이 책의 다른 곳에 있다. 필자는 그들을 만난 누군가가 왜 극한 상황에서의 리더십에 대한 고민을 시작하게 되었는지를 설명하는 차원에서 제시하고자 한다. 그들은 익스트림 리더십의 가치를 인식하게 한 경험의 총체를 대표한다. 이 놀라운 리더들의 이력은 죽음의 순간에도 간직한 진정성을 나타낸다.

캐럴 아모르(Carol Amore)

탐험가이자 친구, 야생 동물 사진 수상자, 고화질 디지털비디오 예술가, 제작책임자. 그녀는 팀을 이끌고 전 세계의 멀고 위험한 지역을 다녔으며, 야생 동물의 놀라운 영상 및 사진을 가지고 복귀했다. 그녀의 노력으로 우리가 야생에 있는 호랑이를 보고 즐길 수 있는 시간이 더욱 늘어나고 있다.

---

* 미 육사에서 진행된 리더십 포럼의 이름.

크리스천 산텔리시스(Christian Santelices)

전문 산악 가이드. 크리스천은 잭슨홀(Jackson Hole)*의 엑섬 가이드**로 일한다. 그는 해마다 칠레의 파타고니아***에서 칠레가 고향인 부친과 함께 안데스 근처에서 말을 타며 한때를 보낸다. 아이다호 주 빅터(Victor)에 있는 비영리 조직인 글로벌 커뮤니티 프로젝트(Global Community Project)의 설립자이자 책임자로서, 자신의 학교 학생들에게 야외 활동을 경험시키면서 환경 보호를 독려한다. 그와의 인터뷰에서 필자는 등반의 영성에 대해 많은 것을 배웠다.

데나 브레거(Dena Braeger)

미 육군 대위로, 350명의 정비중대원과 이라크전에 참전한 후 상담 및 조직심리학을 공부하기 위해 컬럼비아 대학에 입학했다. 그녀는 육사에 있는 필자의 연구팀에 합류했으며, 위험한 상황에서 여성의 세계관을 이해하는 데 자문 역할을 한다.

타이슨 브래들리(Tyson Bradley)

전문 산악 가이드. 타이슨은 아이다호와 와이오밍에서 등산과 스키를 하며 자랐다. 그는 1994년에 드날리****에 있는 알래스카 등산학

---

* 와이오밍 주의 스키 리조트 중 하나.

** 미국 등반 역사에서 가장 저명한 등산가 중 한 명인 글렌 엑섬(Glenn Exum)의 이름에서 따온 것으로, 일반적으로 산악 가이드를 의미함.

*** 남아메리카 대륙의 남쪽 끝으로 콜로라도 강 이남을 가리키며, 안데스에서 대서양까지 펼쳐짐.

**** 북미지역에서 가장 높은 매킨리 산의 다른 이름으로, 알래스카 주에 있음.

교, 오리건 주에 있는 팀버라인 산악 가이드(Timberline Mountain Guides), 그리고 엑섬 유타(Exum Utah)*에서 가이드를 시작했다. 그는 스키와 등산에 매우 열정적이다. 그에 따라 1994년에는 드날리의 위커샴 벽**을 알래스카 최초의 스키 하강 코스로 만들었으며, 1995년에는 포레이커(Foraker)***의 설타나리지(Sultana Ridge)****, 1996년에는 페어웨더*****를 그렇게 만들었다. 그는 네 번의 히말라야 여행, 두 번의 안데스 여행도 이끌었다.

앨리슨 레빈(Alison Levine)

듀크 대학 MBA 출신. 산악 등반가, 사업가, 컨설턴트, 강사. 서른의 나이에 활동에 지장을 주는 심장질환을 치료 받은 그녀는 현재 엘리트 운동선수이자 세계적으로 인정받는 산악 가이드가 되었다. 그녀는 극한 상황에서 고성과 팀에 대한 전문가이다.

데이비드 페트레이어스(David Petraeus)

미 육군 장군으로, 이라크 다국적군 사령관이자 101 공중강습사단장 역임. 프린스턴 대학에서 박사학위를 받았으며, 미 특수전학교를 수료했다. 그가 중령이었을 때 필자는 그의 화포 계획장교였는데, 그의 훈련 수준은 위험한 작전에서 능숙함이 왜 필요한지 명확히 알 수 있게 해주었다. 그는 뛰어난 멘토이자, 전투 리더이자, 스카이다이

* 유타 주에 있는 전문 산악 가이드 협회.

** 매킨리 산에 있는 해발 1만 4,000피트 높이의 암벽.

*** 알래스카 주 중부에 있는 산으로, 매킨리 산 근처에 있음.

**** 포레이커 산의 등반 루트 중 하나.

***** 알래스카 주와 브리티시콜롬비아 주 경계에 있는 산.

버이자 친구이다.

딕 카바조(Dick Cavazos)

미 육군 예비역 장군. 텍사스 주 출신으로, 한국전과 베트남전에 참전한 베테랑. 부하들과 육군에 헌신하는 전형적인 이타적 리더이다.

밥 디스(Bob Dees)

미 육군 예비역 소장. 1999년 한국에 있을 때 제2 보병사단에서 필자의 지휘관이었다. 꾸준하고 흔들림 없는 리더로서, 그는 훈련 중 부하 다섯 명의 사망을 경험한 필자에게 조언과 충고를 해주었으며, 비극 속에서 부하들을 이끄는 일의 가치와 필요성을 가르쳐주었다. 그는 현재 CCC(Campus Crusade for Christ)*에서 군 선교 책임자로 있다.

클레이 라일(Clay Lyle)

미 육군 소령. 제7기갑연대 1대대 전 대대장. 2003년, 탱크를 몰고 바그다드에 진격한 최연소 장교 지휘관. 그는 필자의 인터뷰에 응해주었고, 리더십 수업에 참여했으며, 아내와 신생아도 데리고 왔다. 그가 하는 대부분의 질문이 아내에 대한 것이라는 사실을 알고 우리는 웃고 말았다.

에릭 하인스하이머(Eric Heinsheimer)

미 육군 중사. 미 육사 스포츠 낙하산 팀의 수석 코치이자 1만

* 대학생 대상 기독교 선교단체.

3,000회의 점프 경력자. 그는 필자의 미 육군 특전사 고공 교육대 동료였다. 그는 대형 스카이다이빙(formation skydiving)* 코치로서 국제적인 인지도가 있으며, 최근에는 노르웨이 여자 대형 스카이다이빙 팀을 코칭했다.

잭 제이콥스(Jack Jacobs)

미 육군 예비역 대령으로, 미국 의회훈장 수상자. NBC** 방송사의 군사 및 정치 분석가. 미 육사 정치학 교수. 그 어떤 것도 사람을 전투에 대비해 준비시킬 수 없다는 그의 신념은 필자로 하여금 극한 상황에 대한 연구를 그토록 흥미롭게 찾아다니게 한 이유 중 하나이다.

에릭 올슨(Eric Olson)

미 육군 소장으로, 육사 교장 역임. 하와이와 아프가니스탄에서 제25 보병사단을 지휘했다. 그는 극한 리더의 특징 중 하나인 자신이 할 수 없거나 하지 않을 것은 절대 부하들에게 요구하지 않는 리더이다.

크리스 무어(Chris Moore)

미 육군 중사로, 육군 낙하산 팀(황금의 기사)의 멤버. 그는 필자에게 목표지점에 정확히 착륙할 수 있도록 코치해주었으며, 필자가 전문 스카이다이버로서 높은 평가를 받을 수 있도록 해준 영감의 원천이다.

---

* 공중에서 유형을 만들면서 모양을 바꾸는 것.

** ABC, CBS와 함께 미국의 3대 방송사 중 하나.

에릭 스쿠메이커(Eric Schoomaker)

미 육군 소장이자 육군 의무부대 사령관. 유전학 박사인 그는 필자의 멘토이자 친구로, 의학 전문가에게 극한 개념을 처음 연결시킨 사람이다. 현재 월터 리드 미 육군의료센터*를 지휘하고 있다.

피터 스쿠메이커(Peter Schoomaker)

미 특수전사령관 및 육군참모총장 역임. 필자는 생도들에게 그를 피터 스쿠메이커 장군이라고 소개했는데, 그는 "오직 우리 어머니만 나를 피터라고 부릅니다"라고 했다. 그는 '블랙&골드 리더십 포럼'에서 전투 지휘관이자 특수전을 수행하는 군인으로서 통찰력에 대해 언급했다.

팻 스위니(Patt Sweeney)

미 육군 대령으로, 행동과학 및 리더십학과의 부학과장. 그는 이라크전이 발발하자 101 공중강습사단을 대상으로 전투에서의 신뢰를 연구하기 위해 미국 노스캐롤라이나 주 북부 도시인 채플힐(Chapel Hill)에 있는 대학원을 떠났다. 그는 박사학위를 위해 다시 돌아왔고, 지금은 전투현장에서의 신뢰 분야 전문가로서 육군에서 복무 중이다.

프랭클린 '버스터' 하겐백(Franklin 'Buster' Hagenback)

미 육군 중장. 육사 교장인 그는 교수진과 최고의 트레이너들을 이끄는 대학총장이자 역할 모델이다. 그는 아프가니스탄에서 미 제10

---

* 워싱턴 특별구의 경계에 있는 육군병원.

산악사단을 지휘한 경험이 있는데, 그때의 경험을 토대로 생도들과 교수들이 전투와 관련된 신체적 · 정신적 요구에 대비하여 적절한 준비를 갖출 수 있도록 지도한다.

레오나드 웡(Leonard Wong)

미 육군 예비역 중령. 특수부대원이었으며 산업-조직심리학 박사. 뛰어난 연구자이며, 필자에게 실제 전투지역에서 연구할 수 있다는 확신을 심어준 평생 친구이다. 그는 1990년대에 육사에서 리더십을 가르쳤다.

테리 포터(Terry Potter)

미 육군 예비역 대령으로, 육사에서 아랍어 교수 역임. 훌륭한 군인인 그는 이미 자신의 전역을 공포했지만, 우리의 연구를 지원하기 위해 사심 없이 레니 웡(Lenny Wong), 레이 밀렌(Ray Millen) 그리고 필자와 함께 전투현장에 동행했다. 그는 이라크 및 쿠웨이트에서 우리의 통역자였으며, 군 병원의 대기지역에 있는 병들고 부상당한 포로들의 친구가 되어주었다. 그의 중개로 우리는 그들과 이야기를 나눌 수 있었다.

레이 밀렌(Ray Millen)

미 육군 보병 중령으로, 특수부대원이자 작가이자 필자이며, 2003년에 웡(Wong) 그리고 필자와 함께 쿠웨이트/이라크 여행을 함께 했던 시가전의 전문가. 레이는 우리가 타고 갈 다음 헬기가 어디서 오는지 모를 때, 우리의 다음 식사가 어디서 오는지 확신할 수 없을 때 우리 연구팀을 하나로 만들어준 접착제 역할을 했다.

에밀리 페레즈(Emily Perez)

미 육사 출신의 미 육군 소위로, 우리 학과에서 사회학을 전공했다. 매우 뛰어난 리더였으며, 사회적인 의식이 있고, 영성이 있는 사람이었다. 그녀는 2006년 9월 12일 이라크에서 급조된 폭발물의 폭발로 사망했다. 필자는 학교 대표로 그녀의 부모에게 그녀의 육사 안장 소식을 전했다.

데니스 질린스키(Dennis Zilinski)

미 육군 중위로 육사 졸업생이며, 전투에서의 리더십에 대한 필자의 세미나 멤버 중 한 명이다. 그는 이라크에서 전투 중 부상으로 사망했으며, 필자는 육사에 그를 안장한다는 소식을 부모에게 전한 학교 대표였다.

앤디 블릭한(Andy Blickhahn)

미 육군 대위로, 매우 당찬 젊은 장교. 육사에서 대표 생도인 여단장과 스포츠 낙하산 팀의 팀장을 맡았다. 그는 상급부대에 보고한 후 17일 동안 소대장으로서 이라크에서 전투를 수행했다.

빌 루츠(Bill Lutz)

마약단속국 직원이자 해당 기관의 리더십 개발 프로그램 책임자. 필자에게 익스트림 리더십에 대한 생각을 책으로 담아보라고 독려한 최초의 사람 중 한 명이다.

스티브 루스(Steve Ruth)

미 육군 소령이자 텍사스 농공대학(Texas A&M University)*에서 과대표를 지냈다. 산업-조직심리학을 전공했고, 행동과학 및 리더십학과에서 리더십을 가르쳤다. 그는 익스트림 리더십과 위험 상황에서의 협상을 연구하기 위해 크리스마스와 신정 연휴 동안 자원하여 전투에 참여했다. 필자가 아는 한 가장 임무 지향적이며 카리스마적인 리더이다.

프랭크 위어크진스키(Frank Wierczynski)

미 육군 대령으로, 대단한 군인이자 리더. 그는 육사의 전투 리더십 수업에서 아프가니스탄에서 있었던 타쿠르과(Takur Ghar)** 전투에 대해 강연했다.

네이트 셀프(Nate Self)

미 육군 특수부대원. 전사한 해군 특수부대(Navy SEAL) 소속 닐 로버츠(Neil Roberts)***의 시신을 찾기 위해 아프가니스탄의 로버츠 능선****에서 부하들을 이끌고 혈투를 벌였다. 그는 2003년 백악관에 초대되어 부시 대통령에게 상을 받았으며, 전투에서의 영웅적인 모습으로 은성훈장을 수상했다. 그는 2006년에 미 육사의 행동과학 및 리더십학과를 방문하여 우리를 영예롭게 했다.

---

* 미국에서 여섯 번째로 규모가 큰 주립대학교.

** 아프가니스탄 남동쪽에 있는 산맥 중 하나.

*** 오사마 빈 라덴을 잡기 위해 구상된 아나콘다 작전 중 타쿠르과 정상에서 교전을 벌이다가 헬기에서 떨어진 해군 하사.

**** 로버츠 하사가 떨어진 곳.

숀 한나(Sean Hannah)

미 육군 중령. 네브래스카 대학(갤럽연구소)에서 리더십 박사학위 취득. 현재 육사에서 리더십 및 경영학 프로그램 책임자로 있으며, 행동과학 및 리더십학과에서 리더십을 가르치고 있다. '사막의 폭풍'* 참전자인 숀은 학과 내에서 의심의 여지없는 최고의 리더십 이론가이며, 필자의 가장 훌륭한 평론가이다.

제임스 핼터맨(James Halterman)

미 육군 중사이자 육사 스포츠 낙하산 팀의 선임 장비 담당자. 내가 아는 한 가장 우수한 부사관. 그는 스카이다이빙 시연에 참가했다가 다리가 부러진 생도들에게 다음과 같은 고귀한 조언을 해주었다. "입을 다물고 고통을 참으세요. 사람들에게 손을 흔드세요. 당신은 지금 영웅처럼 행동하고 있는 겁니다. 당신은 지금 그들 중 하나가 되고 있다고요."

탐 뷰캐넌(Tom Buchanan)

5,000회의 점프 경험을 가진 전문 스카이다이버로, 뉴욕 주 가드너(Garnier)에 있는 '푸른 하늘 목장'의 안전 및 훈련 고문. 그 '목장'** 은 '규정이 없는' 것으로 유명하지만, 안전에 대한 기록을 놀라울 정도로 많이 가지고 있다. 표면적으로 보면 그곳의 스카이다이빙 문화는 말도 안 되지만, 훈련된 눈으로 보면 안전에 대해 지속적으로 세심한 관

---

* 1991년 걸프전 때 다국적군의 작전명.

** 너무 유명한 장소여서 스카이다이빙 사회에서는 고유명사처럼 쓰임.

심을 기울이고 있음을 알 수 있다. 다른 사람들과 마찬가지로 뷰캐넌은 '목장'의 안전 풍조를 확립하는 데 기여해왔으며, 필자에게는 안전한 점프 방법을 알려주는 멘토가 되어왔다. 그의 지속적인 노력 덕택에 오늘날 살아 있는 사람들이 적지 않다.

가이 라이트(Guy Wright)

전문 스카이다이버이자 대규모 스카이다이빙 대형 조직자. 그는 간단명료한 리더로, 필자에게 "누군가 엉망으로 만드는 바로 그 순간, 당신은 그를 잘라버려야 합니다!"라고 가르쳐주었다.

조지프 페퍼(Joseph W. Pfeifer)

뉴욕 소방서의 부서장이자 대테러 및 비상대책관. 위험 상황에서의 리더십에 대한 뉴욕 시의 전문가 중 한 사람이며, 2011년 9월 세계무역센터 테러현장에 가장 먼저 나타났다. 그라면 필자는 어느 통로라도 따라갈 것이다.

노먼 슈워츠코프(Norman Schwarzkopf)

미 육군 예비역 대장. 미 육사 졸업생이며, 베트남전 참전용사로 1차 걸프전에서 다국적군 사령관 역임. 강인한 전사 리더인 그는 육사 행동과학 및 리더십학과에 있는 동안 자신의 시간을 아끼지 않았으며, '블랙 & 골드 리더십 포럼'에서 소규모 생도들에게 연설했다.

하워드 프린스(Howard Prince)

미 육군 예비역 준장. 1978부터 1990년까지 행동과학 및 리더십학과에 있던 필자의 전임자. 퇴역군인이며, 임상심리학자. 리치몬드 대학에 젭슨(Jepson) 리더십 스쿨과 텍사스 대학에 윤리적 리더십센터를 세운 설립자.

존 '독' 반젠(John 'Doc' Bahnsen)

미 육군 예비역 준장으로, 공정 부대원으로 베트남전 참전. 그는 다채롭고 거침없이 말하는 전사이다. 필자의 전투 리더십 수업 강사로 초청했을 때, 그는 생도들에게 공격적이며 전문적으로 적을 죽임과 동시에 국가를 위해 자신의 생명을 기꺼이 바칠 마음의 준비가 된 팀을 개발하는 것이 얼마나 어려운지에 대해 이야기했다. 그는 마치 계급이 능력보다 덜 중요한 그런 환경에서 오랜 시간을 보낸 그런 전형적인 전문가들을 대하듯 생도들에게 역설했다.

로버트 스케일스(Robert Scales)

미 육군 예비역 소장으로, 펜실베이니아 주 칼라일(Carlisle)에 있는 육군대학 총장 역임. 훌륭한 필자인 그는 전투의 인간적 차원에 대해 언급한, 세계에서 가장 비중 있는 사상가 중의 한 명이다. 또한 그는 많은 작품을 쓰는 작가로도 유명하다.

토니 나달(Nony Nadal)

미 육군 예비역 대령. 영화 「위 워 솔저스(We Were Solders)」로 유명해진 베트남전 최초의 주요 전투에 참전한 중대장 중 한 명. 전투 후 그는 육사로 와서 우리 학과에서 리더십을 가르쳤다. 그는 자기 시간을 아끼지 않는 사람이었으며, 생도들에게 전투의 혹독함과 위험한 상황에서 리더에게 부과되는 요구가 무엇인지 가르치는 일을 도왔다.

에릭 신세키(Eric Shiseki)

미 육군 예비역 대장. 전 육군참모총장. 1951년도에 졸업한 리더십연구회 회장. 그는 2년 동안 생도들과 교수들, 필자에게 리더십을 이해할 수 있도록 해주었다. 필자가 지금까지 알아온 그 어떤 사람보다 개인적 진실성(personal integrity)이 가장 뛰어난 사람이다. 그는 필자를 '두목(boss)'이라고 부르길 좋아했는데, 물론 나는 실제로는 그렇지 않다.

데이브 코더맨(Dave Corderman)

미 연방수사국(FBI: Federal Bureau of Investigation) 내 리더십 개발연구소 책임자이자 특별 수사관. 그는 익스트림 리더십에 대한 아이디어를 이해할 뿐만 아니라 어떤 상황에 직면하든 그 상황에 맞는 리더 개발 방법도 이해하고 있다. 2006년 워싱턴 D.C.에서 있었던 갤럽 리더십 회합에서 그와 함께 일했는데, 그때가 필자에게는 최고의 시점이었다.

그레그(Greg)

특수작전 사령부(계급이나 성은 보안문제로 제한됨). 저격수 및 미군의 자유강하 낙하산 팀원으로 훈련받았으며, 지금까지 30회 이상의 특수작전임무를 완수했다.

캐스퍼(Casper)

특수작전 사령부(계급이나 성은 보안문제로 제한됨). 미군의 자유강하 낙하산 팀원으로 훈련받았으며, 다수의 군사 기술도 가지고 있다. 자신이 스스로 계산한 것보다 더 많은 수의 특수작전임무를 수행했다.

레베카(베키) 캐니스[Rebecca(Becky) Kanis]

미 육사 졸업생으로, 뉴욕의 노숙자를 줄이기를 위해 만들어진 비영리 조직인 커먼 그라운드(Common Ground)의 혁신 책임자이다. 그녀는 미 육군 특수임무부대의 통신장교였는데, 강인하지만 매우 따뜻한 마음을 가진 사람이다.

캐스린 힐레거스(Kathryn Hillegass)

육사의 스포츠 낙하산 팀 주장이며, 아랍어와 프랑스어를 복수 전공하는 4학년 생도. 사관학교에서 가장 멋진 스카이다이빙 사진에는 똑같은 검은색 옷을 입고 다양한 대형을 멋지게 만드는 스카이다이버들이 나오는데, 그중에서 빛나는 검은 헬멧 뒤로 빨간 말총머리가 나풀거리는 사람이 캐스린이다.

'유타' 스티브 웹('Utah' Steve Webb)

만 번의 점프 기록을 가진 전문 스카이다이버로, 심사위원이자 필자의 멘토. 융통성이 없고 요구하는 것도 많지만, 인내심 많고 친절한 사람. 만약 자유강하를 할 때 스티브가 앞에 있다면 당신은 그 어느 때보다 안전할 것이다.

커티스 '마이크' 스카파로티(Curtis 'Mike' Scapparotti)

미 육군 준장으로, 육사 생도대장 역임. 그는 학생들과 필자에게 전투에서 부하들을 이끄는 것에 대해 말해주었으며, 전투를 수행하면서 작전 중 사망한 병사들의 사진을 늘 가지고 있는 이유를 설명해주었다. 현재 필자도 테러와의 국제적인 전쟁에서 사망한 제자들의 생도 시절 사진을 휴대하고 있다.

맷 덴스모어(Matt Densmore)

현재 캘리포니아 북부지역 포트브래그(Fort Bragg)에서 심리전을 수행 중인 미 육군 소령. 행동과학 및 리더십학과에서 가르쳤는데, '익스트림 리더십'이라는 주제에 매혹되어 특수부대에 대한 자료를 모으기 위해 이라크로 갔다. 무척 어렵게 얻은 자료가 하드디스크에서 삭제되는 어려움을 겪었지만, 좌절을 이겨내고 익스트림 리더십에 대해 쓰기 위해 육사로 돌아왔다.

에버렛 스페인(Everett Spain)

듀크 대학의 MBA 출신 미 육군 소령. 그는 미 육사 행동과학 및 리더십학과에서 리더십을 가르쳤으며, 이라크에 가서 직접 극한 상황을 경험하고자 잠시 강의를 중단했다. 이라크에서 공부하는 동안 부상을 입은(다행히도 박격포의 작은 파편에) 필자의 첫 번째 동료 교수였다. 그는 현재 이라크 주둔 사령관인 데이비드 페트레이어스(David Petraeus) 장군의 부관으로 여전히 이라크에서 근무 중이다.

도나 브라질(Donna Brazil)

미 육군 대령. 미 육사 전임교수이며, 사관학교 내에서 유일한 군 리더십 핵심과정의 코스 디렉터. 그녀는 남편과 아이들을 남겨둔 채 자원해서 아프가니스탄에 갔으며, 거기서 미 육사 및 리더십 교육

공학을 모델로 하여 아프간 육군이 육사를 만드는 것을 도왔다.

팻 미카엘리스(Pat Michaelis)

미 육군 소령. 필자가 그를 행동과학 및 리더십학과 교수로 데리고 오는 바람에 학과장에게 많은 꾸중을 들었다. 팻은 하버드에서 MBA 과정을 마쳤으며, 여름에 '허가 없이' 미국 의회에서 존 매케인 상원의원의 참모 역할을 했다는 이유로 육군 연락부에 의해 참모 자리에서 물러났다. 팻은 한 학기 동안 훌륭하게 가르쳤으며, 전투 중인 미 제1 기병사단 전체를 지원하기 위한 측방 전자통신을 구축하는 동안에도 이라크에서 위성으로 학생들을 가르쳤다.

잭 제프리스(Jack Jefferies)

1만 5,000회의 점프 경력을 가지고 있는 열정적인 스카이다이버이자 엘리트 선수. 아마도 역사상 가장 기량이 뛰어난 대형 스카이다이버일 것이다. 그는 극도의 한계 상황에서도 재능과 겸손이라는 두 가지 강점을 가지고 있다. 조직역학 분야의 유능하고 효과적인 컨설턴트인 그는 미 육사의 외래교수로서 리더십 교육과정 중 고성과 팀 부분을 강의한다.

밥 카터(Bob Barter)

미 육군 예비역 소장이자 사회학자. 샌프란시스코 범죄위원회 위원 역임. 미 육사의 행동과학 및 리더십학과에서 수년간 가르쳤으며, 필자와 수많은 생도들에게 익스트림 리더십의 경험을 생생하게 전해주었다.

스티브 카터(Steve Carter)

미 연방수사국 샌프란시스코 사무소에 근무하는 특별 수사관. 밥 카터(Bob Cater)의 아들이며, 최고의 공무원이다.

제임스 갈리아노(James Gagliano)

미 연방수사국 뉴욕 사무소에 근무하는 특별 수사관. 부하들에게 매우 헌신적이며, 특수기동부대(SWAT: Special Weapons and Tactics) 임무에도 최선을 다한다.

미국 애리조나 주 유마(Yuma)에 있는 미 육군 특전사 고공교육대(Military Freefall School)의 자유 강하 교관들

그들은 계급이나 지위 고하를 따지지 않는 힘든 환경에서 훈련을 한다. 그들의 역할은 '극한 개발'로 정의된다.

*2003년 4월, 이라크 움 카사(Um Qasr)*에 억류되어 있던 36명의 이라크 포로*

그들과의 인터뷰는 필자에게 전쟁의 잔혹함 그리고 익스트림 리더십이 실패할 경우에 치러야 하는 비용에 대해 많은 것을 알게 해주었다.

2003년 5월, 이라크 바그다드 인근에서 인터뷰한 54명의 미군 병사들

그들이 너무도 자랑스럽다는 것을 밝히며, 그들의 희생에 감사를 전한다.

---

* 이라크 남부 항구도시.

2003년 4월, 이라크 중부 바빌 주의 주도인 힐라(Hillah) 인근에서 인터뷰한 16명의 미 해병대

그들 또한 자랑스러우며, 바그다드로 향하는 헬기에 탑승한 것에 감사를 전한다.

2001~2007년 미 육사 스포츠 낙하산 팀에 있던 62명의 사관생도

심신을 단련하고 정신무장을 강화하길 바란다.

부록

익스트림 리더의 신체 단련

1
익스트림 리더를 위한 체력 단련

위험은 리더들에게 탁월한 활력과 근력을 유지하는 것이 중요하다는 것을 일깨워준다. 필자의 중위 시절 상관이었던 데이브 퍼트레이어스(Dave Petraeus) 중령(나중에 4성 장군으로 진급했으며, 이라크 다국적군의 사령관직을 역임했다)은 건강 관리 부분에 있어 이상적 모델이었다. 달리기에서 그는 자기 부대원 중 가장 빠른 부대원보다 빨랐고, 다리를 이용하지 않고 25걸음 정도를 손만 이용해서 로프를 타고 올라가며, L자 자세를 보여주기도 하였다. 데이브 퍼트레이어스의 리더십에서 건강은 매우 중요한 요소이자 바로 그의 삶 자체였다.

1991년 필자가 미 육군 101 공수사단에 배치되었을 때, 퍼트레이어스는 육체적으로 강인한 부대이자 중무장 장비를 잘 다루는 것으로 알려진 보병대대를 지휘하고 있었다. 그는 과거 켄터키 주 포터캠벨에서 기관총 부대를 지휘하였는데, 잭 킨(Jack Keane) 소장 휘하에서 다음과 같은 상황에 직면하게 되었다.

퍼트레이어스가 이끄는 기관총부대의 한 사람이 사격을 하고 있었는데, 장시간의 사격으로 기관총 안에 있는 탄알집이 움직이지 않았고, 이를 움직이기 위한 동력이 충분하지 않아 난감한 상황에 봉착했다. 기관총 사수가 사대에서 안전위치로 전환하면서 그의 총이 퍼트레이어스와 킨 쪽을 향하게 되었다. 순간, 기관총이 발사되었다. 총알은 초당 3,000피트(약 914m)로 발포되었다. 그것은 퍼트레이어스의 제복셔츠 위의 명찰을 맞혔고, 그는 가슴에서 등으로 관통상을 입게 되었다.

부서장과 현장에서 일하는 의료진은 사령관을 안정시키고 부상 부위의 출혈을 막기 시작했다. 의료헬기가 도착하여 그를 내슈빌(Nashville)에 있는 밴더빌트(Vanderbilt) 메디컬센터로 후송하였다. 흉부외과의 빌 프리스트(Bill Frist)가 수술을 집도했다.

프리스트는 퍼트레이어스를 살려냈는데, 그의 상태를 살피다가 매우 놀라고 말았다. 그는 총상을 입은 이후 불과 몇 달 만에 10마일 왕복달리기를 하는 등 매우 빠른 회복을 보였다. 극심한 상처를 고려한다면 기적에 가까운 일이었다.

원래 수준으로 건강을 회복하는 데는 생존력과 회복시간 모두를 고려해야 한다. 리더에게는 상처에서 회복되는 기간뿐만 아니라 심지어 위험한 환경과 장소에서는 또 다른 신체적인 능력이 요구된다. 극심한 위험 상황에 노출된 극한 리더는 골절, 근육이나 인대 파열 같은 직접적으로 기능이 취약해지는 상처를 입어서는 안 된다. 주어진 임무를 제대로 수행하려면 피로 역시 관리되어야 한다. 리더는 자신이 가진 시간 속에서 자신의 피로를 관리해야 한다. 현명한 리더라면 자신의 피로도를 정확하게 측정하고 관리해야 할 것이다. 나약함은 다른 것들을 취약하게 만들 수 있다. 특히 이는 작전이 수행될 수 없는 상황을 발생시킬 수도 있다.

부족한 체력은 팀워크나 장비로 극복될 수 있다. 그러나 리더의 직접적인 부상은 치명적이다. 특히 부하들에게 전적으로 의존하게 되는 상황은 치명적이라고 할 수 있다. 군대 은어에 보면 'turf(근거지)'의 동사적인 사용은 'to turf(근거지로)'라는 의미로, 부상 또는 체력 고갈 때문에 쓰러지는 것을 말한다.

정예 리더들은 절대 능력과 역할이 저하되어서는 안 된다. 그들에게 쓰러지는 것은 허락되지 않는다.

부상을 완벽하게 제거할 수는 없다. 따라서 정예 리더들에게는 부상을 입지 않으려는 노력이 필요하며, 성공을 위한 치밀한 계획도 중요하다.

군대와 경찰, 소방서에서는 부상을 사전에 예방하는 훈련이 필요하다. 특히 리더는 특정 상황에 대비한다는 점에서 의무적이다. 익스트림 리더는 위험과 스트레스 등 일상적인 외상에 노출된다. 위기 상황에서도 잘 적응하기 위해 리더들은 가장 힘들고 도전적인 상황을 추정하고 거기에 대비해야 한다. 정예 리더들 역시 육체적으로 단련해야 한다. 성공의 기회를 잡기 위한 특별한 방법도 준비한다.

위협적인 환경은 리더에게 강인한 체력을 요구한다. 이런 상황에서 성공하기 위한 제반 요소들은 육체적 · 신체적 준비라는 것이 극한 리더들에게 익히 알려져 있다. 다양한 분야에서 활동하는 선수들은 정기적 또는 비정기적으로 운동을 한다.

위험한 환경에서 일하는 사람들에게 유용한 운동이 있다. 관절의 안정성, 균형성, 유연성은 일상적인 스포츠보다 위험한 환경에서 더욱 중요하다. 물론 건강 강좌는 보다 더 많은 것을 제공해주지만, 익스트림 리더들 간에 공유되는 건강한 식이요법이 일상적인 삶을 살아가는 사람들에게도 적용될 수 있다. 왜냐하면 몇몇 운동들은 좌절감과 짜증, 신체적으로 쇠약해지는 부상으로부터 우리를 보호해줄 수 없기 때문이다.

2 건강이 리더십에 주는 이점

건강은 극한 리더뿐 아니라 누구에게나 가치 있는 것이다. 힘든 환경을 극복하기 위해서는 육체적으로 강한 사람이어야 한다. 성공가도를 달리는 기업의 간부, 프로 연기자 또는 육군 특전사 등의 정예들은 육체적 또는 정신적으로 최고의 상태를 요구받는다. 일반적인 리더의 이미지에서도 의심할 여지없이 건강하고 잘 다듬어진 외모를 가진 리더가 유리하다. 리더는 부하들의 신뢰와 충성심을 얻기 위해 완전함을 보여주어야 하며, 이는 건강한 형태로 표출된다.

일반적으로 리더의 건강 상태는 대단히 중요하게 여겨진다. 리더가 건강하지 못하거나 부상에 노출되었을 때 조직도 약해진다고 생각되기 때문이다. 특히 리더가 부상 혹은 심각한 신체적 문제로 죽음이라는 결과를 맞는 경우 조직은 더욱 취약해진다.

최근 여러 기업에서 예상하지 못한 CEO의 죽음으로 기업에 대한 부정적인 결과를 초래하고 있다. CEO의 죽음이나 사망설은 기업 불안정성의 원인이 된다. 많은 기업들은 이러한 비관적 전망을 차단하려 노력하지만, 그럼에도 시장의 반응은 비관적일 수밖에 없다.* 리더의 건강은 전체 조직에 대한 인식에 영향을 미친다는 것이 핵심이다.

건강에 대한 원칙과 기대 간에는 큰 차이가 있다. 대부분의 리더는 정예 리더가 아니며, 운동시간에 다른 일을 해야 하는 상황에 처

* 필자는 이를 설명하기 위해 맥도널드 CEO의 사망과 애플의 스티브 잡스의 투병설 등을 제시하였으나 시의성과 사례 선정의 부적절성을 고려하여 번역에서 제외하였음.

한다. 이러한 유형의 리더들에게 운동은 스트레스를 줄이는 기능적인 시도이고, 외모와 건강 둘 다 향상시키는 데 중점을 두어야 한다. 그리고 간과하지 말아야 할 것은 오히려 많은 위대한 리더들은 완전히 건강한 신체적 모습을 가지고 있지는 않았다. 윈스턴 처칠부터 패스트푸드 레스토랑의 설립가인 데이브 토머스까지 지독한 애연가였고 진토닉을 즐겨 마셨다.

신체 건강의 원칙과 현실 간의 괴리는 아마도 영원히 존재할 것이다. 이러한 차이를 줄이는 방법은 일반적인 신체단련과 웰빙을 추구하는 운동뿐만 아니라 부상을 예방하는 데 있다.

익스트림 리더는 신체적으로 완벽한 기능을 발휘할 필요가 있다

대부분의 트레이닝은 강인한 체력과 스태미나를 증진시키기 위해 한다. 달리기, 빨리 걷기, 수영 그리고 기타의 활동들은 적당한 몸무게를 유지하게 해주고 심장과 폐의 건강에 기여한다. 근력 트레이닝은 근력을 강화시키고, 골밀도를 향상시키며, 부상을 방지하는 등 신체 각 기능에 많은 유익을 제공한다.

미 육군 환경의학연구기관(USARIEM)의 과학자들은 극한 환경에서의 지속적인 신체적 요구에 관심을 가졌다. USARIEM은 군사임무를 수행하는 군인들에게 가장 흔히 볼 수 있는 문제 중 하나인 근력과 뼈의 부상을 예방하는 데 초점을 맞추었다. 위험한 환경에서의 신체적 기능 유지에 대한 연구는 매우 가치가 있다. 군인, 소방관 그리고 위험한 직종에 종사하는 사람들은 위험한 지역 근무, 무거운 짐을 나를 때 신속하게 이동해야 할 필요 등 그들의 신체를 힘든 상황에 처하게 한다. 이는 결과적으로 근골격계(뼈, 관절, 인대, 힘줄, 근육 등)의 부상에 노출되게 한다. 위험하고 신체능력 요구되는 환경에서 일하는 사람들에게는 일상적인 일이다. 미 육군 USARIEM의 의사이자 연구원인 폴 아모로소(Paul Amoroso) 대령에 의하면 이러한 부상들이 육군에서 전역하는 주된 원인이라고 한다. 근골격계 부상은 기초훈련 기간에 가장 활발하게 연구되고 있다.

미 육군 USARIEM의 과학자들에 의하면 일반적으로 남자의 25퍼센트, 여자의 50퍼센트가 기본훈련에서 근골격계통의 부상을 입게 된다고 주장한다. 미 육군 USARIEM과 협력하는 미 육군 건강증진센터와 미국 매릴랜드 애버딘 훈련장(Maryland Aberdeen Proving Ground)에 있는 예방의학과는 20여 년 전부터 육군 훈련병에게 흔히 발생하는 근골격계통의 부상에 대해 연구했다.

군인들은 아스피린, 이부프로펜, 나프록센 같은 비스테로이드성 소염진통제(NSAIDs) 사용을 최소화해야 한다. 군인들은 이러한 약품을 근골격계통의 부상을 치료하기 위해 빈번하게 사용한다. 진통제 복용은 최소화하면 괜찮지만 너무 자주 사용하면 문제의 원인이 될 수 있다. 비스테로이드성 소염진통제를 과도하게 사용하면 궤양과 같은 위장 문제를 일으킨다. 또한 신장 혈류와 관련된 문제도 생길 수 있다. 특히 알코올을 과다 섭취했을 때는 간에 손상을 입기도 한다.

유연하고 안정적인 관절을 유지하여 부상을 예방하고자 하는 리더들은 일반인보다 건강에 대해 관심이 높다. 전형적으로 스트레스을 자주 받는 생활환경에 노출된 리더들이라면 건강에 치명적인 영향을 미칠 수 있는 진통제 사용을 지양해야만 그 부작용도 피할 수 있다.

3
정예 리더가 신체를 단련하는 세 가지 목적

익스트림 리더에게는 가장 좋지 않은 상황에서도 부상을 최소화하는 신체단련 프로그램이 필요하다. 기업의 리더들은 심혈관을 강화시키기 위해 일상적인 방식에 따라 중거리 달리기, 신체단련 트레이닝을 한다. 하지만 심폐기능을 강화시키기 위해 장거리를 달리는 사람들도 빈번히 부상을 입는다. 대부분의 소방서나 군 체육관에는 역도 장비를 갖추고 있는데, 등 부상은 여기서 가장 많이 발생한다.

보통 이들의 운동 습관은 탈골이나 추락으로 인한 골절, 그리고 근육파열을 방지하기 위한 활동의 가치를 소홀히 한다. 정예 리더들을 보호하기 위한 신체단련에는 3가지 목적이 있다. 즉 관절의 안정성, 균형성, 유연성이다.

관절의 안정성

당신은 신체단련을 위해 포장도로 같은 예측 가능하고 안정적인 표면에서 걷기 또는 달리기를 하는가? 아니면 기계적으로 고정된 굴레에서 웨이트 기구를 회전시키거나 케이블로 웨이트 기구를 들어 올려 각 부분의 근육을 단련시키는 근력강화 기구를 이용하는가? 만약 그렇다면 당신은 스스로 부상 같은 예외적인 상황에 대비해야 할지도 모른다. 왜냐하면 '관절 기능과 안정성을 어떻게 유지하는가? 그리고 어떻게 실패하는가? 실패 이후 어떻게 재활치료를 받는가?' 등을 이해하는 것이 요구되기 때문이다.

관절은 수동적인 구조로 되어 있으며 뼈와 인대, 연관된 관절에 연결되는 몸의 일부분이다. 관절의 기본적인 특징과 관계는 변화하지 않는다. 예외적인 경우는 부상이다. 인대는 찢어지고 뼈는 부러진다. 따라서 관절만으로는 안정성을 유지하는 데 불충분하다.

관절도 근육 같은 보조적인 안정장치를 필요로 한다. 근육은 부하가 있어도 안정성을 유지할 수 있다. 수동적인 뼈나 인대와는 달리 근육은 관절이 탈구되는 것을 줄이기 위한 방편으로 단련할 수 있다. 더욱이 근육의 기능은 극한의 환경에서 절실하게 요구된다. 부상에 대한 예방은 그로 인해 초래되는 조직의 문제인 리더의 부재를 방지할 수 있다.

관절 근육의 안정성은 두 가지 인식에 대한 반응으로 감지된다. 첫째, 움직임을 느낄 수 있는 능력(운동감각에 대한 인식, 운동감각), 그리고 공간 내에서 관절의 위치를 느낄 수 있는 능력(자기수용감각)이다.

인체는 중앙신경시스템에 의한 정보를 빠르게 처리하고, 관절의 근육안정성을 조정하는 수동적인 구조인 인대와 두 번째 안정장치인 근육 등 복잡한 장치로 구성되어 있다. 이러한 기계적 감응들은 움직임의 범위 한계 내에서는 매우 활동적이다. 그리고 과도한 확장 또는 관절 움직임에 따른 손상을 방지하기 위해 뼈와 인대가 근육을 통해 활동한다.

근육보다 더 빠르게 일어나는 어떤 행동은 관절의 안정성을 훈련시킨다. 그리고 이러한 상황에서 인대와 다른 수동적인 구조가 안정성을 제공한다. 신체 능력의 안정성을 넘어서는 관절의 움직임이 발생할 때, 근육파열, 인대의 경직 또는 파열, 그리고 때때로 골절 같은 부상이 수반된다. 이는 일반적인 리더와는 관계없을 수 있으나, 익스트림 리더에게는 심각한 상황일 수도 있다. 일반 리더들의 경우, 평범한 기능적인 움직임과 관련되어 있고, 평범한 관절 사용을 위해 여러 달 돈을 들일 수 있으며, 신체적인 테라피를 위해 시간을 들이고 재활치료를 하기도 한다. 근육은 이러한 트레이닝에 반응한다. 그리고 단련된 근육은 더 빠르게 관절의 안정성을 위해 반응한다.

사실 운동생리학자들은 극한 상황에서 리더들의 관절 안정성에 대해 깊이 연구하지는 않았다. 그러나 부상당한 사람들의 관절의 안정성을 연구하다 보니 원칙은 동일하였다. 재활치료는 관절 안정성의 회복 과정이라고 표현된다. 외과수술 없이 안정성을 회복하기 위해 트레이너는 다음과 같은 3가지 단계를 거친다.

1. 개인의 근력 또는 적절한 범위의 움직임을 통해 부상당한 팔을 부드럽게 보호함으로써 움직임의 범위를 차츰 늘려나간다.
2. 강도와 고유 수용성 감각(proprioception)*은 움직임의 범위를 조심스럽게 조절하는 동안 부하를 추가함으로써 회복시킨다.
3. 관절에 부하 없이 긴장된 움직임을 가한다. 그리고 웨이트로 트레이닝을 끝낸다.

이러한 절차는 리더들의 신체를 보호하고 부상을 방지하기 위해 구성되었다.

* 자신의 신체 위치, 자세, 평형 및 움직임(운동의 정도, 운동의 방향)에 대한 정보를 파악하여 중추신경계로 전달하는 감각.

리더십 시사점

위험한 직업이든 아니면 사무실 환경이든 모든 리더들은 일하는 데 더 많은 시간을, 건강을 관리하는 데 상대적으로 적은 시간을 할애한다.
근력 운동과 심혈관 운동은 관절의 안정성을 위해 줄여야 한다. 불안정한 웨이트 운동도 관절에 좋지 않다. 적절히 운동해야 움직임을 느끼는 능력과 관절의 위치를 아는 능력(다시 말해, 운동감각, 고유 수용성 감각 등) 둘 다 향상시킬 수 있다. 근육 운동은 관절의 안정성을 키우기 위한 방법으로 더욱더 개발해야 한다.
일상적인 운동을 변화시킴으로써 관절의 안정성을 최대한 향상시킬 수 있다. 이는 움직임의 범위를 제한하여 안정성을 향상시키고자 하는 환자에게 최고이다. 첫째, 관절의 중량감과 부하 없이 움직인다. 트레이너들은 이를 '향상운동 체인'이라고 부른다. 그다음 바닥을 이용하거나 벽을 미는 것으로 관절의 무게감을 지탱한다. 마지막으로, 무게감 없이 도르래 시스템 또는 운동을 위해 디자인된 다양한 두께의 고무판을 이용하여 움직임에 추가적인 속도를 더한다.
극한의 운동을 완벽하게 디자인하여 우락부락한 체격을 넘어선 운동기술로서 불안정성을 극복할 수 있다. 대부분의 위험한 활동은 불안정한 표면에서 발생한다. 부상을 입지 않으려면 운동에 주의를 기울여야 한다.

균형성

우리 모두는 균형감을 가지고 있다. 똑바로 서 있을 때 우리의 무게중심은 기저면(base of support)* 내에 있게 된

* 인체나 물체가 지면에 접촉되었을 때 그 접촉점들을 상호 연결시킨 넓이 또는 지지하고 있는 면과 접촉하고 있는 물체의 면적으로, 기저면의 넓이는 인체의 안정성,

다. 움직일 때 우리의 무게중심은 기저면 너머로 확장하게 된다. 안정성의 한계를 넘어서고, 넘어지는 것을 방지하기 위해 더듬거리거나 스텝을 디뎌야 한다.

달리기를 할 때, 우리는 의도적으로 무게중심을 앞에 두게 된다. 기저면 너머로, 그리고 한두 걸음 내에서는 균형을 되찾아 즉시 멈출 수 없다. 계속 똑바로 서 있고자 할 때 우리의 근육, 특히 몸체의 중심 근육은 자동적으로 일하고 우리가 똑바로 서 있을 수 있도록 유연하게 유지한다. 우리 대부분은 균형감을 가지고 있다.

평화롭고 안전한 환경에서 우리의 균형감각은 좀처럼 의식적인 생각을 하지 않는다. 때때로 비틀거림 때문에 가끔 알아차리게 되지만 말이다. 만약 몇 주 동안 목발을 짚고 다닌다면 간단한 자세로도 균형감을 유지할 수 있다. 그런데 극한 상황에서 넘어지는 것은 치명적일 수 있다. 그리고 팀을 위기로 몰아 넣을 수도 있다. 정예 비즈니스 리더나 공식적인 리더가 신체적으로 넘어진다는 것은 권력의 감소를 의미하기도 한다. 신중한 리더는 자신의 발로 지탱하는 것에 큰 의미를 두고, 자신에 대한 신뢰성과 이미지를 유지하기 위하여 균형감각을 향상시키는 운동에 기꺼이 시간을 투자한다.

당신은 훈련을 통해 균형감각을 익힐 수 있다. 여러 부분에서 균형감각을 발전시킬 수 있는 능력도 있다. 부두 보드(voodoo board)는 스케이트보드보다 약간 긴 스트레이트 보드(Straight board)인데, 둘레 6인치의 롤러를 갖추고 있고, 좀 더 널찍하다. 이 롤러 보드를 이용해 균형감각을 향상시킬 수 있다. 좌우로 흔들리는 상황 속에서 전진할 수 있

움직임과 관련이 있다.

어야 한다. 보드 밑에 있는 롤러를 구르면 양다리의 근육이 연속적으로 움직이고, 몸의 중심 근육 또한 기저면 위에서 이동하기 위해 순간적으로 반응하게 된다.

밥스(BAPS: Biomechanical Ankle Platform System) 보드는 원반 아래에 세 개의 발이 있으며, 중심의 하부는 돔처럼 되어 있다. 사용자가 보드 위에서 있으려면 지속적으로 균형을 유지해야 한다. 그래야 보드가 평평하게 유지된다. 댄스수업이나 스케이팅 그리고 스케이트보드는 특별히 균형감을 향상시키는 데 좋은 활동들이다.

적절한 신체단련도 서로 다른 근육의 균형을 향상시켜준다. 예를 들어, 허벅지 전면의 사두근과 허벅지 뒷면 무릎 뒤 인대, 또는 가슴의 흉근과 반대쪽의 등 근육이 그러하다. 만약 하나 또는 그 이상의 근육 집단이 다른 반대쪽 근육과 관련되어 충분히 발달하지 못하면, 심지어 스트레칭과 워밍업 중에도 근육 부상을 입을 수 있다.

소프트볼 경기를 할 때 평평한 잔디 위의 베이스로 달리다가 극심한 인대파열이 발생하는 것을 보면 이러한 지적에 납득이 간다. 예전에 필자가 소속한 팀에서는 운동 경기를 할 때 사전에 워밍업으로 15분가량 조깅을 했다. 서로 협력해서 스트레칭을 하고, 천천히 관련 근육을 느슨하게 한다. 그런 다음 주로 중거리 달리기를 했다. 그러다 보니 절망적이게도 필자의 약한 슬와부 근육과 과다하게 단련된 사두근이 균형을 벗어나게 되었다. 그 결과 불행하게도 근육이 파열되었다. 즉시 소프트볼 게임을 중단할 수밖에 없었고, 외부의 타박상은 둔부 아래에서 정강이 중앙까지 나타나 회복하는 데 꼬박 석 달이 걸렸다.

유연성

극한 상황을 대비한 신체단련의 세 번째 단계는 관절의 안정성과 균형성을 합친 '유연성'이다. 유연성은 리더의 건강 상태에 매우 중요한 요소이다. 유연성은 리더의 중요한 자질이고, 특정 위험한 환경에서 일하는 리더에게는 더욱 그러하다. 리더는 최상의 상태를 유지하고 지속적으로 그 능력을 유지해야 한다. 이러한 능력은 극한의 상태에서도 자신을 약하게 하는 부상 없이 지속할 수 있는 것을 의미한다. 유연성 향상을 위한 스트레칭은 리더의 시각에서 볼 때 재난을 예방하기 위한 것이다. 염좌나 근육파열 같은 부드러운 조직의 부상은 리더나 팔로어를 본원의 임무나 역할에서 매우 빠르게 멀어지게 할 수 있다.

유연성을 유지하기 위한 3가지 원칙은 위험한 환경에서 부상을 방지해야 하는 리더에게 매우 중요하다. 특히 쉽게 시간을 내지 못하는 리더들의 경우에는 더욱 그렇다.

1. 부상을 방지하기 위한 스트레칭에 집중해야 한다. 모든 부상이 똑같이 발생하지는 않는다. 대체로 염좌 또는 팔목골절, 등 부상, 슬와부 근육의 파열 등이다. 리더는 재빨리 자신의 일하는 환경과 두 가지 질문에 대한 답을 분석해야 한다. 첫째, 당신 주변에서 부상이 발생하는 유형은 대체로 어떤 것인가? 둘째, 발생한 부상의 유형이 대체로 위험한 것인가? 첫 번째 질문은 상식이고, 대부분 운동선수에게 던지는 질문이다. 그러나 두 번째 질문은 틀림없이 극한의 환경과 관련이 있다.

2. 당신은 언제 어디서나 스트레칭을 해야 한다. '그린 램프(Green Ramp)'는 낙하산을 기다리는 장소나, 비행기에 탑승하기 전에 훈련 또는 전투점프를 하기 위한 장소를 말한다. 그린 램프는 스트레칭을 하기에 매우 적합한 장소

이다. 일부 군인들은 낙하산 교관으로부터 몸의 상태를 체크받는다. 부상에 대해 방심하는 간부들도 많고 참전 경험이 있는 병사들도 마찬가지이다. 큰 규모의 공수 참가자들은 강하지점에서 넘어져 근육에 부상을 입을 위험성이 매우 크다. 특히 한밤중에는 더욱 그러하다. 그런 관점에서 그린 램프는 고관절 주변의 근육, 무릎 그리고 발목 같은 연부조직(lower extremitles)의 스트레칭을 하는 데 가장 적합한 장소이다. 당신의 Green Ramp는 어떠한가? 그곳은 그냥 한가로이 앉아 있는 것보다 근육을 이완시킴으로써 당신의 시간을 더 유용하게 보낼 수 있는 장소인가? 스트레칭을 하는 것은 습관의 문제이다. 틈 나는 대로 하라. 스트레칭을 위해 특별히 시간을 낼 필요도 없다. 물론 운동 전 스트레칭은 필수이다.

3. 당신에게 필요한 스트레칭 장비와 당신 몸에 적합한 장소를 찾으라. 스트레칭을 하는 일반적인 목적은 무기나 소방기구, 도끼 등과 같은 장비를 사용하는 익스트림 리더에게 적절한 움직임의 범위 내에서 기능하도록 하는 것이다. 따라서 스트레칭은 필수적으로 패턴이 필요하다. 필자가 개인적으로 가장 좋아하는 스트레칭 방법은 스포츠 낙하산 점프를 하기 위해 비행기에서 기다리는 동안 준비를 갖출 때 하는 스트레칭이다. 스트레칭은 벨트를 맬 때 이루어진다. 그리고 이는 안정적인 움직임에 한결 도움을 준다.

단순한 예를 들어보면 다음과 같다. 일반적으로 유연성에 대한 요구는 일상적인 환경에서 발생한다. 당신의 주된 장비는 랩탑 컴퓨터이다. 이것이 유발하는 일반적인 문제는 긴장에 의한 염좌이다. 그리고 가장 위험하거나 위협적인 문제는 목이나 등의 경련으로 일을 하지 못하게 되는 것이다. 당신의 어깨, 등 윗부분, 그리고 목의 통증이나 근육 뭉침과 피로를 방지하기 위해 스트레칭을 제안한다. 혹은 노트북을 공항이나 차량 밖으로 가지고 이동할 때 부하가 발생하기도 한다. 종종 앉아 있을 때부터 시간이 흐르면서 등 아랫부분에 압력이 가해지기 때문이다.

일할 때는 테이블 앞에 잠깐씩 서 있는 것도 좋은 방법이다. 아니면 단순하게 주기적으로 휴식시간을 갖는다. 생활방식을 바로잡기 위해서는 매 순간 작업장으로 다시 돌아올 때 등 윗부분의 스트레칭을 빠르게 실시하는 것이 좋다. 스티커 노트나 다른 기억할 만한 것으로 스트레칭이 습관이 될 때까지 눈에 잘 띄는 곳에 놓아둔다.

4
온전한 운동을 위한 유연성, 균형 그리고 내구력의 결합

균형과 유연성을 연마하고 유지하기 위한 최상의 활동은 요가이다. 요가는 의학적인 스트레칭 호흡법과 자세로 결합되어 있다. 요가는 지속적으로 몸의 중심을 잡아주고, 신체 기능과 몸통, 척추 근육을 발전시킨다.

운동을 위한 호흡법은 시스템적이다. 어깨를 열어주고, 등 근육을 풀어주며, 척추 디스크와 연결조직의 염좌를 방지한다. 요가 자세는 종종 한 팔을 다른 팔과 반대로 하여 몸의 의식을 향상시킨다. 지구력 차원에서 보면 요가에서 사용하는 자세는 1~2분 정도를 유지한다. 파워 요가 변형에서 사용하는 자세는 10초 내로 순식간에 실행하게 된다.

요가의 다른 중요한 특징은 규칙적인 호흡, 스트레칭, 균형으로 축적되는 규칙적인 효용이 있다. 요가는 치유적인 상태를 만들 수 있으며, 내적 충족감과 만족감을 얻을 수 있다. 깊고 깨끗한 호흡은 몸을 휴식상태로 만들어준다. 스트레칭은 안정감과 함께 관절과 척추 근육의 긴장감을 풀어주고 몸의 균형을 회복시켜준다.

당신의 재임기간 동안 유연성을 향상시키면서 보낼 수 있을까?: 20세기 농구 스타플레이어 카림 압둘자바

농구계의 전설적인 센터 카림 압둘자바(Kareem Abdul-Jabbar)의 사례는 요가가 어떻게 유연성과 내구력, 그리고 다른 트레이닝에서처럼 부상을 예방하고 농구 게임의 리더로 유지시켜주는지에 관한 매우 중요한 메시지를 전한다. 프로 농구선수로서 그의 경력은 현역 시절 최고의 프로 운동선수 중 한 명으로 기록되어 있다. 그는 20회의 시즌 동안 프로 농구선수로 활동했다. NBA 선수 중 두 번째로 나이가 많은 42세에 은퇴했다.

압둘자바는 저명한 존 우든 코치의 UCLA에서 대학농구를 시작했다. 코치인 우든은 압둘자바의 심혈관을 단련시키기 위해 그를 위한 트레이닝 프로그램을 만들었다. 웨이트 트레이닝은 거의 하지 않았다. 심혈관 단련의 주안점은 UCLA의 속공 스타일의 경기에 적합했다. 압둘자바는 경기 동안 점점 더 오래 기용되었다. 그리고 그는 빠르게 공격 위치에서 백코트할 수 있다는 것을 보여주었다. 우든은 웨이트 트레이닝이 자신의 선수들, 특히 압둘자바에게 도움이 될 것이라고 생각하지 않았다. 비록 일반적으로 내구력은 좋다고 해도 급격한 리프팅으로 야기된 근육의 변화는 볼을 슈팅할 때의 섬세한 터치와는 상관이 없었다.

심혈관 단련을 위해 압둘자바는 합기도를 연구하기 시작했다. 스트레칭, 특히 슬와부 관련 근육과 종아리근육을 포함하는 기본적인 스트레칭의 전통적인 기술을 연구하기 시작했다. 또한 관절 보호를 위한 전통적인 방법들을 스트레칭과 연결하여 발전시켰다. 전통적인 방법은 전문가 브루스 리(이소룡)에게서 전수받았다.

파이터인 브루스 리는 스트레칭의 가치를 충분히 이해하고 있었으며, 관절과 근육을 보호하는 방법으로서의 유연성을 이해하고 있었다. 그는 압둘자바에게 스트레칭 방법을 가르쳤다. 스트레칭 방법은 당시로서는 새로운 것이다. 정지상태의 스트레칭을 20~30초가량 유지하고, 반대쪽으로도 유사하게 더 빠르고 갑자기 움직이는 등 반복적인 동작을 했다. 이것은 일반적으로 운동선수들과 트레이너들이 즐겨 하는 운동이다. 고정된 스트레칭은 근육의 손상을 방지하고 유연성을 증가시키는 가장 좋은 방법이다.

압둘자바는 대학농구 시절 동안 요가를 배웠다. 결과적으로 그는 자신의 프로 농구선수의 경력을 최근까지 유지하였다. 압둘자바는 한 인터뷰에서 다음과 같이 말했다. "나는 요가를 통해 큰 도움을 받았다고 믿는다. 나는 내가 해온 것보다 더 길게 경기를 할 수 있다. 요가의 유익을 정량화하기는 어렵다. (…) 요가는 좋은 자세를 갖도록 해준다. 나는 허리 부근의 문제를 가지고 있기 때문에, 요가를 중심으로 신체를 단련하고 있다. 요가의 아사나스(asanas)* 자세를 시작한 후에 나의 모든 것이 변했다. 나의 건강은 전체적으로 대단히 좋아졌다."[1]

리더십 시사점

리더십에 대한 여러 가지 접근법은 대부분 군대생활에 대한 학술적 접근이다. 리더십을 개발하는 데는 지능적인, 사회적인, 감정적인 그리고 신체적인 다차원적 방법이 있다. 익스트림 리더 또는 정예 리더의 경우에는 신체적인 차원이 추가적인 가치와 의미를 갖는다. 그러나 단지 개인적인 발전과 웰빙만을 위해 신체를 단련하고 건강을 추구하는 것은 아니다. 관절 안정성과 균형감각을 포함한 신체단련 식이요법은 조직에서 리더의 열정적인 활동을 지속 · 유지시키는 핵심적이며 도전적 과업이다.

---

* 하타요가의 84개의 자세.

주

서문

1. R. Toner, *New York Times*, Feb. 15, 2004, sec. 4, p. 1.

1장

1. P. Pintrich and D. H. Schunk, *Motivation in Education: Theory, Research, and Applications* (Upper Saddle River, N.J.: Merrill-Prentice Hall, 2002), p. 3.
2. J. M. Reeve, *Motivating Others* (Needham Heights, Mass.: Allyn & Bacon, 1995), p. 10.
3. J. P. Raffini, *150 Ways to Increase Intrinsic Motivation in the Classroom* (Upper Saddle River, N.J.: Pearson Professional, 1996), p. 3.
4. K. Weick, "Enacted Sensemaking in Crisis Situation," *Journal of Management Studies*, 1988, *25*: 305-317.
5. J. M. Burns, *Leadership* (New York: Harper Collins, 1978).
6. B. M. Bass, "From Transactional to Transformational Leadership: Learning to Share the Vision," *Organizational Dynamics*, 1990, *18*: 19-31.
7. 스위니 중령의 연구는 "Trust in Combat Leadership," in D. Crandall (ed), *Leadership Lessons from West Point* (San Francisco: Jossey-Bass, 2006)에서 보다 자세히 확인 가능.

2장

1. J. Swartz, "Phishing Style E-mail, Tracing Software Used," *USA Today*, Sept. 28, 2006, p. 2B.

2. *Wall Street Journal*, Sept. 7, 2005. Daniel Weintraub at: http://www.sacbee.com/static/weblog/insider /archives/2005_09_07.html

3. T. Layden, "Remembering Pat Tillman," SI.com, Apr. 23, 2004. http://sportsillustrated.cnn.com/2004/writers/tim_layden/04/23/remembering.tillman/index.html

4. P. Savage and R. Gabriel, "Cohesion and Disintegration in the American Army," *Armed Forces and Society*, 1976, *2*: 340-376.

3장

1. G. Gray, *The Warriors: Reflections on Men in Battle* (Orlando, Fla.: Harcourt, 1970), p. 13.

2. M. Rokeach, *Understanding Human Values: Individual and Societal* (New York: Free Press, 1979).

3. Gray, pp. 119-120.

4. F. Hesselbein and E. K. Shinseki, *Be · Know · Do: Leadership the Army Way* (San Francisco: Jossey-Bass, 2004).

5. 공식적으로 언급되지는 않았지만, 관례에 따라 B. Harris가 U.S. Army's doctrinal field manual on leadership, FM 22-100 *Military Leadership* (Washington, D.C.: U.S. Government Printing Office, 1983)의 대표저자임.

6. S. Stouffer and others, *The American Soldier: Combat and Its Aftermath* (Princeton, N.J.: Princeton University Press, 1949).

7. F. Cohen and others, "Fatal Attraction: The Effects of Mortality Salience on Evaluations of Charismatic, Task-Oriented, and Relationship-Oriented Leaders," *Psychological Science*, 2004, *15*: 846-851.

8. M. Landau and others, "Deliver Us from Evil: The Effects of Mortality Salience and Reminders of 9/11 on Support for President George W. Bush," *Personality and Social Psychology Bulletin*, 2004, *30*: 1-14.

9. G. Sullivan and M. Harper, *Hope is Not a Method: What Business Leaders Can Learn from America's Army* (New York: Random House, 1996).

10. L. Wong, T. Kolditz, R. Millen, and M. Potter, *Why They Fight: Combat Motivation in the Iraq War* (Carlisle Barracts, Pa.: Strategic Studies Institute, 2003).

4장

1. D. Goleman, "Emotional Intelligence: Why It Can Matter More Than IQ," *Learning*, 1996, *24*(6), 49-50.

2. J. Galloway and H. G. Moore, *We Were Soldiers Once, and Young* (New York: Random House, 1992).

3. Galloway and Moore, p. 118.

4. 포어스타인의 의사결정은 저널리스트인 Bruce Butterfield의 *Boston Globe* 시리즈(Sept. 8-11, 1996)에 기술되어 있음.

5. A. Esposito, "Factory Owner Says His Fame Reflects Poorly on Society," *Worchester Telegram and Gazette*, June 11, 1996, p. 1.

6. B. Germain, *Transcending Fear: Relax, Focus, and Flow* (n.p.: Brian Germain, n.d.), p. 70.

7. G. Russel, "Mayor Nargin Speaks Out," *New Orleans Times-Picayune*, Sept. 11, 2005, p. A15.

8. E. M., Vernberg, A. M. La Greca, W. K. Silverman, and M. J. prinstein, "Prediction of Posttraumatic Stress Symptoms in Children After Hurricane Andrew," *Journal of Abnormal Psychology*, 1996, *105*: 237-248.

9. Galloway and Moore, p. 182.

5장

1. 보다 자세한 것은 M. Ender, P. Bartone, and T. Kolditz, "Fallen Soldiers: Death and the U.S. Military," in C. Bryant (ed.), *The Handbook of Death and Dying* (Thousand Oaks, Calif.: Sage, 2003) 참조.

2. K. Wright (ed.), *The Human Response to the Gander Military Air Disaster: A summary Report* (Washington, D. C.: Walter Reed Army Institute of Research, 1987.

3. M. Thomas-Lawson, J. Whitworth, and J. Doherty, "Role of Leadership in Trauma Response: The Pentagon Family Assistance Center," *Military Medicine*, 2002, *167*: 71-72.

부록

1. K. Abdul-Jabbar and M. K. McCarty, 1990, *Kareem* (New York: Random House, 1990), p. 60.

감사의 글

먼저 사관학교, 전문대학, 종합대학, 소방훈련학교, 경찰대학 그리고 다른 공공서비스 훈련 및 교육 프로그램 등에서 크나큰 생명의 위협을 느끼는 환경에서 다른 이들을 이끌면서, 그 결과 자신의 생명을 잃을 수도 있다는 걸 너무도 잘 알고 있으면서도 최선을 다하고 있는 젊은이들에게 감사의 말을 전하고 싶습니다. 저의 초기 연구와 저술은 모두 이들, 특히 웨스트포인트의 생도들에게 그들이 직면할 엄청난 도전들과 직결되는 리더십 개념들을 알려주기 위해 이뤄졌습니다. 비록 당신이 들고 있는 책은 좀 더 범위가 넓어 많은 분야의 리더들에게 영감을 주리라 기대하지만, 이들이 바로 내가 처음 익스트림 리더십에 대해 생각하고 글을 쓰기 시작한 이유입니다.

프랜시스 헤셀바인(Frances Hesselbein), 밥 게일로드(Bob Gaylord), 리더 투 리더(Leader to Leader) 재단의 격려와 지원, 그리고 리더십에 대한 사고, 저술, 혁신을 개선시키기 위한 모든 노력에 깊은 감사를 드립니다. 그들의 관대함, 추진력 그리고 헌신을 통해 수천 명의 리더들이 혜택을 입고, 그로 인해 수백만 명의 삶이 달라졌다고 생각합니다. 매일 글을 쓰라고 독려한 프랜시스(Frances)의 충고가 우리의 세상을 리더십에 관한 아이디어들로 채웠고, 이 책은 그러한 아이디어들을 전달하고자 합니다.

저를 지원해주고 팀의 일원이 되게 해준 육군사관학교 행동과학 · 리더십학과 동료 교수들에게도 감사를 드립니다. 전문적 역량을 갖춘 군인과 학자들로 구성된 이 헌신적 집단은 위대한 젊은 리더들을 양성하기 위해 지칠 줄 모르는 노력을 하고 있으며, 이들이 장차 미국의 아들과 딸들을 극한 상황에서 지휘하게 될 것입니다. 그들은 제가 이 책을 쓸 수 있도록 바쁜 가운데서도 회의 참석을 대신해주고 수업을 맡아주었으며, 나와의 약속을 연기해주고, 여분의 자투리 시간들을 활용할 수 있도록 도움을 주었습니다. 이 책을 쓰는 것은 필자의 의무라 여겼지만, 그들의 직업정신과 도움이 없었다면 끝마치지 못했을 것입니다.

이 책을 집필하는 동안 많은 분들이 조언과 격려 그리고 도움이 되는 비판을 해주셨습니다. 그중에서도 특히 레니 웡(Lenny Wong), 돈 스니더(Don Snider), 팻 스위니(Pat Sweeney), 하워드 프린스(Howard Prince), 돈 캠벨(Don Campbell), 브루스 아볼리오(Bruce Avolio), 버니 뱅크스(Bernie Banks), 베키 캐니스(Becky Kanis), 브라이언 저메인(Brian Germain), 찰리 후커(Charlie Hooker), 크리스 캐시아토(Chris Casciato), 도그 크랜달(Doug Crandall), 에버렛 스페인(Everett Spain), 맷 덴스모어(Matt Densmore), 데니스 오닐(Dennis O'Neil) 그리고 숀 한나(Sean Hannah)는 진정으로 큰 격려를 보내주었습니다. 특별히 미국에서 가장 큰 업적을 이룬 군인들이자 전투 지휘와 전장 리더십의 전문가들인 프레드 프랭크스(Fred Franks)와 릭 신세키(Ric Shinseki) 장군이 보내준 조언과 격려 그리고 웨스트포인트에서 초빙 교수로 봉사해준 점에 대해 깊은 감사를 드립니다.

번역에 도움을 준 조지타운 대학의 테리 포터(Terry Potter)와 예일 대학의 아델 알로체(Adel Allouche)에게 고맙다는 말을 전합니다. 엄청난 사진 작업을 해준 라즐로 앤더시스(Lazlo Andaces)와 스테파니 킹스턴(Stephanie Kingston)에게도 고마움을 전합니다.

기꺼이 자신들의 이야기를 해주신 100명 이상의 인터뷰 참여자 분들이 없었다면 이 책을 저술하지 못했을 것입니다. 그분들이 내주신 시간, 솔직함 그리고 매일 하시는 일들에 대해 감사드립니다.

이라크에서 가져온 지지직거리고 모래가 든 테이프들을 기록해 준 사무실 조교 조앤 라이트(Joanne Wright) 그리고 케이티 하우저맨(Katie Hauserman)이 잘 이끌어준 에리카 부스(Ericka Booth), 대리언 프렌치(Darien French), 애니타 하윙턴(Anita Howington), 칼 라캐시아(Carl LaCascia) 그리고 제니퍼 트레이너(Jennifer Trainor)에게도 특별히 감사의 말을 전합니다. 법무참모부에서 온 변호사로서 이 책의 출간과 관련된 복잡한 법적 문제들뿐만 아니라 학과의 교육 및 봉사를 더 재미있게 만들어보기 위한 수십 개의 혁신적인 계획들에 대해 직언을 해준 로리 다우티(Lori Doughty)에게도 감사합니다.

편집자였던 루스 밀스(Ruth Mills)는 반응을 보여주는 탁월한 공명판이자, 값을 매길 수 없는 직설적 비판자였습니다. 대부분의 독자들이 자신들의 일상에서 익스트림 리더십을 인식하게 될 것이라고 생각하는 이유는 작업의 폭을 넓히려 했던 그녀의 노력 덕분입니다. 앨리슨 브루너(Allison Brunner), 제시 윌리(Jesse Wiley) 그리고 에이미 웡(Amie Wong)은 출판 드림팀 멤버들입니다. 존 윌리 앤 선스(John Wiley & Sons) 출판사의 래리 올슨(Larry Olson)은 나와 웨스트포인트의 많은 필자들에게 치어리더이자 친구, 컨설턴트, 멘토 그리고 영감의 원천입니다. 육군사관학교에서 리더십에 대한 저술과 출판에 가장 큰 영향을 미친 사람은 래리 올슨입니다. 그리고 필자의 저술과 사고에 처음으로 흥미를 가져준 출판 전문가 중 한 사람인 작고하신 조안 워서맨(Jo-Ann Wasserman)에게 신의 은총이 함께하길 기원합니다. 당신은 너무 일찍 우리 곁을 떠나셨습니다.

사랑하는 부모님인 트리시 콜디츠(Trish Kolditz)와 로렌 콜디츠(Loren Kolditz)가 없었다면 리더십에 관한 책을 출간하지 못했을 것입니다. 그 분들은 내가 맨 처음 만난 리더였으며, 나와 형제인 댄(Dan)에게 보여주신 모습은 학교, 교회 그리고 공동체에서의 리더십을 삶의 한 방식, 기대 그리고 도덕적인 의무로 만들어주었습니다.

아내 케이(Kay)에게는 그녀의 깊은 사랑과 끈기 있게 초안을 검토해준 것에 대해 감사합니다. 딸들인 제나(Jenna)와 케리(Kerry)에게는 글 쓰는 것을 이해해주고, 집필과 삶의 모든 부분에서 보내준 사랑과 지원에 고맙다는 말을 전합니다. 전통적으로 남편과 아버지가 강인함과 안정성의 원천이라고들 하지만, 실제로는 이 세 여성이 심장을 계속 뛰게 해주었으며, 그들이 없다면 나는 방향을 잃게 될 것입니다.

많은 분들이 필자 혼자 하는 것보다 이 책을 훨씬 좋게 만들 수 있도록 도움을 주셨지만, 모든 실수와 누락된 부분은 어디까지나 필자의 몫입니다. 이 책을 통한 인세는 전액 미래의 리더 개발에 도움을 주기 위해 비영리단체인 리더 투 리더 재단과 육군사관학교 동창회에 전해질 것입니다.

이 책에 실린 구절들은 책을 준비하는 동안 필자 혼자 또는 동료들과 함께 작성한 다수의 논문과 책으로부터 인용되었습니다. 이 문헌들은 출판사나 inextremis@dropzone.com을 통해 찾아볼 수 있습니다.

"Leading As If Your Life Depended On It." In D. Crandall (dd.), *Leadership Lessons from West Point*. San Francisco: Jossey-Bass, 2006.

"Research in In Extremis Settings: Expanding the Critique of 'Why They Fight'" *Armed Forces & Society*, 2006, *32*: 655-658.

"Authentic Leadership in In Extremis Settings: A Concept for Extraordinary Leaders in Exceptional Situations." (with Donn Brazil). In W. Gardner, B. Avolio, And F. Walumbwa (eds), *Authentic Leadership Theory And Practice: Origins, Effects And Development*. Oxford: Elsevier, 2005.

"The In Extremis Leader." In F. Hesselbein (ed.), *Leader to Leader*. Special supplement. San Francisco: Jossey-Bass, 2005.

"Leadership Lessons of the Third Verb." *Performance*, 2004, *12*(3): 17-18.

"Leadership Learning form Iraq." *Opening Bell*, 2003, *5*(1): 1-2.

저자 소개

토머스 콜디츠(Thomas A. Kolditz)는 육군 대령으로, 미국 뉴욕 주에 위치한 미 육군사관학교 행동과학 · 리더십학과의 학과장 겸 교수이다. 콜디츠는 군에서 다수의 전술 지휘 및 기술 참모 임무들을 수행했고, 펜타곤의 리더십 및 인적자원정책 애널리스트로 활동했다. 그가 속한 행동과학 · 리더십학과는 웨스트포인트에서 리더십, 심리학, 사회학 그리고 경영관리와 관련된 교육, 연구 그리고 봉사 업무를 담당하고 있다. 2003년 콜디츠와 소수의 연구팀은 인사참모부장이 발주한 응집력 연구를 위해 이라크 전역을 답사했다.

콜디츠는 2001년부터 육군사관학교 스포츠 스카이다이빙 팀의 코치이자 멘토로서 봉사해왔다. 1,000회 이상의 점프를 실시한 뛰어난 고공낙하 강사인 그는 군인, 스카이다이버 그리고 학자로서 자신의 개인적 경험과 능력을 위험한 상황 하에서의 리더십, 즉 익스트림 리더십에 대한 직접체험 연구, 분석 그리고 실행과 함께 이러한 리더십이 어떻게 민간, 공공 그리고 사회 영역들에 걸친 보다 일반적인 환경 하에서 적용될 수 있는지에 대한 이야기들로 엮어냈다.

그는 각종 모임에 강사로 자주 초청되는데, 월드 비즈니스 포럼(World Business Forum)과 골드만삭스(Goldman Sachs), 앤호이저부시(Anheuser-

Busch), 시티그룹(Citigroup), EDS, 창조적 리더십센터(Center for Creative Leadership) 등의 중역진들을 대상으로 강의를 해왔다. 또한 학자로서 밥슨(Babson) · 웰슬리(Wellesley) · 올린(Olin)전문대학, 컬럼비아(Columbia) · 예일(Yale) · 듀크(Duke) 대학, 베이징 국제 MBA 프로그램, 미국 육군대학, 그리고 웨스트포인트 학생들을 대상으로 세미나와 강의를 해왔다. 콜디츠의 글은 Associated Press, *Marine Corps Times*, *Air Force Times*, *the Atlanta Journal Constitution*, *the Toledo Blade*, *National Defense monthly*, *Psychiatric Times*, CNN.com, 그리고 CNNMondy.com 등에 기고되었으며, WCBS TV의 커스틴 콜(Kirsten Cole)과 CBS 라디오의 존 크레이슨(John Crayson)과 인터뷰를 진행했다. 또한 DEA Group Supervisor Institute, the Army Medical Command, the New Jersey State Association of Chiefs of Police 등의 기관들을 위한 군사 및 법률 집행 업무에 관여했다.

또한 콜디츠는 *Leader to Leader*, *Journal of Personality and Social Psychology*, *Performance*, *Armed Forces and Society*, *Perception and Psychophysics*, *Military Review* 등의 다양한 저널에 논문을 게재했고, 여러 학문적 저널의 편집 및 자문 이사로 활동하고 있다. 그는 미국심리학회와 Armed Forces and Society의 대학 간 세미나의 연구위원이며, Academy of Management와 the Society of Psychologists in Management의 회원이다.그는 밴더빌트(Vanderbilt) 대학에서 심리학 및 사회학 학사학위를 취득했고, 같은 대학에서 사회심리학 석사 및 박사, 군사학 석사 그리고 전략학 석사학위를 취득했다.

리더 투 리더 재단 소개

리더 투 리더 재단(Leader to Leader Institute)은 1990년에 비영리단체인 피터 드러커 재단(Peter F. Drucker Foundation)으로 설립되었다. 사회적 영역의 리더들에게 지혜와 영감을 주고, 조직을 혁신하고 활성화하는 데 꼭 필요한 자원들을 제공함으로써 사회적 영역의 리더십을 향상시키는 것을 그 사명으로 하고 있다. 사회적 영역은 사적 영역 및 공적 영역의 파트너들과 협력하여 삶을 변화시키고, 건강한 어린이, 건전한 가정, 쾌적한 주거환경, 좋은 학교로 이뤄진 사회를 만드는 데 중요한 역할을 한다. 또한 성별에 따른 차별 없이 구성원 모두에게 관심을 갖는 다양한 사람들로 구성된 공동체들이 원하는 일을 한다.

재단은 미래의 리더들이 새로운 기회와 도전에 대처할 수 있도록 혁신적인 교육훈련 자료와 필요한 자원들을 제공한다. 또한 사회적 영역의 조직들이 탁월한 성과를 내도록 하기 위해 400여 명의 각 분야 전문가들을 참여시켜 28개 언어로 20여 권의 책을 저술했고, 우수 저널 상을 받은 「리더 투 리더(leader to leader)」를 분기별로 발간하고 있다.

재단은 사회적 영역의 리더들이 학습과 성장을 할 수 있도록 새롭고 의미 있는 기회를 제공해주는 영역들과 파트너십 관계를 형성하도록 지원하고 있다. 세 영역의 모든 리더가 참여하는 고위급 회담을 주관하고, 사회적 영역의 리더들이 전략적 계획, 리더십 그리고 영역간 파트너십에 관한 워크숍과 콘퍼런스를 개최하도록 지역 스폰서들과 협조한다.

리더 투 리더 재단은 혁신의 유산을 발판으로 사회적 영역의 리더십을 향상시키는 새로운 방법들을 연구한다. 그리고 지역 공동체 개발 회사로부터 미 육군, 그리고 기업 이사회 등 다양한 조직의 재능과 영감을 기반으로 사회적 영역의 조직들이 변화를 받아들이고, 오늘날 더 이상 성과를 낼 수 없는 낡은 관습들을 대체하는 새로운 운영 방법과 새로운 리더들을 찾도록 돕고 있다.

역자 소개

최병순

육군사관학교 졸업

연세대학교 경영학 박사

육사 경영학 교수

국방대학교 국방관리대학원 리더십 전공 교수

(사)대한리더십학회장

국방정신전력 · 리더십개발원장

현, 동국대학교 경영전문대학원 석좌교수 겸
리더십 & HR MBA 주임교수

노명화

공군사관학교 졸업

고려대학교 경영학 박사

(사)대한리더십학회 부회장

(사)한국인사관리학회 부회장

현, 국방대학교 국방관리대학원 리더십 전공 교수

이민수

육군사관학교 졸업

뉴욕주립대학교 경영학 박사

육군사관학교 안보관리학과장

현, 육군사관학교 경영학 교수 겸 심리경영학과장

손승연

해군사관학교 졸업

서울대학교 경영학 박사

(사)대한리더십학회 상임이사

(사)한국인사관리학회 이사

현, 국방대학교 국방관리대학원 리더십 전공 교수

정원호

육군사관학교 졸업

네브래스카 주립대학교 경영학 박사

(사)대한리더십학회 이사

현, 국방대학교 국방관리대학원 리더십 전공 교수